一篇文章的构成

民国文人写作十讲

郭莽西 编著

上海辞书出版社

過庭書懷

目撃蒼生骕不置
匝胸虹結氣如山
大暁地獄知何日
蒙峯衡程堰臺

本年初夏，奉派赴福州省黨部參加「中國目前應採取
何種政治制度」之辯論，臨行時適逢天雨，玆相邀留影，
赤以戎裝出
面。俯當
時目欣
胸包住
口住
身手
初
難手身
玆成
雕塑
形像。前
由魚相薛送
來三張、一張
帶回家去，此此為存
逼真，乃按出一張此照，童富之下，自己亦不覺發噱矣。
前目時地攝成之小照，反不若舊照，各記
常西日藏
十月三日

为天地立心，

为生民立命，

为往圣继绝学，

为万世开太平。

　　　　张横渠先生语，愿与

金华学弟共勉

　　　　　　　　　　蒋锡强

　　　　　　　　　　　一九四三、五、

目录

七十年前一枝梅（重版序）

郭莽西先生爱女天玲老师，相赠先生大作《一篇文章的构成》。我拜读后惊喜、兴奋不已，当即建议天玲老师重印，新书名似可为《民国文人作文十讲》，或以此作副标题。

所赠大作为 2014 年 11 月以简体横排再印，原繁体本为 1944 年 5 月由龙吟书屋印行，坊间已绝迹。因时代变迁，社会动荡，先生后人亦无此书，适网上拍卖，其后人即拍得一本，虽已破损，亦视如珍宝。经查，上海图书馆收藏有 1944 年本，全书完好。

十篇文章是为十讲，虽是讲课，其实是一种美文。有民国文人作品所特有的风骨、气质、韵律；叙述间，总是那样地从容不迫，那样地挥洒自如，那样地淡定和自由。全无华丽词藻、炫耀之词，却有简朴之美、精练之美。虽属旧作，读之却有新鲜感。这样的文章，这样的美，是民国时期的一种文化，一种奇葩，可以奉为一宝。在中国历史进程中，民国时代极为短暂，一瞬而已，所留文化精品，寥寥无几，幸得此书留存下来，不亦乐乎！

郭先生是民国时代人，教师和事实上的作家、革命者、中国农工民主党早期党员，学养深厚，品德高尚。在其作品中，在其经历中，有充分、实在的展示。

十篇大作，前五篇为郭先生本人所作，余三篇为先生对友人叶圣陶、夏丏尊、姚雪垠三位名家、大师级人物作品的节选，两篇为文学大家王季思先生相赠。郭先生尚有其他著述多种。

大作要求学习写作者，尤其是学生，务必多读书。尽量利用前人的知识,让历史上必须几千年走完的历程,在二三十年中走完。其特点又在于几位认为,应多读经典,要读通、读懂。读通是理解,读懂是化为己有。但人生苦短,时间有限,这就要当事朋友,据个人爱好、据所从事或准备从事的专业,有所选择,有一个基本的定位,科学地使用人生仅有的宝贵时间。当下也有人作此倡导,但也就是一种传承、一种继续、一种拓展。

在具体写作方法上,几位又有诸多精湛例句。比如,写你的烦恼,如果写:"烦恼,烦恼,我真有说不尽的烦恼啊!"似此,则失之浮、空、虚。如改作:"有如许的泪,纵使遍身都是眼,也流不尽啊!"这样的句子,沁人肺腑,意犹未尽,这就是文学了。再如,写一位拉车的穷人倒毙的情景:他"半闭的眼有无穷的话!"

凡此种种,也不是要人照搬。运用之妙,存乎一心,举一反三,是为上品。

我陪天玲老师去上海辞书出版社洽谈重印时,王圣良先生热忱建议出版繁简合订本,以更适合当代青少年,我认为极好。天玲老师与家人协商后,一致同意,遂成此书。

本书为1944年原著繁体字和2015年简体字合订本。原著依藏本影印,简体本删除《重印后记》,增添本序和《怀念父亲郭莽西》一文。新编本,主要由我据原著繁体字本和2014年简体字本,按汉字规范化处理,简化繁体字,改正错别字;对个别冷僻字,现无对应者,保持原字。同时,调整了部分标点符号。

中国作家协会会员、小说家、杂文家:张百争

叶 序

莽西编好了《一篇文章的构成》，寄来要我写一篇序文。我非常悚惧而且惭愧！但是他信里说："非写不可的。"他正在病后，我怕扫他的兴，就不管用得不用得，也不管好或歹，终于提笔写了。

这书名——《一篇文章的构成》，实在太可爱了。见了这书名，谁不会去翻翻它呢？翻开一看，更迷人了：《写什么，怎样去写》哪，《描写的一个定理》哪，《抒情的几个基本法式》哪，《做成一首诗的几个步骤》哪，《小说是怎样写成的》哪……没一个题目不惊心触目，没一个题目不是抓住读者的心腔的。当我初看目录时，几乎也不信起来了："国文"竟可以说"不是学问"吗？"描写"也有"定理"吗？"抒情"竟可以有"基本法式"吗？"诗"是号称灵感和天才的产物的，竟也有一定的几个步骤了吗？我不信，于是急急地读了下去。

这是一本值得介绍的读物。它里面有着许多切实的发见与指示。——尤其是《描写的一个定理》和《抒情的几个基本法式》，特别显出这归纳而成的新发见的可贵。固然，寓情于景和寓景于情，以及托物以寄怀之类的话过去并非没有，但没有经过综合的归纳与分析是事实，所以一般学习写作的人，上焉者往往徒以文字雕镂为能事，等而下者，则往往所言无物。现在莽西给予归纳以后，下了一句"是文学作品，不论其为诗，为小说，为戏曲，就都是抒情的"的断语，这究竟还不失为一个新的试探研究。从而演绎出几个基本的抒情法式，正是意外而又是意中的发见。于我们初学写作的人，实在是一件有意义的工作。读了这两篇文字，我们再要学习写作的时候，就不会茫无头绪的抓不住中心了。有喜、怒、哀、惧、爱、恶、欲的感情，也不至无法抒写了。

正如天文、地理、人事以及其他一切组织必须是绕住一个中心走方能成为一个有力量的有机体一样，写作亦复如此，千言万语亦只是绕着一个中心走的。描写定理的归纳，不但演绎出抒情的几个基本法式，同时也不至再有误会，以为只有过去的短章小诗才可称为抒情诗，其他则不是叙事诗、史诗、哲理诗，就是记叙游记小说，都与抒情诗各自分立的。现在我们知道，一切叙事、记事、写景、咏物，都只是绕着一个中心——抒情走的，所不同的只是方式而已！这是一个新的探讨，一个新的论断，值得我们继续研讨的，我以为。

这里面，除了莽西自己的几篇以外，每一篇文字都写得非常严整、切实，扼要而生动。像《做成一首诗的几个步骤》一文，深入而浅出，就诗写作的指导上说，真是一篇不可多得的文章。其他各篇的执笔者，也是国内知名的人物，其中的甘苦自然非常清楚。……总之，读完了这本书，不但不会觉得枯燥，我们是将从这里获得无数的启发的。

就我个人说，我最喜欢的是《读书、作文、做人》一篇。虽然是演讲稿，却写得生气勃勃，风骨凛然，读着时，使人几乎忘却这是一篇论写作的文章了。"文章的血肉是什么？""文章的灵魂是什么？""人格之最高的表现是怎样的？"……他这样一章一章地讲着，我们乃恍然于"读书、作文、做人"原是不可分割的三位一体相因相成的有连环性的事实。做人才是一切的根本，假如人格不立，纵然你能舞文弄墨，亦复何用！许多人在把时代的车轮向后推转，又有许多人在文字的牛角尖里钻，这篇文章对他们是当头棒喝！

《摧毁传统的旧情绪》一篇，是这些人唯一的对症圣药！

当然，这里面我也有很多不满意的。第一，莽西是一个懒散惯了的人，他只喜欢随意的浏览别人的著作，非逼不得已，总不肯自己动笔，看这本书，《描写的一个定理》和《抒情的几个基本法式》二篇，应该好好郑重下笔的，他却一点也不谨严，既不好好发挥，举例又随手拈着用，所以结果是其他各篇也靠凑集而成，我总觉得非常遗憾。第二，他在《读书、作文、做人》第七章里明明斥责着郑孝胥之流，而在第四章里却先把曾国藩作了成功人物的例子介绍了一顿，这实在是一个不可原谅的逻辑上的矛盾。第三，《国文不是学问》一文，组织虽然谨严、完整，立论与观点也可以，但把孟子那"学问之道无他，求其放心而已矣"两句话，如此断章取义地拿来用，总不是正当的态度，我不喜欢。……最后，看他新近在病中草成的三、四、五几篇，结构非常零乱，入后且越写越无力，以一个讲"一篇文章的构成"的作者写出组织如此散漫的文字，实在不免令人訾议的，这样匆匆付印，我真不赞成！

一本书的序文，对于内容可取之处，当然应该介绍，但既然一定要我写，则我认为不惬意的地方，当然也要指出的。是吗，大家说？作者自己以为如何？

三十三年春假【重印注】

叶迦予序于天台五关里

【重印注】 本书纪年多用民国纪年。三十三年指中华民国三十
三年，即 1944 年。

第一讲　国文不是学问【注一】

郭莽西

　　"国文不是学问"这一命题的提出,一定会引起许多人的惊异吧?或者又会有人骂:"×××又在发狂论啦!"不错,过去是没有这句话的。恰恰相反,过去的老学究们,只认读过"四书五经",会做"祭文""挽联""寿序",或者会掉几句"古文"调子,哼几句旧"诗"调的人才配称有学问。所以一个国文教师,只要他能娓娓动听地讲解字句,能改得通"作文",便是一个有学问的人。至于学其他学科如自然科学、社会科学的,则不能称为有学问。"中学为体,西学为用"呢! 一切新兴的专门学问,都只如物件,可以"用"而已。可以"用",就不是学问,而是"俗物"了。"学问"是高贵的东西,不,说"东西"就侮辱了"学问"了。"学问"是只可以藏在那"名山"里,或"藏经楼"里的。而我现在竟敢一反其道,说国文不是"学问"了。这还了得! 如此离经叛道,不是又要惹得老学究们眼出血了吗? 但是,有什么办法呢? 真理是属于这一边的。我既发现这真理了,我又何能违背真理说话!

　　现在,我们先问吧:"什么是学问呢?"过去似乎都只是信口说着:"青年们必须求学问哪!""××的学问真博哪!"却没有人为"学问"二字下过定义。外国不知有没有可以恰恰译成"学问"的字或词。求之于中国,"学问"二字,最早是《易经》上,有"君子学以聚之,问以辨之"之句。但"学问"二字还没有成为一个"词"。成为一个"词",则是孟子以后的事情。他说:"学问之道无他,求其放心而已矣。"但究其意义,与《易经》上所说,初无二致,就是说"学"与"问"之道而已。"学"

与"问"都是动词。那么,"学问"二字成为一个独立名词,是什么时候起的呢? 一时,还无从考得。

不过,就现时所流行的这二字来研究,再溯其源,亦不难给它下出一个定义来。清代的学者里如顾炎武、黄宗羲、王夫之、段玉裁以至于章太炎、胡适之……无疑的大家都称为他们有学问的。但是从哪里表现出他们是有学问的呢? 无疑的大家就会想到《日知录》哪,《天下郡国利病书》哪,《宋元学案》《明儒学案》哪,《读通鉴论》哪,《说文解字注》哪,以至于《章氏丛书》《胡适文存》和《中国哲学史大纲》哪!……那么我们再问,这些著作是从哪里产生出来的呢?《易经》说:"君子学以聚之,问以辨之。"孟子说:"学问之道无他,求其放心而已矣。"这里我们可以看出一个程序来,那些著作,是以"求其放心"的态度,(恕我断章取义地说一回)"学以聚之,问以辨之"得来的,换句话说,那些著作就是他们一生的学与问的结晶!"学问"二字的成为一个名词,我想一定是从《易经》上那二句蜕化而来的。

不过,要是为"学问"二字下一定义却仍须用那最早的两句话来分析。第一,是"学以聚之";第二,是"问以辨之";第三,是求其"放心"。所谓"学以聚之"者,在乎求其"博";所谓"问以辨之"者,在乎求其"精"与"真";求其"放心"者,则在乎求其"无蔽",这三点,并有其连环性在。唯其"博",方能有所"辨";有所"辨",方能"精";"精"了,方能"真"。但是,如果有所"蔽",则"辨"亦不能"真"也。所以学问之道,必须以客观的态度,多方面的学,学博了,并须不断的问驳,以求其精与真。学与问所得出的结果——真,方是自己研究的心得,而这"心得"又一定是有系统的智识。这样我们就可下出一个定义了:**凡是用客观的态度,学博了,问辨真了的有系统的心得与智识,便是学问。**

这就很明白了。所谓学问便是有系统的智识。反之,便不是学问！换句话说，平时所知道的零星的智识，只是零星的智识而已，不能称为学问！至如仅能背诵《古文观止》，能背诵《唐诗三百首》，或能背诵四书五经，或从而能人云亦云的哼几句旧调子的"古文""八股"与"旧诗"，那更不能称为学问！故黄梨洲在其《明儒学案·发凡》里说："学问之道，以各人自用得着者为真，凡依门傍户，依样葫芦者，非流俗之士，则经生之业也。……以水济水，岂是学问！"

不过，这里还有一点必须明白的：就是"学"与"问"的对象。过去所谓"学问"，都只是书本子里的东西。但《易经》时代还没有什么书，他亦没指出"学"与"问"的对象仅仅是书。要学要问的是宇宙间森罗万象的一切事物，换句话说，宇宙间的森罗万象，若能求得了解就无一不是知识，这些宇宙间一切森罗万象的智识，只要有一"象"系统化了，便是学问。也就是说，宇宙间森罗万象，要研究起来，就无一不是学问。

从这观点去看一切学科，化学也好，物理也好，生理学也好，动植矿物也好；要细分，电学也好，研究也好，仅是一种病原菌的毕生研究也好，无一不是学问！历史也好，地理也好，那更不必说；就是一地的物产的研究，它也不失为学问。因为它都必须是有条理有系统的智识。

是有条理、有系统的智识，都是学问。

再明白些举例吧：一本历史，就纵的说，它一定从太古说到上古，从上古说到中古，又从中古说到近代，从近代说到现代；就横的说，它一定讲到政治，也讲到经济，讲到社会，更讲到学术文化。一本地理，它一定先来个总论，然后分说。都是有条理有系统的智识，所以也都是学问。

但是，我们反观"国文"这一课呢？其错乱纷杂的程度简直是令人不可信的。一本"国文"里，就文字说，忽而一篇文言文，忽而一篇白话文；就文体言，忽而一篇记事文，忽而一篇论说文，又忽而一首诗、一个戏剧；就内容论，忽而一篇讲天文，忽而一篇讲地理，又忽而一篇论到国家大事，又忽而一篇是梦里依稀的情绪的抒写……诸如此类，纷然杂陈，简直令人莫名其妙。近十余年来，教育部的课程标准修正以后，国文的编辑方法也似乎进步了许多，加进了文法、修辞、文章作法之类附加教材了，但有的国文教师对这些附加教材却不曾加以注意，更毋庸说"教"了。所选的文章，未必可为某一人或某一体的代表作姑不必说，而文言、白话依然杂选如故，记叙、论说照样交错而出，内容呢，大都是三五十岁以上的人所有的生活经验或见解与感想，一个十五六岁以下的少年如何能够了解与领受！所以在学校里，除非遇到国文教师有如簧之舌，有其特种才具的，学子们对国文一课，尤其是作文，一闻铃声，就如上刑场的命令发下一样，真是一件苦恼的事。一个题目出来，大家简直不知如何方能涂上几行！按诸实际，实在也是难怪的。一个十余岁的少年，生活经验既然谈不上，学识与思想方法，自然不会有，再加上根本不懂得表达情意的方法，要他们凭空挤出一篇"文章"来，如何可能？常言"巧妇不能为无米之炊"，而他们的则不但无米，就是"巧"也不曾有呀！

一本"国文"，所选的都是短文，体制之杂又如此；论内容，那，自更谈不上系统与条理！则国文不是学问，其理不是一百二十万分的明白了吗？

不过，大家一定要问：我们到学校里为的正是求"学问"，国文既然不是学问，而学校里的国文课程，却自小学直到大学都那么重视，其理何在呢？我们究竟为什么一定要读"国文"呢？

对啦！问题就在这里！

学习国文，其目标不是希冀从国文本身去求得学问的，因为国文本身并不是什么某种有系统的专门学问！原来学习国文，目的只在养成运用语文的能力而已。譬如，你今天有什么事要告诉远在千里外的朋友，而暂时又还没有人可以为你驰往报告，也还没有无线电或长途电话让你使用，于是你必须用书牍，而用书牍就必须有运用文字的能力！同样，你若有什么经国大计要贡献，希望当世采纳施行，而暂时又还没有无线电广播之类可以供你使用，则你必须草成长篇大文公布之于杂志报端方可，而草成长篇大文呢，就更需要有运用文字的能力！此外，当你喜怒哀乐的情绪涌来之际，不能发之于美术音乐，而荡气回肠之下，需要发之于抒情的诗文，则你运用文字的能力，就必须超人一等了！论学问，前面所说的有系统有条理的整个"经国大计"便是你的学问。而这"学问"若欲公之于世，你便需要先发表一篇研究的论文，并须附有一个缜密的计划方案的草案，前者用的是"论辨文"，而后者便须用"说明文"的体式！所谓论辨文，所谓说明文，都是文章的体式，此外如记事文、叙事文、抒情文……都是。我们要学习运用文字的能力，便须特别注意这些体式的运用！我们过去读国文，都只是摇头摆身瞎读一番，从不注意所为何事，因之先生一个题目出来，便不知从何下笔！中学毕业了也往往很少人写得通一封像样的信，大学毕业了也很少人能写成几篇合式的文章；明明读了十年以上的国文，而一般不是读国文系或中国文学系的竟认为能写文章根本不是他们份内的事！学习自然科学的人往往一封白话书信亦别字连篇！如此，试问当你对某种学问有什么心得要发表的时候，将如何办法呢？这都是根本不明白学习国文的目标之故。

我曾在一次国文讲演里分析过文章内容的本质，认为不外乎知、情、意三种心理现象的反映，发之于文，则"知"的文章，大体上属于"说明文"的范围；"情"的文章，大体上属于"文学创作"的范围；而"意"的文章，大体上是属于"论辨文"的范围的。我又曾在一次演讲里分析文章的效用，认为不出哲学上的所谓"真""美""善"。这些都另有专文论列，兹不具赘。我不过是说当我们读一篇国文时，如果要加以学习、研究、分析的话，我们可以用这尺度衡量。学习写作时，也应该思维一下，要写的题材是属于哪一种心理现象，同时你想获得哪一种效果。这样，当你下笔以前，你就不难选取一种体式、句式和词式了。

总而言之，学习国文的目标，是叫我们学习体式的运用，以及句式、词式的运用的。换句话说，学习国文的目的是在于养成利用文字来表达知、情、意的能力的。

不过，目下的国文教科书，还不能完全担负这种任务，不，在过去也是如此的。所以过去学习国文的人，又往往另外再捧一部《古文辞类纂》或《经史百家杂钞》来作为课外补充读物。但现在是连这也不够了，不但不够，而且也不适用了。谁也知道，时至今日，无论哪一种事象，政治也好，经济也好，社会也好，以至于一切的科学哲学也好，都已复杂到不可思议的程度。那种"义法"很严、篇幅短到可怜的所谓"古文"，实在无法表达这样错综复杂的事象与思想了。例如韩愈的古文，你说是说理的文字吗？通观韩愈一生所作，在学术思想史上可有他的地位？在这方面说，谁也知道，他还不及李翱。你说他的古文是文学作品吗？有几篇够得上这标准？充其极亦只能当得"杂文学"这名词罢了。所以韩愈在当时虽是文坛祭酒，而用现在的眼光去批判他的古文，可以在文坛上不必有他的地位。现在是一个动力的时代，它的特征是快速度，因此一切事都分工愈细则愈好。运用文字亦复如此。[注二]时至现代，需要我们知道的事太多了，不是专门研究国故的人不应把一些可贵的精力消耗在训诂注疏和咬文嚼字的工作上，我们应该绝对屏弃那种古老的文言文的运用，而致力于新的白话文字的创作。谁也知道，白话文学虽已流行了二十余年，大家却还无法写出一张简明堂皇的白话布告或通告。就是一篇短篇的评论文字,写得简洁明净而堂皇的,蔡元培先生以后,除了《大公报》的社评,也几乎很少见到。今后我们学习"国文",根本不应只捧住一本"国文教科书"。须知学习运用文字能力的机会,随处都是。一本数学教科书,其定义便是最标准的说明文,一个简章的条例亦是如此。一本书的编辑大意或凡例,也是最标准的应用说明文。一部或一篇划时代的小说或诗歌,便是最标准的抒情文。一部研究性质的大著作,便是极有组织极有系统的论说文。现时代表达一种意思或事象,用的都是这些体式,这些方法。所以我们应该随处去学,而且较之国文教科书里可学的要多得不知多少。

学问与生活经验是需要的。若没有学问或没有生活经验,作文便没有了内容,换句话说,根本就用不着作文了。不过,今天所讲的不是求学问的方法,而是讲学习运用文字的方法问题而已。

大家也许问:先生所讲的文章作法,不也是有系统的知识——学问吗?不错,有系统的研究文章作法,也是一种学问。不过,我们学习"国文",目的却只在养成运用文字的表达能力,并不在希望成为一个"文章学"的学者。

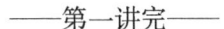

——第一讲完——

【注一】 按此所谓"国文",系指一般国文教科书而言,非谓一切用中国文字写的著作皆非学问也。

【注二】 此后科学的文字与文学的文字已截然划分。胡愈之、金仲华所写的国际问题文章,以及许多科学小品之类,往往生动活泼如"美文",但亦只是运用软性文字写出硬性的内容而已,并不能因而称它为文学作品也。

第二讲　读书、作文、做人

郭莽西

一　问题的提出

读书，作文，做人，是诸君天天在学习，师长们天天在教导着各位的事，本已不必提出，提出来也许是老生常谈。但我却不怕烦地再提出来说！这自然有原因，原因是我心里有着许多目击的问题。第一，我见着不知多少这样的人，初中毕业了，一封白话信写不通顺；高中毕业了，写不成一篇条鬯有格式的文章。第二，我也不知见着多少这样的青年，初中高中毕业了，却配不上称为一个公民，因他对于国家建设的各项措施，简直茫然不知所以，更谈不上将来担负何种重大的责任。第三，我又见到不知多少人，学识才具都很不错，却只知在牛角尖里打转，或竟至毫无气骨，媚敌求荣，做了汉奸！

这些问题决不小。至于这些问题的症结呢？我们可以毫不遮掩地指出：大家没有把"读书、作文、做人"打成一片去看！

怎样打成一片呢？

时间有限，我就直接地把话说下去！

二　认清读书与作文的目的

通常一个很显然的现象：大家进学校读书，事先却没有想过"此去是什么目的"。小孩子进小学，只晓得"人"大了总要读书，父母教他去，他便去了。进了中学呢，只晓得此来为的是读书，学校里排着各种功课，各种功课都得读就是了。作文呢，是国文课中的项目而已,学校里定着要做,所以做。并无目的可言! 殊不知这心理现象却铸下了大错。譬如走路,在开步之前,你若没有想过为了什么事,或者根本没有目的地,只是为走路而走路,试问瞎着眼一直走去,走了三日三夜,结果会如何? 你不怕跌下了山坑? 不怕碰着了岩壁? 不怕永远走不回来? 所以最先我要提出的,首先应该认清读书为了什么? 学习作文又为了什么? 干脆些说,一句话,读书与学习作文为的是要到社会上去做人!

谁都知道,一个人长大起来必得到社会上去营人类的共同生活,换句话说,一个人在社会上必得参加为人类社会谋福利的工作,退一步说,也就是为自己求得幸福而愉快的生存。重心就在这里了:你要参加人类社会上各种工作,不是需要充分知道各种知识吗? 一个人,初出世时,浑浑噩噩,不识不知;长大起来了,家庭中见闻有限,于是乎有学校,读书。学校是一个人从家庭到社会上去的一座桥梁。在学校里读了书,求得了各部门的基本知识,以至于专门学问,然后出而问世,才能随心应手、左右逢源,说明白些,有事情给你做,你才做得来! 同时,你有意思,有思想,有主张,你就需要表达出去。要表达,自然说话也可以,但单能说话显然不够! 譬如孔子的学说,他的话你哪能听得见! 我现在对各位说话,除了各位,校外人就没有一个能听到。于是乎有了文字。文字要表达得使人信仰,同说话一样,则必须文字动人有条理;所以要学习作文! 我要说明中国的大略情形,或说明一个数学的定理,我就需要学习说明文的写作。我要把我的情绪发表出来能使人歌唱或吟咏,我就需要学习诗歌的写作。我要把我所见所闻所感使之能表演于舞台上,我就需要学习戏剧的写作。……

所以我们可以总结一句:读书和作文,并无何种奥义存在,都只是为的到社会上做人要应用!

三 怎样才能使文章作得通

读书与作文的目的已如上述，现在提出各位最关心的问题，就是，如何才能使"作文"作得通！

这话就说到何以一个青年学生从小学到高中毕业，或竟至大学学业，读了七八年或十年的国文，却不能写出各种应用的文体这一问题了！这原因，一部分固然应怪青年同学自己太懵懂，但大半的原因却得怪教科书的编制不当，和国文教师们的以讲解字句为能事的错误。

我们知道，国文一课并非就是学问。英语、数学、国文等课都只是求学问的一种工具。我们学习国文，目的就在于向古今的文章大家学得撰写各种文体的能力！根据这一观点去批评现在的国文教科书和教学法，便大有值得商榷之处！

依照教育部的规定，初中学生国文一课，应该以养成白话文体的写作能力为原则，到三年级时参酌一点浅明的文言文，以养成阅读粗浅的文言文的能力。但现在一切的初中国文教科书如何？文体的编排既杂乱无章，而文言白话也在第一册里就参杂出现。这结果，使得学生读是读，作是作，完全不能打成一片。进步一点的，例如傅东华编的《复兴国文》（商务版），夏丏尊、叶圣陶合编的《国文百八课》（开明版），都在课文以外，附列文体的介绍与说明，还有文法和修辞，其法不可谓不美，用心也不可谓不深，但所选的课文，还是不免犯着那毛病。而且一般国文教师对编著者最苦心最用力的附带教材，完全略而不讲。《国文百八课》的编制是比较更精审的，但夏、叶二先生在其所著的《文心》第一章便提出的，那青年难于了解、教师难于讲述的鲁迅的《秋夜》，却依然选了进去，这至少就同傅东华一样犯了一个其中相同的错误：根本不体念儿童以至少年所能接受的心理。（傅选朱自清的《给亡妇》和盛焕明的《墓前》，文章虽好，但初中学生哪能体味！不能体味了，又何能接受那教材！）

所以我认为要使青年同学的文章做通起来，首先须把现有的国文教科书完全改编！譬如初中一年级，第一关立刻要用着的便是日记与书信。教科书就应偏重于这方面选取范文，并用附带教材加以指导。——其后各学期均此类推，惟最后一学年或一学期总得注重应用文以适应目前这环境的需要——尤其是六年制的中学如果实现了的话。

如此一来，教者有了中心，学者也就有了中心了。

不过，目前如何弥补这缺陷呢？

第一，教师应在学期开始的时候，替学生确定一个学习的中心，依此中心去教学，指定课外读物。

第二，学生自己应自警觉，如师长不替你确定中心，则应自行确定，依此中心去学习。

此外，初学时，一篇好文章到手，必须把内容事实有条理的记清楚，逐字逐句求得完全彻底了解，然后按照那内容事实用自己所能运用的文句试写出来；同时，无论写得出或写不出，都须逐句逐字跟原作对对看。写不出的，他怎样写？写得出的，和原作一样否？何以不一样？我的不妥在哪里？再以类似的题材自己试作一篇！……每篇文章，每种文体，如果都用过这样一番功夫，我相信，最多一个学期，一种文体，你可以变成"斫轮老手"了，还怕什么文章做不通？所以我说，初学时，读书除了有方法以外，必须求其精！

【注一】　至于文法修辞之类，自然很重要，但诸君年轻，富于活跃的热情，不喜欢这些枯燥的教材的，所以还是干脆用这方法容易进步。

【注二】　夏丏尊先生编著的《文章做法》附录里一篇《作文的基本态度》可以参看。

四　怎样才能使文章作得好

我们刚刚说过，学习作文，只是为了求得运用文字的能力！运用文字的能力有了，文章便可做通了。但文章是不是做通了就够呢？当然不够！文章只是一种工具，只是发表知、情、意的一种工具而已。发表出去要使人读了佩服或表同情，而至于起共鸣作用，便非使文章做得好不行！

但怎样才能使文章作得好呢？

曰：读书宜博！

读书博，不但在作文上需要。我们刚才说过，读书的目的也是为了到社会上时要应用，用文章却又不过是做事的方法之一！

诸君不是都不愿落人后的吗？到社会上去不是都不愿意自己屈居在下层的吗？说明白些，不是大家都想出人头地吗？好，能出人头地总是好的，这是有志气的表示。但是，出人头地是不是容易的呢？不！如果容易，蒋委员长也就不值得我们崇拜了！一个出人头地的人物，或者明白些说，一个领袖，他，必须有顾到全部的眼光，观察全部的能力，监督全部的功夫，改进全部的计划，解决全部困难的手腕，犹之他提了一件衣服的领袖，全件衣服都赫然在望，都妥妥帖帖的，整整齐齐的，样子好不好，有没有要改良的地方，裁料好不好，有没有要更改的地方；发见破绽，应如何改造或者补造才好看……他全看得清清楚楚，了如指掌！……

他如何能这样的呢？

曰：博学而已！

要博学，才能有阔大的胸襟，才能有远大的眼光，才能军事、政治、财政、教育，样样都懂，面面都能顾到，事事都能安排，而后才能处处指挥人家！而这些学问，必须在青年时代就打下了根深蒂固的基础！举个例说吧：清朝末季打了太平天国的曾国藩，是大家都知道的。他在带兵以前，不过是默默无闻的一个京官。太平天国起事的时候，他刚回湖南湘乡去着，临时为了自卫，为了防御变患，才办起"团练"来，他并没有朝廷给他的武官统帅的头衔，但不久，胡林翼、彭玉麟他们的军队都归他指挥了。接着，练水兵，督造船舰。他都能。于是水陆军队全由他指挥作战！招抚安民，也都做得比人家好，一时国内人才全集中在他的门下！他，不但是一个理学上的中兴人物，也是桐城派古文的中兴人物，不但是桐城派古文的中兴人物，而清廷面临溃亡，也是靠他一手扶持的！……然而我们又要问，他何以能如此的呢？

我再回答一句：因为他博学啊！

在《求阙斋日记》里他记着一次问某老师要养成"经济"之才应如何入手，他的老师回答：读史。这话是有道理的，因为一部历史便是几千年来大人物的成功与失败的因果的记载，也是一切政教成败的陈列馆！曾文正公，他，因为平日各种学问都具备，所以一旦事变袭来，便能应付裕如，毫不仓皇！我们将来能否出人头地，能否立下伟大的事业，完全要看现在是否能克服困难，克制时间，是否能把各种学问都具备起来！——不过，生为二十世纪的人，必须哲学、科学、文学、艺术，都加以涉猎，单读历史是绝对不够的了！

话说回来。各种学问具备了，接着对某种学问也研究得深入了，那你做起文章来还怕不好吗？第一，广征博引不怕没有材料；第二，人家说过的话你不会去重写；第三，由于博学深思而别有所悟，必然会产生新思想新见地；第四，采众花而制蜜，你写出来自能炉火纯青，这样，所作纵不能"流芳百世"，亦必能"无愧于心"了吧。

五　文章的血肉是什么？

不过，话又得分开去说。一篇文章要做得好，是不是书读多了就够的呢？我干脆回答一句：

不够的！

早在二千年前，孟子就说过"尽信书则不如无书！"宋苏辙《上枢密韩太尉书》里说得好："文者，气之所形！"但"气"是怎样来的呢？他举出两个人为例。他写道：

> 孟子曰：吾善养吾浩然之气。今观其文章，宽厚宏博，充乎天地之间，称其气之大小。太史公行天下，周览四海名山大川，与燕赵间豪俊交游，故其文疏荡，颇有奇气。……辙生十有九年矣……百氏之书，虽无所不读，然皆古人陈迹，不足以激发其志气，恐遂汩没，故决然舍去，求天下奇闻壮观，以知天地之广大！……

这就很明白了。苏辙十九岁便能写出这样千古不朽的文章，便因为他百氏之书已无所不读，但他自己承认，单靠古人之陈迹是绝对不够的，所以要决然舍去，求天下之奇闻壮观。所谓求奇闻壮观者，即所以充实新知识耳。但苏辙还是错误的，因为他的读尽诸子百家，求天下奇闻壮观，都只为的是养气以作文！殊不知读书与作文都只是为的要有用于世。所以他流传下来的文章，大半都只是一个文章壳儿，较之十九岁所作，并无多大进步！反之，去读大政治家王安石的文章，便不同了。他，有气象，有内容，有见地，纵然文章壳儿没有别人的漂亮（其实也不会的），其生命却要比别人的久长！原因是王安石的读书方法与苏辙不同，所以观察宇宙间森罗万象的方法也就不同了。

生为二十世纪的人，他所接触的——看见的，听见的，比之宋代，无论明清，都不知要复杂到若干程度，若再懵懵懂懂的不用适当的方法去研究各部门的书籍,并把全身心投到时代的洪流里去,则我们可以断定,他必落伍,不,他必被时代的潮流淹没了去,更别想"出人头地",更别想写出有内容有见地的文章!

具体些说吧:譬如你要写一篇中国政治改革问题的文章,你除了有各种政治的学问以外,若不投身到那漩涡里去,则其中的甘苦你根本不能切实的体验到,你虽然写下洋洋数万言,也依然是隔靴搔痒,不着边际,在当事人看来,或竟徒然是大言不惭而已!再以文学作品的描写论吧。尽有不知多少人闹出了笑话。例如今日,你要写一部抗日战史一类的小说,你若根本没有上过火线,只是闭门造车式地写出,则你处处都会闹出很大的笑话来。不但如此,你纵然写出,人家读去,总只觉得浮而不切,连泛泛的情绪都唤不起来,岂不是更大的笑话!……

这种种可笑的现象,就只为的你那文章根本没有血肉!有血肉才会有生命,没有生命的人是没有用的,没有生命的文章自然也只是糟粕而已!

一个人要表现得有生命,要写出有血肉有生命的文章来,必须除了读书渊博以外,更有充实的生活。

六　文章的灵魂是什么?

说到这里,我们又要问,一个人,骨骼也生成了,血肉也具有了,生命也赋予了,但是他,还没有灵魂,这个人算是完全没有呢? 没有的! 这种人只能称之为行尸走肉! 我们不是常说一个没有"脊椎骨"的人是没有灵魂的吗? 这种没有灵魂的人便是行尸走肉!

像这样的人,中国多着。汪精卫便是标准的一个,因为他已没有意志,他已被日本人放在戏台上当作傀儡演出了!

总而言之,一切没有气骨的,不要脸的,只知拍马的,会被收买去做走狗的,被无理压迫却不会反抗的,……生为一个人,应该敢笑,敢说,敢哭,敢怒,然而,他不敢!这一切的人,不客气说,都是行尸走肉,都是没有灵魂的人!

像这样的人,中国却多着!而且青年同学里也多着!试问这样没有灵魂的人,要他活着干么?同样,像这样没有灵魂的文章,又何必写它!

文章的灵魂是什么呢?

文章的灵魂就是作者的思想、意志、个性和意识!一篇文章或一首诗的写出,如果没有作者自己的独特的思想、意志、个性与意识,则这文章写出来,也只是人云亦云的东西,必无动人之力,必无何种响应,必不能博得读者的同情!这灵魂,最容易在文学作品,尤其是诗里表现出来。现在为经济时间,并便利起见,就举几个诗人为例吧。譬如屈原,他是一个忧时忧国的诗人,他目击昏君奸臣当道,国家日趋沦亡,于是忧愁幽思而作《离骚》,于是他唱着:"举世混浊,唯我独清;众人皆醉,唯我独醒!……"又如陶渊明,他,清风亮节,不肯为五斗米而折腰,于是他梦想着桃花源那样无阶级、无生杀予夺的其乐融融的世界,于是他宁愿"环堵萧然,不蔽风雨,短褐穿结,箪瓢屡空!"于是他唱着"归去来兮田园将芜!"唱着"采菊东篱下,悠然见南山;山气日夕佳,飞鸟相与还!"又如李白,他是春之骄子,但身处乱世,目击时艰,于是他唱着"弃我去者,昨日之日不可留;乱我心者,今日之日多烦忧!"他想逃避现实,于是唱着:"问余何事栖碧山,笑而不答心自闲;桃花流水窅然去,别有天地非人间!"再如杜甫,则又不同了。他除了有感应性,还有伟大的同情心!他所写的乃是全人类的苦难。他诅咒无谓的侵略战争,听!他唱:"车辚辚,马萧萧,行人弓箭各在腰;爷娘妻子走相送,尘埃不见咸阳桥!牵衣顿足拦道哭,哭声直上干云霄!……边庭流血成海水,武皇开边意未已!……"他自己的茅屋被秋风吹破了,雨脚如麻,漏得满床都是水了,他却还要想到"安得广厦千万间,大庇天下寒士俱欢颜,风雨不动安如山!"他还要想到"何时眼前突兀见此屋,吾庐独破受冻死亦足!"再,就是同一题材,譬如"咏月",宋太祖赵匡胤吟道:"未离海底千山暗,才到中天万国明!"他不是诗人,但寥寥一十四字,却朗朗地表现出了那开国气象!但唐朝诗人李商隐却吟道:"嫦娥应悔偷灵药,碧海青天夜夜心!"又是何等的凄清、幽怨……

上面所举,虽都仅是寥寥数句,但作者的个性、思想、意识,全都托出来了!这才是真有血肉有灵魂的作品!

各位若欲求得这灵魂,除了多读书、充实生活以外,更要注意自己的脊椎骨直立起来!

七　人格之最高的表现

现在,关于读书和作文的话已说得不少,进一步有一个问题我们得注意。就是:为什么有许多人,学问很好,文章技术也很成熟,著作也非常丰富,却没有多少人崇拜,身后也非常寂寞;反之,有的人,著作并不多,文章技术也许普通,学问也许并不及前者之渊博,却是举世崇拜,死后万民同哭。这里面就值得我们注意了!

其实,说穿了,也只是一句话:人格崇高而已!

但人格究竟是什么呢?平常,我们只说个人操守好,便是有人格,反之,便是没人格!但作为现代的人而出现,单有个人的操守是不够的。譬如,一个老先生,他,嫖、赌、烟、酒都不会;不义之财,也不取;卑鄙下流的行为,也不做。他,自食其力。墨守道学先生的家教,对于儿女的求新知识,不赞成;打球娱乐,也不赞成;自由恋爱,更所痛恨!他恨儿女读新小说,学新诗;更恨儿女不安心读书,却参加什么救亡运动。他,开口真命天子,闭口我们前清,进而就詈斥,"现在这批青年……"像这样的一位父亲,你说他有高尚的人格吗?那才见鬼!你简直会相信僵尸有灵魂!老实说,像这样的父亲,假如溥仪来叫他做官,他便去了,像郑孝胥、谢介石之流,不折不扣是一个汉奸,你说他有人格不成!这还是比较说有个人"操守"的,至如平日就是个高利贷的地主、奸商,或是土豪劣绅、贪官污吏,那简直随时会擎了旗子去欢迎倭寇进来,随时会做起维持会的会长的,像这类的父亲,假如你也会服从他的家教,叫他爸爸,那你也才是没灵魂的动物!

老实说,人格之最高的表现,就是,勇敢不屈地站在时代的前面,例如,我们的国父中山先生便是一生都站在时代前面的人!对父母,是应该孝的,但如果父母要拉住时代的进步,教他开倒车,他便反抗;对师长,是应尊敬的,但师长所教的不对,他也立刻不客气地提出质问、抗议;对朝廷,向来是要忠的,但他终于掀起了这样大的革命的波涛!——直至一手创造下这中华民国!他一生不断地读书,不断地革命,不断地进步,始终站在时代的前面,所以至今日举世崇拜、万世不朽了!由此,我们可以明白中山先生是如何地尊重真理!非真理所在,即父母、师长、朝廷,都在所不顾,他都非奋斗到底不止!

所以,大家不欲作为"现代的人"出现则已,若欲成为现代的人而无愧,则除了多读书,多体验生活,多磨炼气骨以外,更要注意这时代进展之迅速,勇敢地站到时代的前面去!非如此,则不能成为现代的人固不必说,即所读的书亦无用,所作之文也只是糟粕而已。时至今日,犹有一般人,古书读得半通不通的,还在迷恋骸骨,唱和、玩诗钟,无聊到这一种地步,还自炫为有旧学根柢呢!其实所写的,全是些吟风弄月、吊古伤今的旧词儿鬼花样!陈词滥调,固不必说,按诸实际,没灵魂的人,哪儿会有有灵魂的作品,打油而已!

　　那么，诸位一定问，要怎样才能站在时代前面呢？这，我又要说回去了，必须是，把"读书、作文、做人"打成一片！在这里，我要纠正我们一个错误，那便是把"读书"当作是学生时代的事。其实是大谬不然的！学生时代读书只是求得基础而已，而真正的学问、能力，却非到社会上去以后，几年或几十年以后不为功的！书，必须是广泛地读，不断地读，而且必须跟住时代读——直到老死为止。你若不曾广泛地读，你便不能观察并体念这宇宙万象，你若不能不断地跟住时代读，则你必落伍，必至抓不住时代，更别说站到时代前面了！

　　举个近例吧：蔡元培先生是人人崇拜的人物，但他并无何种专门学问，也并无多少著作流传下来，原因就是他的学问很广泛，因之胸襟也很阔大；又因为他好学不倦，所以他，年虽七十有余，却始终站在时代的前面！又如鲁迅，所留存下来的小说也并不多，而且根本没有长篇的，但他的死却举世震悼，不知流了多少青年人的泪；工农们前往哀吊祭奠，外国大使领事也都献上了花圈，这一切的构成，就因为他领导了中华民族前进，领导了青年们的思想向前迈步而已！

　　记得二十年前，易卜生的《傀儡家庭》介绍到中国来，中国的思想界起了一个极大的骚动，妇女们纷纷起来反抗礼教的束缚，脱离了旧家庭，要求自由的恋爱与结婚，一时的热狂，真像是群莺乱飞、杂花生树的江南三月！但鲁迅却在北京女子师范大学演讲时提出了"娜拉走后怎样"的问题。其时，因为大家都在热狂中，不曾注意。但十年后，因为妇女解放没有得到切实的成功，社会上只充满了花瓶与摩登玩物，于是有人提出口号叫"妇女们回到厨房去！"这才引起了大家的讨论，这才大家都记起了鲁迅在十年前说的话。

　　这就显然，时代与鲁迅赛跑，时代反落后了。鲁迅之所以受我们这样的崇拜，正与国父中山先生之受我们的崇拜一样，是决不偶然的！

　　同学们，我们要读书吗？要天天跟住时代跑！要作文吗？须抓住时代！你要做一个现代的人吗？你应站到时代的前面去！并进一步去创造新的时代！

　　只有站在时代的前面，才是人格之最高的表现！

——第二讲完——

第三讲 写什么？怎样去写？

郭莽西

要明白写什么，首先应该有一个新的观念：就是，写文章并非因为是空闲不过的消遣，更不是无事忙，而是因为我们脑子里有什么意思要使人知道，或者是有什么意见要发表出去，或者是因为有某种感情——所谓情绪，要发泄倾吐。而发表出去的目的，又无非是希望别人知道你的意思，或者赞许你的意见，或者同情你的境遇与心情而起共鸣作用。（高人雅士必不以此说为然，他们以为有著作必须要藏诸"名山"才算"不好名"，才算"高雅"，殊不知做学问并不是为了点缀个人的生活！）但怎样的意思与意见才值得发表出去？怎样的抒写情绪才能使人发生一种美感而起一种同情与共鸣作用？这，当然的，如果人云亦云，那就无须你多此一举。（目下有许多报章杂志的文章，实际上都只是传声与应声而已！）英国哲学家培根说："你所写的当使对于人间的真理有所增益。"美国的作家爱默生说："一个作者，他必须是一个能够创造观念的人。"美国文学理论家亨德更进一步认为须有创造理想的能力。这些话都足够说明，一个作者在提笔之先，应当自己问问：我的灵魂里可有什么特别的消息要告诉人家？有，你应当写；没有，你就不必。那么，要怎样才能于人间的真理有所增益？要怎样才能够创造观念？创造理想？要怎样才能不至人云亦云，做了人家的应声虫？换句话说，你要写什么才能出人头地，不至人云亦云？才能使文章虽淡，然而有味？这里有两条路径：

第一，尽量利用古今中外的已有的学问作为借鉴，以资参考。

第二，从自然界里，从人类社会里去求得真正的活的知识与学问。

第一，因为人的智慧是古今相差无几，或竟至不及古人的，如果你完全脱离了人类的固有文化，那你就得重新过起原始人的生活来。如果你能够自幼努力于学业，尽量利用前人的学问作为基础，则人类历史上必须几千年去走的历程，你也许可以在二三十年中走完了它，以这为基础，于是温故而知新，你将看见无数新的学问了。换句话说，你不必再苦苦地走那些人家已经走过了的曲折的冤枉路，不至再有人云亦云的可笑情形了。不过，徒然在人家的旧书堆里钻，并不是学问的终极目的。一切学问，都是为了改善人类生活与改造世界的，——就使是以艺术与文学为娱乐消遣之用吧，它的目的也总是在于美化人生——所以离开了这两个目标就无所谓学问的。因此有第二条路径：我们应从自然界里，从人类社会里去求得真正的活的知识与学问。不过，如果不能利用前人的遗产，则你从自然界或人类社会里所得来的认识，亦只是一些原始的、表面的认识而已。所以我们必须一面拼命地学习写作，一面拼命读书，一面又须拼命地根据所得的学识去观察并体验实生活！

你如深入的研究了哲学，则对于宇宙与人生将有一个正确的认识，同时亦必然增加了你思维的能力。如果深入的研究了自然科学，则你不但对于自然界的一切能够有深入的认识，就是对于一切科学文明，亦都可以了解了。如果深入的研究了社会科学，则你对于人类社会——这世界为什么这样乱纷纷？人与人之间为什么这样不平等？社会为什么这样不安宁？解决的途径如何？你都可以迎刃而解。你若深入于文学艺术，则你将养成高洁的情操！……这样一来，则不但是做文章，就是做任何事都可以随心应手了。我们不是常感到题目出来不知从何下笔吗？原因就是你对于世间事理不能透彻了解之故。而读哲学等等,目的就在于使自己养成了解事物与事理的能力! 宋朱熹说得好:"不必着意学如此文章,但须明理;理精后,文字自典实。"正如朱子自己的文章,文白不拘,语语自然,却不失为天地间之至文。原因就是"理精"。所以充实知识就是充实文章内容的唯一途径!

至于怎样去写,则须看我们所要表达的是什么意思。我以为一切文章的内容不外是心理学上的所谓知、情、意三种心理现象的反映。在这里所要注意的是心理现象不是什么与生俱来的主观的产物,而是客观的外物通过主观的研炼与认识的成果。所以本文的前半篇只看重在学养与体验,因为,如果没有了要表达的内容,根本就无需乎"文章"的。

如果你要表达的,主要点在于求人知,则一般的说是采取说明文的体式来写出的。一般说理的著作,尤其是教科书式的文字,它的句法,它的组织与结构,就大都属于说明文的体式。据夏丏尊先生的《文章作法》里说,说明文的题式通常有疑问式和直述式两种。疑问式的例如:

(甲)书籍是什么?　　(乙)何谓文学?　　(丙)科学是怎样起源的?

直述式的例如:

(甲)书籍　　(乙)说文学　　(丙)科学的起源

此外过去还有加上"原"字的,例如"原君""原道"之类。
说明文的组合最简单的如:

(甲)人是有理性的动物。

（乙）国家是人类社会组织之最大形体，包容一切社会生活。

但这样简单的说明文往往是不够用的。因为说明文所要说明的既不一定这样简单，而又是对于未知某事物或某事理的人才有作的必要，所以作法上必需的条件便非加多不可。兹以"文学"为题，分说并举例如下：

一、是所属的种类。例如：文学是一种艺术。

二、是所具的特色。例如：换句话说，它是以文字做成的一种艺术。纯粹的文学，通常不以日用为目的。

三、是所含的种类。例如：因为体裁上的不同，它有小说、诗歌、戏曲等分别。

四、是显明的实例。例如：《红楼梦》是小说，《长恨歌》是诗歌，《西厢记》是戏曲。

五、是"对称"和"疑似"的举出对比。例如：文学不是普通的文字，也不是科学；韩愈的《原道》，王船山的《读通鉴论》等，不是文学。物理学讲义，化学教科书等，也不是文学。

六、是语义的限定。例如：我国古来，凡是文字都称文学；但是现在的所谓文学完全是小说、诗歌、戏曲等的总称，和从前的意义是不同的。

这六个是原则，按照此原则去写，自然可以无误。不过，运用之巧存乎一心，练习成熟之后，写更大的篇幅时也自然能够运用自如了。

如果你要提出某种主张，或推翻某种理论时，则我们就必须采取论证的方法。换句话说，就需要采取议论文的体式了。议论文和说明文之不同之点，就从题目上也可以看出来。说明文的题目只是一个单语，例如"三民主义""说米""原道"之类。而议论文则必须是肯定式的或否定式的"命题"。例如："中国必须实行三民主义""米，有办法！""道是无处不在的！"以上是肯定式的命题；"无政府主义不能行于今日之中国""米不是西洋人的主要食粮""人世间是没有公理的"，这三个就是否定式的命题。有时也稍有变化，例如："妇女解放论""英吉利论"等，但你心中必有是或否的主张存在，所以仍是命题。命题是一个完全的句子，肯定的，或否定的。但疑问句、命令句、愿望句或惊叹句都不能作为命题，因为所表示的都不是一个断定，用不到证明。

要证明你的主张的正确与否，必须尽量觅取论证。论证的方法是多端的，但必须学习论理学（逻辑学）运用圆熟后方可。本文篇幅有限，无法一一介绍。好在本书中选有叶圣陶先生的一篇《开头和结尾》，中间举有议论文的例子；同时本书中还有王季思先生的《时论的格局》，都可以暂时充饥的。现在只举一个短短的例子在下面：

> 但是到了现在，关于女子和文学的观念全然改变了。文学是人生的或一形式的实现，不是生活的附属工具，用以教训或消遣的；他以自己表现为本体，以感染他人为作用。他的效用以个人为本位，以人类为范围。女人则为人类一分子，有独立人格，不是别的什么附属物。我们在身心状态的区别上，承认有男子女子儿童的三个世界，但在人类面前都是平等的。与男女的成人世界不同的儿童，世间公认其有文学的需要，那么在女子方面这种需要自然更是切要，因为表现自己的与理解他人的情思，实在是人的社会生活的要素；在这一点上，文学正是唯一需要的修养了。
>
> ——《女子与文学》

这是从《女子与文学》一书中节抄来的一段文字，它的意思就是：

一、文学是人生的或一形式的实现，……它以个人为本位，以人类为范围。

二、女子也是人。

三、所以女子也需要有文学修养。

这正是逻辑上演绎法的一个公式。它是：

一、大前提

二、小前提

三、结论

此外尚有归纳法、类推法、辩证法之类。不及一一细述了。论理学是每一个人都需要学习的。因为这是思想方法，要思想正确就非学习思维哲学不可。如果你的思想方法错误，当然你的论证也不会正确，议论文就失其所以为议论文了。所以在这里我以至诚盼望我们能在这学问上下一番功夫。【注】

此外，记述的文字，最须注意观察的起点。自然，一篇文章，首先需要有一个中心主旨，有了中心主旨，就不难下笔了。一般地说，记述和叙事的文章，已渐近于文学，所以要研究作法也特别的难。大抵记述文重在静的描述，而叙事文则重在动的叙写；前者是平面的，而后者是立体的；前者重在空间的布局的分析，而后者是重在时间的演进的流动性的；记述与叙事往往相互为用，正如说明与议论总不能划然分开是同一个道理。记叙文的运用，是文学创作的第一个历程。这本书里都有分别的论述，兹不具赘。

——第三讲完——

【注】 当代中国的议论文写得最完整的，当推冯友兰先生。他的《中国哲学史》《新理学》《新事论》《新世训》诸书，其逻辑之谨严在国内尚属仅见。

第四讲　描写的一个定理

郭荥西

　　"描写"是文学作品的写作上必不可少的艺术素养。一般地观察分析起来,"描写"的唯一条件是具象化,而最最忌的抽象的说明,试看如下二例:

　　（一）

　　月亮的光总不及太阳的光强。今晚也有月亮,但看看四周,近的屋,远的山,都不能看清楚。熄灯以后,房里也有月光,照不着的固然黑,照着的地方也是淡黄色的,总看不清楚,要看书则更不行。外面还有人在吹箫呢,我哪里睡得去。

　　（二）

　　窗外好像水国,近的屋,远的山,都用了不很明白的轮廓,在空中画着。屋角树林的下面,晕着神秘的色光。熄灯以后,月光闯入室内,在床上铺着一条青黄色的光带。夜静了,不知哪里来的呜咽幽扬的笛声,还隐约地在枕上听得。

　　这两个例所用的题材都相同,但写法却完全两样,读者所感受到的也完全各异。前者文句虽大致清通,但他用的是说明的写法,你所能感受到的也只是知道这样一回事而已。后者可不同了,他用了"水国"、"画着"、"晕着"、"闯入"、"呜咽幽扬"等等字样,使一种"景"和"物"都立体化了,具象化了。当你读着的时候,你会像是自己就立在那"水国"里，起一种无限凄清的感觉。这就是描写，描写的唯一条件就是具象化。写可以看见的景物是如此，就是写那看不见的声音和情绪也是如此。例如当你听见一种非常美妙的歌声，你若尽说"真好啊！""那声音真千变万化，巧妙无穷啊！""那歌声真神秘而离奇啊！"……你就是写上百万句，因为他是说明的句调，总不会令人起什么感觉作用的。说明文字是科学的，而描写文字是艺术的。科学和艺术的区别，是在科学是特别表现我们的思索能力的；而艺术是特别表现我们的感觉能力的。即是说，科学是藉论理的概念来表现，而艺术则由形象来构成。试看《老残游记》第二回所写的王小玉唱书一段：

> 王小玉……唱了几句书儿，声音初不甚大，……唱了十数句之后，渐渐地越唱越高，忽然拔了一个尖儿，像一线钢丝抛入空际，不禁暗暗叫绝。哪知他在那极高的地方，尚能回环转折；几转之后，又高一层；接连有三四叠，节节高起。恍如由傲来峰西面攀登泰山的景象：初看傲来峰削壁千仞，以为上与天齐，及至翻到傲来峰，才见扇子崖，更在傲来峰上；及至翻到扇子崖，又见南天门更在扇子崖上。愈翻愈险，愈险愈奇。那王小玉唱到极高的三四叠后，陡然一落，又极力骋其千回百折的精神，如一条飞蛇在黄山三十六峰半中腰盘旋穿插，顷刻之间，周匝数遍。

这文字写得何等出神入化。中间的关键，就只是用了一个"像"字，一个"恍如"，一个"如"字，把一切都具象化了的结果。写情绪亦复如此。例如：

> 烦恼，烦恼，
> 我真有说不尽的烦恼啊！

那是喊了千百句也不能成为文学作品的。同样一个意思,改作如下的句子,便令人感动得沁入肺腑了:

> 有如许的泪,
> 纵使遍身都是眼,
> 也流不尽啊!
>
> ——刘大白:小诗

诸如此类,俯拾即是。古今文学名作,其描写无不是依此原则的。

但八年前,笔者又在描写的方法上发现一个特征。就是:"文章以造境为第一"。有"境",即使文句稍有疵病,读之也必有味;反之,即使文通字顺,也觉味同嚼蜡。这是常见的事实。而"境",一通过文字,必然美化。我曾打过一个譬喻:一个美人,如果脱得赤条条地看,就不免令人作呕;反之,如在月光下,一个丑妇人被笼在一幅轻纱里,也必令人起无限的美感!月光下,是一个境,丑妇人是内容,透明的轻纱正是文字的艺术。艺术的第一个条件是美,一通过艺术,就是最丑恶的,欣赏时也必令人起一种美感!就是恐怖悲哀的场面,也必令人有回味!

那么,怎样才算是有"境"呢?所谓"境"是什么呢?

用现代的术语讲,就是说,每一件事,每一个情绪,每一句形容语,都必须是一个"镜头"。一本电影脚本,是无数"镜头"拼合起来的,一篇或一部大作品亦复如此。举例说吧:

> 青松夹路生,
> 白云宿檐端。

这是陶渊明拟古诗之一,前一句象征凛然的风骨,后一句则写其无往而不适的悠然胸怀。而前一句是活跃在眼前的"镜头"，后一句也是活跃在眼前的"镜头"。再如：

> 轻些，静些，
>
> 你别惊动他，
>
> 看这梦只笼着一层轻纱：
>
> 秋天里一片蝉翼，
>
> 淡月下一缕流云，
>
> 云山外一句钟声。
>
> ——《轻纱的梦》

后三句都只是为了形容"轻纱的梦"而写，但它本身，却每一句都是一个美的"镜头"，都各自有一个"境"在。由此，我们去看一切文学名作，几乎无一篇不如此！一篇之中为后人赞叹不止密密加圈的，也无一句不具有一个显豁如画的"境"。信手拈来看吧：

> 昔我往矣，杨柳依依；今我来思，雨雪霏霏！
>
> ——《诗·采薇》
>
> 嫋嫋兮秋风，洞庭波兮木叶下！　　——《楚辞·湘夫人》
>
> 大江流日夜，客心悲未央！　　——谢朓句
>
> 卷帘天自高，海水摇空绿。　　——梁武帝句
>
> 暗牖悬蛛网，空梁落燕泥。　　——薛道衡句
>
> 落日照大旗，马鸣风萧萧。　　——杜少陵句
>
> 一去紫台连朔漠，独留青冢向黄昏！　　——杜少陵句
>
> 试问闲愁都几许？一川烟草，满城风絮，梅子黄时雨！
>
> ——贺方回句

二十四桥仍在，波心荡，冷月无声！　　　　——姜白石句

寒波淡淡起，白鸟悠悠下！　　　　　　　——元好问句

枯藤老树昏鸦，小桥流水平沙，古道西风瘦马。夕阳西下，断肠人在天涯！　　　　　　　　　　　　——马东篱句

这样的句子，求之现代，也随处可以发见的。例如臧克家的《壮士心》："灯光开出了一头白发！"

其境界何等显豁。吕漠野写一个拉车的父亲在暑天的路上倒毙下去的情景道："半闭的眼有无穷的话！"

沈从文在《月下小景》一篇中唱道：

不要冬天的风，不要海上的风，

这旗帜受不起狂暴大风；

请轻轻地吹，轻轻地吹，

（吹春天的风，温柔的风，）

把花吹开，不要把花吹落。

王国维先生说："词以境界为最上。有境界，则自成高格。"可谓至言。其实不但"词"如此，即一切文学作品，亦可以用这标准去评衡它的。王国维先生又说："境非独谓景物也，喜怒哀乐亦人心中之一境界。故能写真景物真感情者，谓之有境界，否则，谓之无境界。"

所以我认为"造境"之在描写的过程上，是与具象化有同等重要的。

但年来，我却又发现一个新的特征：我观察无论古今中外的名作，其描写臻于上乘的，就没有不是抒情的。否则，任你的描写穷极工巧，亦只是一种文字的游戏，决不能称为文学作品。《红楼梦》里香

菱学诗的经过便是一个明证。她的三首咏月诗,前两首并不是不咏月,而是错在单纯咏月,第三首才赋予以作者的情感,于是林黛玉才称赞她的成功。章质夫咏杨花一词,不可谓不工,但苏东坡的和词却胜过原作,原因就在东坡能赋予杨花以灵魂,而是另有寄托了。反之,许多辞藻瑰丽而无抒情描写的文字如子虚、上林、三都以至六朝那些"连篇累牍,不出月露之形,积案盈箱,唯是风云之状"的骈四俪六的文章,有几篇还保留着作者的生命?由于这一发现,我就大胆下了如下一个断语:**是文学作品,就都是抒情的!**

这是太大胆了的断语。在过去,就是诗,它是最抒情最灵感性的艺术,也有叙事诗、哲理诗、抒情诗等类的分别,而我竟大胆地武断"文学作品都是抒情的",不是太骇人耳目了吗?但这一断语,我相信已经成为一个永远颠扑不破的定理了。

我们翻开看吧:一切被公认为伟大不朽的文学作品,其描写固皆符合前面所说的两个描写的原则,而同时也的确没有一部,不论是诗,是小说,是戏剧,不是代表着作者当时的思想与世界观的,也没有一部不是充满着作者喜怒哀惧爱恶欲的热烈情感的。一部《三国演义》便是罗贯中的忠义思想的表现,否则,我们就不会一味偏爱了刘关张与诸葛亮,而鄙视了曹操。在平时,我们中间有谁不讨厌强盗土匪?但当你读着《水浒传》,为什么你会那么同情于梁山泊的好汉?这不是因为作者愤慨于当时政治社会的黑暗而流露于字里行间的结果吗?再推而至于《五柳先生传》和《桃花源记》,亦是雅俗共赏的千古流传之作,不很显明的就是陶渊明的人生态度与世界观吗?一篇《离骚》,正是屈原一生泪血的结晶;一部《红楼梦》不出一首《好了歌》,都是人所共知的事实。兹举一段《桃花扇》杂剧的文字看吧:

哀 江 南

【北新水令】山松野草带花挑，猛抬头秣陵重到。残军留废垒，瘦马卧空壕。村郭萧条，城对着夕阳道。

【驻马听】野火频烧，护墓长楸多半焦，山羊群跑；守陵阿监几时逃？鸽翎蝠粪满堂抛，枯枝败叶当阶罩，谁祭扫？牧儿打碎龙碑帽。

【沉醉东风】横白玉八根柱倒，堕红泥半堵墙高。碎玻璃瓦片多，烂翡翠轩窗棂少。舞丹墀燕雀常朝，直入宫门一路蒿。住几个乞儿饿殍。

【折桂令】问秦淮旧日窗寮，——破纸迎风，坏槛当潮，目断魂消；当年粉黛，何处笙箫？罢灯船，端阳不闹；收酒旗，重九无聊。白鸟飘飘，绿水滔滔。嫩黄花有些蝶飞，新红叶无个人瞧。

【沽美酒】你记得跨青溪半里桥？旧红板没一条，秋水长天人过少；冷清清的落照，剩一树柳弯腰。

【太平令】行到那旧院门何用轻敲；也不怕小犬哮哮。无非是枯井颓巢，不过些砖苔砌草。手种的花条柳梢，尽意儿采樵，这黑灰是谁家厨灶？

【离亭宴带歇拍煞】俺曾见金陵玉殿莺啼晓，秦淮水榭花开早，谁知道容易冰消？眼看他起朱楼！眼看他宴宾客！眼看他楼塌了！这青苔碧瓦堆，俺曾睡风流觉；将五十年兴亡看饱。那乌衣巷不姓王，莫愁湖鬼夜哭，凤凰台栖枭鸟。残山梦最真，旧境丢难掉；不信这舆图换稿，诌一套哀江南，放悲声唱到老！

《桃花扇》是写侯方域和李香君的恋爱故事的，是极其哀艳的一本杂剧，但你读这"余韵"，作者是仅在写恋爱故事吗？谁也知道这只是作者孔尚任借着苏昆生的口唱出来的曲子，是写亡国之痛的名文。

中国的作品是如此，外国的作品亦无不如此。由于这一假定的归纳，又可以得出下面一个结论：**任何千言万语费尽心机的描写，而其所欲完成的目的却只有一个，就是抒情。**

这是一个描写的定理。根据这一个定理去评骘一切文学作品，都不难定出它的艺术价值之高下来。根据这一个定理去写作，再也不至跑野马似的无所依归了。记得自己在中学时代时，一上作文课，就像上刑场一般，原因是一个题目出来，实不知从何下笔，后来稍稍爱好文学，最苦的一件事就是题材的去取与剪裁完全没有标准。那时期，特别爱好写景优美的文字。一篇文学作品，如果没有几段写景的好文字，我就会不承认它的文学价值的。最显明的就是《阿Q正传》，我常说："不知它好在什么地方！"以为鲁迅一定不长于写景。直至读了他那《好的故事》，才吃惊于他那写景的手腕何等异于常人！于是领悟到自己那种每篇小说里一定要有写景文的心理是何等可笑！原来景色是必须配合事实才有生命的，否则，就仍是死景。举例说吧：柳耆卿的"杨柳岸晓风残月"，不是很有名的句子吗？历代选词的，这一首无不选入，选了的，到这两句莫不密密加圈。但我们仔细考查这一个句子，实在觉得平凡得很。王国维先生说："大家之作，其言情也必沁人心脾，其写景也必豁人耳目。"若以这标准去衡量这句子的价值，则别说人家的，就是他自己的集子里，比这句子好的也不知有多少！就在这一首《雨霖铃》上半阕的末一句："暮霭沉沉楚天阔！"所表现的那种苍茫气象何等显豁，也比那一句好。但是，"杨柳岸晓风残月"一句，又何以这样脍炙人口呢？问题就在这里！原来这是一般人单把这一句拈出来说了的缘故。殊不知如果单单只有这一句，就是一个没有灵魂的句子。因为它只有三种不同的景色原料，却不曾组织成一个有意境的句子。它之所以成为有生命的句子者，完全是靠前面的句子紧逼下来的。如果没有"多情自古伤离别，更那堪冷落千秋节"二句,则"今宵酒醒何处"之下,这"杨柳岸晓风残月"也不能构成这样凄美的荡人心魂的景象。只因为有前面几句,于是杨柳亦成为有情物,风与月亦成为触目伤心的资料,一片凄清景象,简直使人寒冷入骨了。再如朱自清的《背影》,也是大家必然读过的文章。那文章的内容,大家当还记得。里面写着三宗不同的事实:一宗是祖母的死,他和父亲奔丧回家;一宗是家道中落,度日艰难,他父亲又当失业期中,需要找饭吃去;另一宗便是父亲在南京送他上车的事。以事论事,在中国的社会里,应以奔丧一事最为重大。若以当前的严重性来说,则家贫失业是可怕的事。至于送儿子上车,而这儿子又不是第一次出门,他早就在北京大学读书了,真是算得什么!这些事实写在一篇文章里,如果我们还在初中时代,则我们一定会把祖母的丧事写得有声有色,说祖母是怎样的贤惠慈爱,死后大家又是怎样的哀戚。但是我们看看朱先生所写,他把前两宗事情只用一百多字的篇幅就写过去了。而写送他上车的事,却把彼此的一举、一动、一言、一语、一心理、一表情,都细细地不遗地描写出来,这是怎么一回事呢?我前面说过:"任何千言万语费尽心机的描写,而其所欲完成的目的却只有一个,就是抒情。"这文章是很显然的,一切都只是为了要写出那令人流泪的"背影"。至奔丧与就业,那只是陪衬之笔而已。如果不是为了奔丧,就不会有"一同"出门的事,如果不是"一同"到南京,就不会有在下关送上车的事。但奔丧与求业,事虽重大,而与本文的中心却无多大关系,它只能引出送他上车一事而已,所以只略略地带了一笔就不再提了。至于送他上车以至送他上车以后的事,却一举、一动、一言、一语、一表情都是为了他的,都是至情关心他的表现。这一举、一动、一言、一语、一表情,都是促使他终于流泪的动力。很明显,父亲的背影,他不是没有见过的,何足流泪!"背影",不过是作者抓住一点来发挥罢了。因为父母爱子女的心,是无处不在的,若叫我们写，也许会把幼年时他如何疼爱，如何关怀的一切，"写得淋漓尽致"（？），但结果如何呢？第一，你所写的当然与人家的完全雷同，第二，一定是挂一漏万，而又噜苏不堪！在这种地方，作者就要特别注意材料的取舍与剪裁的功夫了。截断众流，抓住一点，这是《背影》作者所用的手法，结果呢，父亲爱他关切他的一举、一动、一言、一语、一表情，都酣畅地表现出来了，而同时他怀念父亲的心不是也完全烘托出来了吗？——这就是他写作此文的动机，也就是他写作此文的目的。所以在末了，他又写出父亲最近的一封信，信中而且有"大去之期不远矣"这样一句话，（这一句话应该就是他写这文章的触机！）但是被培植到这地位的朱自清先生，可有尽过一点报答的孝心吗？他自己说："不见父亲又是两年了！"语重心长，言外之意，不是很明白吗？……

总之，一切文学名作，其描写任是怎样丰美瑰奇，都不外乎是完成其抒情的目的而已。——至少也表现着他当时的心境的！我又重复说一遍：以此标准去评衡一切不朽的名作，都不难定出其艺术价值之高下。即使最客观的自然主义与新写实主义的作品，其取材与剪裁的标准，亦得如此才行，否则，主题不立，文于何存，岂有永生不朽之理！

——第四讲完——

第五讲　抒情的几个基本法式

郭莽西

根据"是文学作品就都是抒情的"这一定则,我们就不难从所有的文学作品中归纳出几个抒情的基本类型来。据笔者目前所能归纳出来的,约有如下四种:

(一)寓情于景。

(二)寓情于物。

(三)寓情于事。

(四)直抒胸臆。

今试分述于后。

(一)寓情于景

写景文字最容易见到的是游记。但游记不一定是文学作品,尤其是近代的许多有价值的游记,往往包含着人情、风俗、物产、政治、地理的记载,类多客观的考察,所以其中的写景文字,其目的也只是一些地理风景,与文学的写景文不同。

所谓文学的写景文者,它一定含有作者个人的主观情调;故其所表现的景色,未必是实有的景色,而是通过作者的感情与想象的产物。合则留,不合则去,这还是消极的吸收景色的写法;积极的,作者往往创造各种景物来配合并且表现他其时的情绪的。在小说里如此,在诗歌里更是这样。吾人在初习写作时,往往爱插写景文字,却不知写景正所以写情,因而"连篇累牍,不出月露之形,积案盈箱,唯是风月之状"的文章,总是无补于事的。如今有了正确的一个描写的定理以后,就知道一切写景,都只是为了完成一个目的——抒情而已。

寓情于景,大约也有几个可循的法则的。

有的是用以逗起时间的感情的——本来,写景色是没有不点明时间的,而时间的点明,亦无不与作者当时所要表现的情绪有关。例如:

> 斜阳外,
> 寒鸦数点,
> 流水绕孤村。
>
> ——秦观《满庭芳》
>
> 四面边声连角起,
> 千嶂里,
> 长烟落日孤城闭。
>
> ——范仲淹《渔家傲》

前者点出黄昏时凄凉的别离情景,后者则写出征士秋塞的苍凉情怀。都是写景,但也都是点出时间,尽了抒情的任务的。不过我现在所要指出的是在其时当事人会引起时间的感情的写景的文句。例如:

> 昨夜西风凋碧树,
> 独上高楼,
> 望尽天涯路!
>
> ——晏殊《蝶恋花》

"昨夜西风凋碧树",表面虽是一个叙事兼写景的句子,而实际上却分明引起当事人的时间感情的。她的独上高楼去望尽天涯路者,正是由于看见一夜西风凋尽了碧树所引起的青春易谢迟暮将至的感情冲动的结果,这是很显然的。他如:

> 垂杨只解惹春风,
> 何曾系得行人住!

也是写景神化了的句子,其所含的因时间而逗起的感情,也是哀怨万千的。现在再举一个不着痕迹的描写时间的例子在下面加以观察吧:

> 柳外轻雷池上雨,
> 雨声滴碎荷声。
> 小楼西角断虹明。
> 栏杆倚处,
> 待得月华生!
>
> ——欧阳修《临江仙》

此词,表面看去,句句都是写景的。但细细一读,却句句都是在写着"待"的时间的。试瞑目以想:"柳外轻雷"时节,不应该正是晴天吗?由"轻雷"而到"池上"有"雨",不是该已经过了许久了吗?"雨",不应该只洒在"池上"吧,而竟只是"池上"有雨,其"雨"之疏落可见。但结果是"雨声滴碎荷声"了,不是骤然密了吗?这中间又应该经过了多少时候!后来呢,骤雨缓了,缓了,而且晴了,望见"小楼西角"有"断虹"挂着了,这中间又该经过了多少时候!同时,这样细细数着这时间足音的过去,不是一定有个人在吗?正是。一个人,正在栏杆边倚着,倚着啊!这个人真有耐性,也真可怜!大概是有过"约"的吧?她午后就倚在栏杆边等候了。她等着,等着,人没有来,柳外却有轻雷了!这,她该多着急!不过,如果这时"他"能来呢?还不要紧;但是,看!池面上有了雨点了!下雨了,"他"还会来吗?!不过,能一直这样子还不要紧。她的希望不绝如缕!可是,可是,"雨声"竟然"滴碎荷声"了!这时,她还能不绝望吗?还能不绝望吗?但是,造物弄人,往往令人啼笑皆非。一阵骤雨过后,却又看见"小楼西角断虹明"了。这时,正是山穷水尽之处,忽然柳暗花明,顿时把她从绝望的深渊里提了出来,她的欣幸与快乐,还消说得吗?莫怪她依然耐性地期待着,期待着……可是结果呢,"他"果真"终于"来了吗?天晓得,她却只等得"月华"从东方冉冉地升了起来……

这样子不着痕迹的写时间的句子,写得何等曲折,何等哀婉。于此,我们不难领悟出文学的写景文之三昧吧?

有的是用以烘托故事的背景的——这在小说里最为常用。譬如你要写一个失眠的人,你总不免借着黑暗、月光之类作陪衬的。如果你写他将灯熄灭时,一痕月光从东窗里挂了进来,于是联想起也是这样一个月夜,你曾经……曾经……这一来,思潮与回忆就咬住了你的心,你,再也睡不去了。于是辗转反侧,曲尽描写,到了忽然回过意识来,月光已在西窗上无力地照着了。这月光便有了无限的意味,再也不仅是单纯的写景了。

是好的描写,即使在小说里,也一定能使你不觉其为写景文字,而读者却在其字里行间领受到无限的美感的。至于诗歌,用的字句极其经济,更不容有废词赘句去空写景色了。例如李白《送孟浩然之广陵》:

故人西辞黄鹤楼，

烟花三月下扬州。

孤帆远影碧空尽，

惟见长江天际流！

全诗无一"送"字，也没有一个"离情别绪"的字眼，末二句则无一字不写景，但骨髓里却无一笔不写情！……真的，古今来，谁有这样深的别情！谁人送朋友远行是船驶了还立着送的？但是我们的诗人却眼看着"孤帆远影"在"碧空"里小了，小了，终于不见了，还立着望他，望他！最后是只看着一片水光在天际隐现了，他还立着，立着，望着，望着，送他！如此深情，谁能不为之同声下泪！有人说："孤帆远影"者目送之也；"长江天际"者心送之也。可谓千古知音。

像这样的描写，一方面尽了烘托背景的责任，而另一方面却情与景浑成一片，也尽了抒情的任务了。

有的是用以象征某一种意象的——这是因为那事实如果照实写下去，其结果不但挂一漏万，而且是令人觉得俗不可耐的。于是采取种种象征的写法，一方面仍不失其所要表现的真实性，一方面却又具有艺术的美感，可以令人依回不置。例如本书里《做成一首诗的几个步骤》的附按中所举的《家庭》一诗，就随处用着这手法。例如：

这就是个家庭，就这样——

行走在很长的、很长的大道上。

……

路是长的，长的；太阳落下！

……

孩子，这，这就是你的世界，

　　　　　　旷野，黄昏，路，还有荒凉……

都是用写景来象征这整个家庭的灰色的前途的。一年前《江风》上发表的一篇《茫然之感》，用的也是这一手法：

　　　我现在对着一切都是茫然！

　　　我立在时间的河流之滨，一面望着上流匆匆忙忙地赶将下来，一面又望着它们跟跟跄跄地向着大海挤去，真有其不胜慌张之意……我茫然。

　　　我伫立于向晚之楼头，方看庄严的红日沉落，而夜之罪恶的爪牙便从天地的边缘爬出，并且渐渐地，渐渐地向人间缩紧了包围圈……我也茫然。

　　　我又曾登上了高塔，展望着无边的茫茫的人海，波涛汹涌着，小波拥着大波，大波卷去了小波，真忙碌啊，……有时撞着了礁崖，总算迸出了点点的浪花，但随即，复归于混沌……我更茫然。

　　　我也曾做个无量数的梦，梦见幸福的铁树开出了花，梦见抢不到的冷饭抽出了芽；但是，每次每次，在直流的冷汗里醒了过来，依然只有无边的黑暗在望，依然只有盈筐的空虚在握……我更茫然！

　　　于是，于是我只有任着性子披散着长发在急风骤雨里直驰狂奔，我只有袒露着胸膛在黑夜的山林里哀哭到天明，我只有，在无边的墟墓间血泪和流……

这手法运用得最成功的是鲁迅的《好的故事》。他首先写出一个记忆——山阴道上航行时所见到的景色，由是引出了一个理想的境界。用流动的交合的景色来象征一个理想的世界，那世界里不但人与人之间是显得那样的融和协调，就是万物，也与人类浑成一篇了。这就是张子《西铭》里所暗示的"民胞物兴"的世界，也就是大同的境界。这一篇是鲁迅一生的思想的结晶，是鲁迅一生奋斗的终极的理想。而某书局的初中国文的《题解》里竟说是描写山阴道上的景色的文章，岂不令人痛心！

还有的是正式借景说情的——这一种最为常见。诗歌里写景的好句子几乎全部是说情的。最低限度也在烘托着作者其时的心境的。例如：

> 细雨梦回鸡塞远，
> 小楼吹彻玉笙寒！

> 可堪孤馆闭春寒，
> 杜鹃声里斜阳暮！

> 寒波淡淡起，
> 白鸟悠悠下！

都是用以烘托作者的心境的。至如正式借景说情的，亦随处都是。例如：

> 泪眼问花花不语，
> 乱红飞过秋千去！

> 夜深风竹敲秋韵，
> 万叶千声皆是恨！

> 消息未知归早晚，
>
> 斜阳只送平波远！

都是借景色来说出无限情意的。

此外，在小说与戏剧里也有以景色作为配合场面用的，但原则上仍以情与景融成一片为描写的最高境界是无疑的。

（二）寓情于物

"寓情于物"的应用范围，比较的要狭。但也历来都在被人采用着。自从屈原在《离骚》里广泛地采用香草美人之类来象征各种人和事以后，就常常有人偏爱一种物来表白自己的人格与心境。例如陶渊明的爱菊，林和靖的爱梅，周敦颐的爱莲，都是属于这一意义的。于是许多咏物诗，都在托物以寄情的原则下写了出来。（魏晋南北朝的赋更是这一手法达到最高峰的表现。）所谓"嫦娥应悔偷灵药，碧海青天夜夜心"（李商隐句），所谓"暂蚀还圆，只有多情月"（黄侃句），就是借月以寄情的。所谓"相看两不厌，只有敬亭山"（李白句），所谓"数峰清苦，商略黄昏雨"（姜白石句），就是借山以寄情的。所谓"流到溪前无一语，在山作得许多声"（咏瀑句），所谓"风乍起，吹皱一池春水"（冯延巳句），就是借水以寄情的。

> 寒冬十二月，
>
> 苍鹰八九毛；
>
> 寄言燕雀莫相啅，
>
> 自有云霄万里高！
>
> ——李白《观放白鹰》

这是借鸟以托自负的怀抱的。

> 花开不并百花丛，
>
> 独立疏（疏）篱趣未穷。
>
> 宁可枝头抱香死，
>
> 何曾吹堕北风中！
>
> ——郑思肖《题画菊》

这是借菊以说自己的不屈不降的民族气节的。

王季思先生在其《词的正变》一文里，曾解释过王沂孙咏蝉咏落叶的两段词，现在抄录于后，就更可看出咏物之作是怎样的一回事了：

> 秋深矣！当落叶萧萧，吟蛩唧唧的时候，不禁又记起王沂孙的几句词：
>
> "前度题红杳杳，溯宫沟、暗流空绕。啼螀未歇，飞鸿欲过，此时怀抱。——" ——《水龙吟·落叶》
>
> "铜仙铅泪似洗，叹携盘去远，难贮零露。病翼惊秋，枯形阅世，消得斜阳几度？——" ——《齐天乐·咏蝉》

同学们对所引的这几句词，怕不大了解吧？让我先大略地来说明一下。《水龙吟·落叶》的"前度题红"三句，是有一个故事的。据说唐僖宗时候，于祐在宫沟的下流里拾到一张红叶，是从皇宫里流出来的。上面题着四句诗："流水何太急，深宫尽日闲；殷勤谢红叶，好去到人间！"于祐因也在另外一张叶子上题上几句诗："曾闻叶上题红怨，叶上题诗寄阿谁？"云云，放到宫沟的上流，流到宫里，给原题诗人韩夫人拾了去。后来僖宗放宫女出宫，自由择配，韩夫人正嫁给于祐，这红叶题诗的故事，便成了千古美谈。词里引用了这个故事，是拿自己比作掉在宫沟里的一片叶子的。他说："前回子那位在红叶上题诗的人哪里去了，我几度想倒溯宫沟进去，却空又被它冲了出来！在这虫吟未歇，飞鸿将过的时候，你想想我的怀抱吧！""杳杳"是不见之意，"前度题红杳杳"便是说前回子题红的人不见了。"溯"字是逆水而上的意思，"溯宫沟"，是说"虽然要被沟水把它冲到宫外去，它还是恋恋不舍地想这根生枝长的故宫，挣扎着要倒冲回去！"可是一片叶子微薄的力量，哪里抵得住沟水的冲激呢？因此它便只有在暗流里打转了。"暗流空绕"四字，真是一字一泪，写尽亡国遗民暗地里挣扎着的心绪，却又风声鹤唳，便是未歇的虫吟，欲过的鸿影，都觉可惊可怖，"此时怀抱"如何，自不可言喻了。

同学们看了上文的说明，大概也总可以明白：他所说的故宫，便是指被蒙古人灭亡了的宋国，那宫里题红的人，便是指那被蒙古人掳去了的恭帝及太后诸王许多宫眷，再仔细的把这几句词念几遍，同初看时的景象便大不相同了。

再说《齐天乐·咏蝉》的那一节。"铜仙铅泪似洗"三句，也是用一个故事的。汉武帝相信方士的话，铸造了一个二十丈高的铜人，手上托着一个铜盘，叫做承露盘，说可以承得天上的甘露，喝了会长生不死的。到了魏明帝时，要把铜人移到邺宫去，却因为太高大了，没法搬迁，只拆了个铜盘去；相传当拆取时，铜人眼中还掉下泪来的。又以前人说蝉是餐风吸露的，所以词里那承露盘的故事同蝉连在一处说。

这首词，也是拿自己比作所咏的题目蝉的。他说："铜仙的铅泪如雨一样的下来，可叹这铜盘给移到远处去，便是要喝一点露水也不能够了！"意思很明显的是国家一亡，什么幸福都没有了。所剩的只是个待死之身,挨着这凄凉苦痛的日子。"病翼惊秋,枯形阅世,消得斜阳几度"是王沂孙那时的影子,也是当时一切亡宋遗民的影子。

后人不知咏物之作之本意,专事模仿,徒用力于形象的刻画,其实都只是文字的游戏,不能称为文学作品的。历代咏物之作而能脍炙于人口的,它必然是通过作者的感情与想象,赋予以灵魂的。率直言之,它一定是抒情的。否则,那一定不配称为文学作品!

(三) 寓情于事

记得鲁迅先生曾写过一篇题为《立论》的小文,大意如次:

我梦见自己在私塾里上作文课,向塾师请教"立论"的方法。

"难!"

塾师从眼镜框上面斜射出眼光来摇摇头说:"举个例说吧:

有一家人家生了一个儿子,亲友们都来送礼。一个客人说:

'呵,这个孩子将来一定要发财的。'于是他得到连声的感谢。

一个客人说:

'呵,这个孩子将来一定要做官的。'于是他也收回许多恭维。

一个客人说:

'啊,这个孩子将来一定要死的。'结果他受了大家一顿合力的痛打。

说他会升官发财的,将来未必应验;说他将来一定也要死,乃是千古难逃的公例。但是说真话的反受痛打,而说谎的却得好报。试问你们愿意采取哪一方式?"

"我们不愿意说谎,但也不要挨打! 那么,老师,应该如何呢?"

"哦,那,那只有说:'呵,这个孩子,呵,这个……呵呵呵……呵呵呵 hehehehe……'"

这故事初听时你也许会笑,但眼泪立刻会冻住了你笑的脚! 多少苦闷与沉痛含在这短短的小文里！这是一个故事,但是你能说这不是一首抒情诗吗？一本《野草》里,无一篇不是这样晶莹绝伦的。

人有七情——喜、怒、哀、惧、爱、恶、欲,有时仅用单纯的写景与咏物,总觉得不够表现得酣畅。于是乃借之于情节错综离奇的故事。——写到这里,我忽然想起《老残游记》的作者刘鹗说过的话来。他说:《南华经》是庄周的哭声,《离骚》是屈原的哭声,《史记》是司马迁的哭声,《少陵诗集》是杜甫的哭声,《水浒传》是施耐庵的哭声,《桃花扇》是孔尚任的哭声,《红楼梦》是曹雪芹的哭声……由此举一反三,就可以判断世间一切文学名著,不论是诗歌,是小说,是戏剧,都不过是作者的哭声。由这一段话更可以证明我那"是文学作品就都是抒情的"一个归纳是正确的。

一生经历丰富的人,人情之冷暖,世态之炎凉,无不尝遍;酸、甜、苦、辣的滋味也无不渗透。于是心中就充满着各式各样的情绪,发怒的,同情的,流泪的,放声号哭的,讽刺的,冷酷的,反省的,沮丧的,懊悔的,期望的……应有尽有,无不欲向外倾吐。于是非大规模的事实给他运用就不行了。《伊利亚特》与《奥德赛》是荷马所采取的故事;《神曲》是但丁所采取的故事;《失乐园》是弥尔顿所采取的故事;《莎氏乐府》是莎士比亚所采取的故事;《浮士德》是歌德所采取的故事;《战争与和平》是托尔斯泰所采取的故事……在一个短篇里固然代表着作者一种眼泪,在一部大规模的著作里就往往包含作者各式各样的哭声了！兹举中国文学批评界的怪杰金圣叹所批《水浒》中宋江把钱给薛永时的一段话看看吧:

　　　　其结识好汉也,初无青天之旷荡,明月之皎洁,春雨之泰和,夏雨之径直。直惟一"银子"而已。以银子为之张本,而于是自言孝父母,斯不畏天下之人不信其不孝父母也;自言敬天地,斯

不畏天下之人不信其不敬天地也；自言尊朝廷，斯不畏天下之人
不信其不尊朝廷也；自言恤朋友，斯不畏天下之人不信其不恤朋
友也。呜呼，天下之人，而至于惟银子是爱，而不觉出其根柢，尽
为宋江所窥。因而并其性格，亦遂尽为宋江之所提起放
倒。……作者深恶世间每有如是之人，于是旁借宋江，特为立
传，而处处写其单以钱物银子结人，盖是诛心之笔也。

——《水浒》第三十六回

又吴用智赚玉麒麟时，李逵扮作哑道童，"吴用道：'你若开口，便
惹出事来！'李逵道：'也容易，只口里衔着一文铜钱便了。'"这是何等
沉痛的尖刻之笔。真是骂尽千古的人的！

用这眼光去读世间任何一部已有定评的文学著作，则其整体的
内容与部分的意义，都不难意味出来。同样，你也可以领悟出你自己
有了种种无处发泄的感情时，也同样可以采取这种大规模的结构去
写出来的。厨川白村说，文艺园地有如潜意识中的梦境一般，是最自
由的。任何艰苦困难不自由的时代，只要你有思想，有认识，同时有
成熟的艺术的素养，总不难自由地表达出来。只要你在作品里确实
赋予以生命，迟早总会由于你的这些心血灌溉而迸放出灿烂的花朵
来的。

采取故事表现的方式的，过去流传下来的有神话，有寓言，现在
常被采用着的有小说、戏剧、童话、叙事诗、史诗与历史小品之类。此
外还有咏史与怀古一类，亦可以说是寓情于事的。例如：

燕丹善养士，志在报强嬴；招集百夫良，岁暮得荆卿。
君子死知己，提剑出燕京。素骥鸣广陌，慷慨送我行。
雄发指危冠，猛气冲长缨。饮饯易水上，四座列群英。

渐离击悲筑,宋意唱高声。萧萧哀风逝,淡淡寒波生。
商音更流涕,羽奏壮士惊。心知去不归,且有后世名。
登车何时顾,飞盖入秦庭。凌厉越万里,逶迤过千城。
图穷事自至,豪主正怔营;惜哉剑术疏,奇功遂不成。
其人虽已没,千载有余情!

——陶渊明《咏荆轲》

所谓"其人虽已没,千载有余情!"就显然可以看出陶渊明也是有着深刻的亡国之痛的。

客有吹洞箫者,倚歌而和之。其声呜呜然,如怨,如慕,如泣,如诉,余音袅袅,不绝如缕。舞幽壑之潜蛟,泣孤舟之嫠妇。苏子愀然正襟危坐,而问客曰:"何为其然也?"客曰:"月明星稀,乌鹊南飞。此非曹孟德之诗乎?西望夏口,东望武昌,山川相缪,郁乎苍苍。此非孟德之困于周郎者乎?方其破荆州,下江陵,顺流而东也,舳舻千里,旌旗蔽空,酾酒临江,横槊赋诗,固一世之雄也,而今安在哉?况吾与子,渔樵于江渚之上,侣鱼虾而友麋鹿。驾一叶之扁舟,举匏樽以相属。寄蜉蝣于天地,渺沧海之一粟;哀吾生之须臾,羡长江之无穷。挟飞仙以遨游,抱明月而长终。知不可乎骤得,托遗响于悲风。"

——苏轼《赤壁赋》

这是借历史之陈迹,以与大自然相比,于是觉得"寄蜉蝣于天地,渺沧海之一粟;哀吾生之须臾,羡长江之无穷"的。

六代繁华,春去也、更无消息。空怅望,山川形胜,已非畴

昔。王谢堂前双燕子,乌衣巷口曾相识。听夜深、寂寞打孤城,
春潮急。　　思往事,愁如织;怀故国,空陈迹。但荒烟衰草,乱
鸦斜日。玉树歌残秋露冷,胭脂井坏寒蛩泣。到而今、只有蒋山
青,秦淮碧。

——萨都剌《满江红·金陵怀古》

这又是借历史陈迹来说出人世之沧桑的悲哀的。

总之,只要有思想,有真情,是不怕没有方法表现出来的。热烈
浓艳的,轻描淡写的,象征神秘的……任你选择。问题只在于我们自
己是否真有思想,真有感情,真有可歌可泣的生活,有了,再问自己是
否尽量利用过前人的遗产,多读多写,养成了能够自由运用了的艺术
素养。

(四) 直抒胸臆

"直抒胸臆",在描写手法里是最"出力不讨好"的工作,所以也最
少为人采用。因为情是不可见的,是抽象的,而描写却必须具体方能
使人感染之故。《说苑》里有这样一段故事:

(梁王)谓惠子曰:"愿先生言事则直言耳,无譬也。"惠子曰:
"今有人于此,而不知弹者,曰:'弹之状何若?'应曰:'弹之状如
弹。'则谕乎?"王曰:"未谕也。"于是更应曰:"弹之状如弓,而以
竹为弦。则知乎?"王曰:"可知矣。"惠子曰:"夫说者固以其所知
谕其所不知,而使人知之。今王曰无譬,则不可矣。"

这是很明白的,如果抒情而不借重于景、物、事,是很难达出的。
你要写怀念久别远离的人,前面已经说过,如果你只说怀念怀念,就

是说了千百遍，亦只能使人知道你有这回事，至于你是否有这真情，旁人就无法知道了。所以作者往往采用了睹物怀人、触景生情一类手法写出来。写到深入处，往往情与景，情与物，情于事，浑然天成，不可分辨。正面的话不说一句，而情意绵绵，缭绕无尽，所谓"不着一字，尽得风流"者，指的就是这种境界。已故诗人方玮德在中大毕业以后，从南京到了北平，认识了黎□□小姐，遂而发生了爱情。记得他给黎小姐的一封信里，有如下的一段文字：

　　我想不到我这次离开了南京，渡过了长江，越过了泰岳，飞过了开山，来到这古老的都城，（都城里锁着三千年的哀怨！）我竟发现这样一个奇迹——这是上帝收回世界上所有的美丽而遗留下来的最后一个！

这文字写得多含蓄，然而写得何等有力！虽铁石人亦当为之动心。中国人作诗最讲温柔敦厚，所谓不是风人之致也。不过，情有婉转与奔迸之别，表现的手法自也不能一概而论。婉转的你尽不妨借景借物借事来曲曲折折地传出，但激情所至，往往不能自遏。于是冲口而出，自成佳句。例如：

　　　　彼苍者天，
　　　　歼我良人；
　　　　如可赎兮，
　　　　人百其身！

——《诗·国风》

寥寥十六字，满腔悲愤，使人不禁为之郁勃，久久不能自解。

他如：

剑外忽传收蓟北，

初闻涕泪满衣裳。

却看妻子愁何在，

漫卷诗书喜欲狂。

白日放歌须纵酒，

青春作伴好还乡。

即从巴峡穿巫峡，

便下襄阳向洛阳！

——杜甫《闻官军收河南河北》

寥寥五十六字，一种大难后忽得自由的欣喜欲狂的情态，就如跳跃纸上。这都是激情之下，自然流露而成的。所以"直抒胸臆"亦自有它的用处。例如方玮德的书信，几乎封封都含着一个美丽的梦想，字字都像珠玉，轻情而动人的，但写到激情时，他也会写出："这世间没有什么事业比你的爱情更使我有生死的决心！"但他不会写出"为了你，我死也可以！"一种不兑现的痰迷话。这是"直抒胸臆"中遣词下语自有分寸之处，但必须有高洁的思想与情操为其根柢。否则，浮光掠影，纵有肉麻语亦是无法动人的。

大致"直抒胸臆"的写法是只有在激情奔进之下才用得着的。推其方式不外两种：一种是开头就冲口而出，然后再说事实经过的。例如：

多少恨！

昨夜梦魂中。

犹似旧时游上苑，

车如流水马如龙，

花月正春风！

——李后主《忆江南》

　　这，有如万急中求救之声，他是来不及说出事实的。写到这里，我忽然想起《桃花扇》中史可法正欲投奔南京保驾，途中忽然得悉孤主已亡的消息，不觉顿足大哭而欲投江的一节来，他唱道：

　　（普天乐）抛下俺断蓬船，丢下俺无家犬，叫天呼地百千遍，归无路，进又难前！（登高望介）那滚滚雪浪拍天，流不尽湘灵怨！（指介）"有了，有了，那便是俺葬身之地。"胜黄土一丈，江鱼腹宽展。（看身介）俺史可法亡国罪臣，哪容冠裳而去。（摘帽脱袍靴介）摘脱下袍靴冠冕。（副净）我看老爷竟像要寻死模样。（拉住介）老爷三思，不可短见呀！（史）"你看茫茫世界，留着俺史可法，何处安放！"累死英雄，到此日，看江山换主，无可留恋。

　　这种疯狂一般的爱国热情，真令人读一句哭一声，永远无法泯除这亡国之恨的！有这样的真情，才会冲出这样疯狂一般的文句，乃是当然的事实。

　　一种是开头时还能委委婉婉曲曲折折地道来，但终于越说越伤心，最后是禁不住痛哭失声，亦冲口而出了。例如《汉宫秋》写汉元帝于王昭君去后独唱的一节：

　　（梅花酒）呀！对着这迥野凄凉，草色已添黄。

　　兔起早迎霜，犬褪得毛苍。

人搠起缨枪,马负着行装。

车运着糇粮,打猎起围场。

她、她、她,伤心辞汉主;

我、我、我,携手上河梁。

她部从,入穷荒;

我銮舆,返咸阳;

返咸阳,过宫墙;

过宫墙,绕回廊;

绕回廊,近椒房;

近椒房,月昏黄;

月昏黄,夜生凉;

夜生凉,泣寒螀;

泣寒螀,绿纱窗;

绿纱窗,不思量?

(收江南)呀! 不思量,便是铁心肠;铁心肠,也愁泪滴千

行! ……

看他一层深一层地说来,到最后终于声泪俱下,使读者也哽咽不能成声了。

"直抒胸臆",到了"水到渠成"时自然冲口而出是非常有力的,但通篇直抒则自古所无。所以总以寓情于景、于物、于事者最为稳健。王国维《人间词话》中有一段话说:

词家多以景寓情,其专作情语而绝妙者,如牛峤之"甘作一
生拼,尽君今日欢",顾敻之"换我心为你心,始知相忆深",欧阳
修【重印注1】之"衣带渐宽终不悔,为伊消得人憔悴",美成之"许多

烦恼,只为当时,一饷留情",此等词,求之古今人词中,曾不多见!

足见直抒胸臆之难是千古同感的。

——第五讲完——

【重印注1】 一说为柳永作。

第六讲 开头和结尾

叶圣陶

写一篇文章，预备给人家看，这和当众演说很相像，和信口漫谈却不同。当众演说，无论是发一番议论或者讲一个故事，总得认定中心，凡是和中心有关系的才容纳进去，没有关系的，即便是好意思、好想象、好描摹、好比喻，也得丢掉。换一句说，一场演说必须是一件独立的东西。信口漫谈可就不同。我们只要留心，随时可以听到两个以上的人的漫谈，说话像藤蔓一样爬开来，一忽儿谈这个，一忽儿谈那个，全体没有中心，每段都独立不来。这种漫谈本来只求当时的消遣，话说过了也就完事了，彼此都没有什么目的。若是抱有目的，要把自己的情意告诉人家，用口演说也好，用笔写文章也好，总得对准中心用功夫，总得说成功写成功一件独立的东西。不然，人家就会弄不清楚你在说什么写什么，因而你的目的就难以达到。

中心认定了，一件独立的东西在意想中形成了，怎样开头怎样结尾原是很自然的事，不用费什么矫揉造作的功夫，因为开头结尾也是和中心有关系的材料，也是那独立的东西的一部分，并不是另外加添上去的。然而有许多的人往往为了习惯不良或者少加思考，就在开头和结尾的地方出了毛病。在会场里头，我们时常听见演说者这么说："兄弟今天不曾预备，实在没有什么可以说的。"一番演说完了，又说："兄弟这一番话只是随便说说的，实在没有什么意思，要请诸位原谅。"谁也明白，这些都是谦虚的话。可是，在说出来之前演说者未免少了一点思考。你说不曾预备，没有什么可以说的，那么为什么要踏上演说台去呢？随后说出来的，无论是三言两语或者长篇大论，又算不算"可以说的"呢？你说随便说说，没有什么意思，那么刚才的一本正经，是不是逢场作戏呢？自己都相信不过的话，却来说给人家听，又算是一种什么品德呢？如果这样询问，演说者一定会爽然自失，回答不出来。其实他受的习惯的累，他听见人家演说这么说，自己也就习惯了这么说，不知道这样的头尾对于演说是并没有帮助反而有损害的。不要这种无谓的谦虚，删去这种有害的头尾，岂不干净而有效得多。还有，演说者每每说："兄弟得在这里说几句话，十分荣幸！"这是通常的含有礼貌的开头，不能说有什么毛病。然而听众听到这时候总不免想："又是那老套来了。"听众这么一想，自然把注意力放松，于是演说者的演说效果就跟着打了折扣。什么事都如此，一回两回见得新鲜，成为老套就嫌得乏味。所以老套以能够避免为妙。演说的开头要有礼貌，应该随时找一些新鲜而又适宜的话来说。原不必定要按照着公式，说什么"兄弟得在这里说几句话，十分荣幸"。

　　文章里头，书信的开头和结尾差不多是规定的。书信的构造通常分作三部分；除第二部分叙述事务，为书信的主要部分外，第一部分叫做"前文"，就是开头，内容是寻常的招呼和寒暄，第三部分叫做"后文"，就是结尾，内容也是招呼和寒暄。这样构造原本于人情，终于成为格式。从前的书信，往往有前文和后文非常繁复，竟至超过了述事务的主要部分的。近来却流行简单的了，但大概还保存着前文后文的痕迹。有一些书信，完全略去前文后文，使人读了感到一种隽妙的趣味。如周作人致俞平伯书：

　　　　印了这么一种信纸，奉送一匣，乞察收。此像在会稽妙相寺，为南朝少见的石像之一，又曾拓其铭，故制此以存纪念，亦并略有乡曲之见焉，可一笑。匆匆。

这样的书信宜于寄给亲密的友朋。如果寄给尊长或者客气一点的友朋还是依从格式，具备前文后文，才见得合乎礼意。

记述文记述一件事物，必得先提出该事物，然后把各部分分项写下去，如果不先提出该事物，开头就写各部分，人家就不明白你在说什么了。我曾经记述一位朋友赠我的一张华山风景片。开头说："贺昌群先生游罢华山，寄给我一张十二寸的放大片。"又如魏学洢的《核舟记》，开头说"明有奇巧人曰王叔远，能以径寸之木，为宫室、器皿、人物以至鸟、兽、木、石，罔不因势象形，各具情态，尝贻余核舟一，盖'大苏泛赤壁'云。"不先提出"寄给我一张十二寸的放大片"以及"尝贻余核舟"，以下的文字事实上没法写的。各部分记述过了，自然要来个结尾。像《核舟记》统计了核舟所有人物器具的数目，接着说"而计其长曾不盈寸，盖简桃核修狭者为之"。这已非常完整，对于核舟的精巧表达得很明显的了。可是作者还要加上另外一个结尾，说：

魏子详瞩既毕，诧曰：嘻，技亦灵怪矣哉！庄、列所载称惊犹鬼神者良多，然谁有游削于不寸之质而须麋了然者？假有人焉，举我言以复于我，亦必疑其诳，乃今亲睹之。由斯以观，棘刺之端未必不可为母猴也。嘻，技亦灵怪矣哉！

这实在是画蛇添足的勾当。从前人往往欢喜这么做，以为有了这一发挥才可以即小见大，虽然记述小东西，也不算浪费笔墨了。不知道这么一个结尾以后的结尾无非说明那个桃核极小而雕刻极精，至可惊异罢了，而这是不必特别说明的，因为全篇的记述都在暗示着这层意思。作者没有体会出来，偏要格外讨好，反而教人起一种不统一的感觉。我那篇记述华山风景篇的文字，在写过了照片的各部分之后，结尾说："这里叫做长空栈，是华山有名的险峻处所。"用点明来收场，不离乎全篇的中心，似乎还过得去。

叙述文叙述一件事情，事情的经过必然占着一段时间，依照时间的顺序来写，大致不会发生错误。这就是说，把事情的开端作为文章的开头，把事情的收梢作为文章的结尾。多数的叙述文都用这种方式，也不必举什么例子。又有开端所写的时间在后，为要叙明来历和原因，却不得不回上去写以前时间所发生的事情。这样把时间倒错了来叙述，也是常见的。如丰子恺的《从孩子得到的启示》，开头写晚上和孩子随意谈话，问他最欢喜什么事，孩子回答说是逃难，在继续了一回问答之后，才悟出孩子所以欢喜逃难的缘故。如果就此为止，作者固然明白了，但是读者还没有明白。作者要使读者也明白孩子为什么欢喜逃难，就不得不用倒错的叙述方式，回上去写一个月以前的逃难情形了。在近代小说里，倒错叙述的例子很多，往往有开头写今天的事情，而接下去却写几天前几月前几年前的经过的。这不是故意弄什么花巧，大概由于今天这事情来得重要，占着主位，而从前的经过处于旁位，只供点明脉络之用的缘故。

说明文大体也有一定的方式。开头往往把所要说明的事物下一个诠释，立一个定义。例如说明"自由"，就先从"什么叫做自由"入手。这正同小学生作"房屋"的题目用"房屋是用砖头木材建筑起来的"来开头一样。平凡固然平凡，然而是文章的常轨，谁也不能说这有什么毛病。从下诠释、立定义开了头，接下去把诠释和定义里头的语义和内容推阐明白，然后来一个结尾，这样就是一篇有条有理的说明文。蔡元培的《我的新生活观》可以说是适当的例子。那篇文章开头说：

　　什么叫做旧生活？是枯燥的，是退化的。什么叫做新生活？是丰富的，是进步的。

这就是下诠释、立定义。接着说旧生活的人不做工又不求学,所以他们的生活是枯燥的、退化的;新生活的人既要做工,又要求学,所以他们的生活是丰富的、进步的。结尾说如果一个人能够天天做工求学,就是新生活的人,一个团体里的人能够天天做工求学,就是新生活的团体,全世界的人能够天天做工求学,就是新生活的世界。这见得做工求学的可贵,新生活的不可不追求。而写作这一篇的本旨也就在这里表达出来了。

再讲到议论文。议论文虽有各种,总之是提出自己的一种主张。现在略去那些细节目不说,单说怎样把主张提出来,这大概只有两种开头方式。如果所论的题目是大家周知的,那么开头就把自己的主张提出来,这是一种方式。譬如今年长江、黄河流域都闹水灾,报纸上每天用很多的篇幅记载各处的灾况,这可以说是大家周知的了。在这时候要主张怎样救灾,怎样治水,尽不妨开头就提出来,更不用累累赘赘先叙述那灾况怎样的严重。如果所论的题目在一般人意想中还不很熟悉,那就先把它述说明白,让大家有一个考量的范围,不至于茫然无知,全不接头,然后把自己的主张提出来,使大家心悦诚服地接受,这又是一种方式。胡适的《不朽》是这种方式的适当的例子。"不朽"含有怎样的意义,一般人未必十分了然,所以那篇文章的开头说:

> 不朽有种种说法,但是总括看来,只有两种说法是真有区别的。一种是把"不朽"解作灵魂不灭的意思,一种就是《春秋左传》上说的"三不朽"。

这就是指明从来对于不朽的认识。以下分头揭出这两种不朽论的缺点:认为对于一般的人生行为上没有什么重大的影响。到这里,读者一定盼望知道不朽论应该怎样才算得完善。于是作者提出他的主张所谓"社会的不朽论"来。在列举了一些例证,又和以前的不朽论比较了一番之后,他用下面的一段文字作结尾:

> 我这个现在的"小我",对于那永远不朽的"大我"的无穷过去,须负重大的责任;对于那永远不朽的"大我"的无穷未来,也须负重大的责任。我须要时时想着,我应该如何努力利用现在的"小我",方才可以不辜负了那"大我"的无穷过去,方才可以不遗害那"大我"的无穷未来。

这是作者的"社会的不朽论"的扼要说明,放在末了,有引人注意、促人深省的效果。所以,就构造说,这实在是一篇完整的议论文。

普通文的开头和结尾大略说过了,再来说感想文、描写文、抒情文、纪游文以及小说等所谓文学的文章。这类文章的开头,大别有冒头法和破题法两种。冒头法是不就触到本题,开头先来一个发端的方式。如茅盾的都市文学,把"中国第一大都市,'东方的巴黎'——上海一天比一天'发展'了"作为冒头,然后叙述上海的现况,渐渐引到都市文学上去。破题法恰和冒头法相反,开头不用什么发端,马上就触到本题。如朱自清的《背影》,开头说"我与父亲不相见已二年余了,我最不能忘记的是他的背影"。就是一个适当的例子。

曾经有人说过,一篇文章的开头极难,好比画家对着一幅白纸,总得费许多的踌躇,去考量应该在什么地方下他的第一笔。这个话其实也不尽然。具有修养的画家并不是画了第一笔再斟酌第二笔的,在一笔也不曾下之前,他在白纸上已经考量停当,心目中早就有了全幅的布置了。布置既定,什么地方该下第一笔原是摆好在那里的事。作文也是一样。作者在一个字也不曾写之前,整篇的文章已经活现在他的胸中了。这时候,该用冒头法或是破题法开头,开头该用怎样的话,也都派定注就,再不必特地用什么搜寻的功夫。不过这是指具有修养的人而言。如果是不能预先统筹全局的人,开头的确是一件难事。而且,岂止开头而已,他一句句一段段写下去将无处不难。他简直是盲人骑瞎马,哪里会知道一路前去撞着什么。

文章的开头犹如一幕戏剧刚刚开幕的一刹那的情景,选择得适当,足以奠定全幕的情调,笼罩全幕的空气,使人家立刻把纷乱的杂念放下,专心一志看那下文的发展。如鲁迅的《秋夜》,描写秋夜对景的一些奇幻峭拔的心情,用如下的文句来开头:

> 在我的后园,可以看见墙外有两株树。一株是枣树,还有一株也是枣树。

"还有一株也是枣树"是并不寻常的说法,拗强而特异,足以引起人家的注意,而以下文章情调,差不多都和这一句一致。又如茅盾的那篇《雾》用"雾遮没了正对着后窗的一带山峰"来开头,全篇的空气就给这一句凝聚起来了。以上两例都属于显出力量的一类。另有一种开头,淡淡着笔,并不觉得有什么力量,可是同样可以传出全篇的情调,范围全篇的空气。如龚自珍的《记王隐君》,开头说:

> 于外王父段先生废箧中见一诗,不能忘。于西湖僧经箱中见书《心经》,蠹且半,如遇箧中诗也,益不能忘。

这个开头只觉得轻松随便,然而平淡而有韵味,一来可以暗示下文所记王隐君的生活,二来先行提出书法,可以作为下文访知王隐君的关键,仔细吟味,真有说不尽的妙趣。

现在再来说结尾。在略知文章甘苦的人一定有这么一种经验：找到适当的结尾，好像行路的人遇到了一处适合的休息场所，在这里他可以安心歇脚，舒舒服服地停止他的进程。若是找不到适当的结尾而勉强作结，就像行路的人歇脚在日晒风吹的路旁，总觉得不是个妥当办法。至于这所谓"找"，当然要在计划全篇的时候做，结尾和开头和中部都得在动笔之前有了成竹。如果待临时再找，也不免有盲人骑瞎马的危险。

结尾是文章完了的地方，但结尾最忌的却是真个完了。须要文字虽完了而意义还没有尽，使读者好像嚼橄榄，已经咽了下去而嘴里还有余味；又好像听音乐，已经到末拍而耳朵里还有余音，那才是好的结尾。归有光的《项脊轩志》的跋尾既已叙述了他的妻子与项脊轩的因缘，又说了修葺该轩的事，末了说：

庭有枇杷树，吾妻死之年所手植也，今已亭亭如盖矣。

这个结尾很好。骤然看去，也只是记叙庭中的那株枇杷树罢了，但是仔细吟味起来，这里就有人亡物在的感慨，有死者渺远的惆怅，虽则不过一句话，可是含蓄的意义很多，所谓"余味""余音"就指这样的情形而言。我曾经作过一篇题名《遗腹子》的小说，叙述一对夫妇只生女孩不生男孩，在绝望而纳妾之后，大太太居然生了一个男孩；但不久那个男孩就病死了；于是丈夫伤心得很，一晚上喝醉了酒，跌在河里淹死了；大太太发了神经病，只说自己肚皮里又怀了孕，然而遗腹子总是不见产生。到这里，故事已经完毕，结句说：

这时候，颇有些人来为大小姐二小姐说亲了。

这句话有点冷隽,见得后一代又将踏上前一代的道路,生男育女,盼男嫌女,重演那一套的把戏,这样传递下去,正不知何年何代才休歇呢。我又有一篇小说叫做《风潮》,叙述中学生因为对于一个教师的反感,做了点越规行动,就有一个学生被除了名;大家的义愤和好奇心就此不可遏制,捣毁校具,联名退学,个个人都自视为英雄。到这里,我的结尾是:

> 路上遇见相识的人,问他们做什么事,他们用夸耀的声气回答道:"我们起风潮了!"

这样结尾,全篇停止在最热闹的情态上,很有点儿力量,"我们起风潮了!"这句话如闻其声,这里头含蓄着一群学生在极度兴奋时种种的心情。以上是我所写的比较满意的两个结尾,现在附带提起,作为带有"余味""余音"的例子。

结尾有回顾开头的一式,往往使读者起一种快感:好像登山涉水之后,重又回到原来的出发点,坐定下来,得以转过头去温习一番刚才经历的山水一般。极端的例子是开头用的什么话结尾也用同样的话。如林嗣环的《口技》,开头说:

> 京中有善口技者,会宾客大宴,于厅事之东北隅施八尺屏幛,口技人坐屏幛中,一桌、一椅、一扇、一抚尺而已。

结尾说:

> 忽然抚尺一下,响声毕绝。撤屏视之,一人、一桌、一椅、一扇、一抚尺而已。

前后同用"一桌、一椅、一扇、一抚尺而已"把设备的简单冷落,反衬表演口技时的繁杂热闹,使人读罢了还得凝神去想。如果只写到"忽然抚尺一下,响声毕绝",虽然没有什么不通,然而总觉得这样还不是了局呢。

——第六讲完——

第七讲　怎样写小品文？

夏丏尊

第一节　小品文的意义

从外形的长短上说，二三百字乃至千字以内的短文称为小品文。前几章所讲的记事、叙事、说明和议论等，是从文的内容性质上分的，长文和小品文只是由外形而定。因此小品文的内容性质，全然自由，可以叙事，可以议论，可以抒情，可以写景。毫不受何等的限制。

小品文，我国古来早已有了。如东坡小品，就很有名；普通的所谓"随笔"，也可看做小品的一种。近来在各国，小品文更盛行；并且体裁和我国向来的所谓小品文，大不相同。现在的所谓小品文，实即Sketch 的译语。大概都是以片段的文字，表现感想或是生活的一部分。例如：

雪　夜

从早晨就暗淡的天，一到夜就下了雪了。由窗隙钻入的寒气，冷到彻骨，好像是什么恶魔用了冰冷的手，来捉摸人的头颈似的。才将夜饭碗盏收拾好的母亲，在灯下又开始针线，父亲呢，一心地看着新闻。饭毕就睡了的小妹，好像是日间跑得太厉害了，时时在被窝里发出惊叫来。

雪依然没有止，后园里好几次地有竹枝折断的声音。夜不觉深了，寒气渐渐加重，连远处传来的犬吠声，听去也觉得分外

地带着寒森凄清了。 （写景）

红 蜻 蜓

就枯草原上卧了，把书翻开，忽然飞来了一个红蜻蜓，停在书页上面。头影一动，就好像怒了它的样子，即刻飞去了。飞也不远，仍旧回到原处。我寂然不动地看它：尾巴缓缓地子子地动着，薄薄的两只翼翅，尽量伸张，好像单叶式飞行机的样子。不时又闪转着那大而发光的眼睛。

在晚秋的当午的强烈的日光中，红色的蜻蜓，看去却反觉有点寂寞。 （状物）

田 畔

倦了在田畔坐息，前面走过了穿着中学校制服的学生们，仔细一看，是K君与N君。他们不知道我在这里，一壁走着，一壁高声地谈着。

唉！唉！在小学的时候，我比K君N君成绩好得多，先生也说我是有望的少年，只为了贫穷的缘故，就这样朝晚与田夫为伍，我难道竟以田夫过这一生吗？

那未免太悲哀了！但是有什么法子可想呢？我心如沸了！虽自己不愿哭，眼泪已流下颊上了！ （抒情）

鸡

鸡告诉我们天地的觉醒，但所告诉的并不一定是光明。鸡的第一次开声，是夜的最黑暗的时候。

鸡是在深暗中叫的，鸡是在深暗中叫的！ （议论感想）

读者读了上面的例，当可明白小品文是怎样的东西了。小品文虽然也有独立制作的，其实多散见于长文中。有名的文学作品中含

有小品文极多,几百页的长篇小说,也可看成小品文的连续。在近代作品中,果能节取,随处可得到很好的小品文例。例如:

> 风雨的强度渐渐地退减,不久,就只剩了雾样的非常美丽的细雨。云的弧线一点点地透升上去,长而斜的日光,即落在地上了。从云的裂缝里,露出一条碧色的天空,这裂缝次第展开,像个揭去面纱的女子;既而澄净深碧的天空就罩住世界。新鲜的微风拂拂地吹着,好像地球的幸福的叹息,掠着湿雨的小鸟的快乐的歌声,可从田野森林间听得。

——莫泊桑的《一生》

> 从黎明起,平常所没有的凝然而沉的浓雾,把一切街道闭住了。这虽若干地轻微透明,不至于全不看见东西,可是在雾中行走的人们,都已浸染着了那不安的暗黄色;女人脸上鲜活的红色以及动人心目的衣服花样,都好像隔了一层黑的薄纱,在雾中有时茫然地灰暗,有时豁然地鲜明。南首天空,在蚊帐样的黑云里,藏着日脚很低的十一月的太阳,比地上远来得明亮;北首则到处沉暗,好像低挂着大大的幕,下面昏黄而黑,物象分辨不清,几同夜间一般。于这沉滞的背景中,模糊地,浮出着薄暗的淡灰色的屋宇,在秋天已早荒废了的某花园的门口竖着的两圆柱,看去宛像死人前面列着的一对的黄蜡烛……

——安得列夫的《雾》

> 祖母死后数年,父母也都跟着作了这墓中的人,到现在已星霜几易了。墓碑满了藓苔,几乎看不出文字,虽默然地立着不告诉我什么,但到此相对,不觉就如目见墓中人一样。他们生前的情形,都一一不可遏地奔到我心上来:祖母驼圆了背在檐下曝日的光景,父亲的将眼鼻并在一处打大喷嚏的神情,母亲着了围

裙浆洗衣服的样子,都显然地在我眼前浮出。

　　飘然地风来了,树叶瑟瑟地作声。明知道只是树叶的声音,然在我这无余念的人的耳中,好像是有一种曾经听见过的干皱的沙音,快活的高声,和低而纤弱的喉音,纷然合在一起,在那里忙说着什么似的。忽然间声音一停,以后就寂然了。

　　我的心也寂然了。从这寂然的心坎中忽然涌起了怀慕的心情,不觉眼中就含了泪了。唉! 如果可以,我愿就这样到墓中去,不再返尘世了!

——二叶亭四迷的《平凡》

　　以上不过就近代外国文学作品中略举数例,这样好的小品文,在我国好的文学作品中,当然也很不少。如《儒林外史》中的王冕放牛,和《水浒传》中的景阳冈一段,都可作小品文读的。读者只要能留心,就可随处得着小品文的范例了。

第二节　小品文在文章练习上的价值

　　小品文自身原有独立的价值,且不详论。练习小品文,对于作长文也很有帮助;就是可以增长关于作文所需要的各种能力;所以对于文章练习上,利益很多。兹述一二于下:

　　(一)可为作长文的准备　画家学画,须先从小部分起;非能完全描一木一石的,决不能画全幅的风景,非能完全写一手一足的,决不能画整个的人物。文章也是这样,不能作部分的文字的,即使作了长篇的文字,也决不会有可观的价值。所以与其乱作无谓的长文,不如多作正确的小品文。换句话说,就是学文须从小品文入手。

　　(二)能多作　文有三多:多读,多作,多商量;这是学者无可反对的条件。但长篇文字要多作,实不容易,小品文内容既自由,材料又随处可得，并且因字数很少，推敲、布局都比较容易，很便于多作，能多作，作文的能力就自然进步了。

（三）能养成观察力　小品文形既短小，当然不能容纳大的材料。因此，要作小品文，无论写情写景，非注意到眼前事物的小部分，将它的特色生命来捕捉不可。这么一来，结果就可使观察力细密而且锐敏。细密而且锐敏的观察力，实在是文人最要条件之一。

（四）能使文字简洁　要作小品文，因它的字数有限，断用不着悠缓的笔法，非有扼要的手腕不可。所以学习小品文，可以使文字简洁。初学作文，最普通的毛病是散漫、宽泛，因为初学者对于材料还没有选择取舍的能力，不容易得着要领的缘故。若作小品文，这毛病立即现出，渐渐自然会简洁起来，而对于材料也能精于选择取舍。这种工作，原是作文的第一步，也就是作文方法的一切。如果真能通达，已可算得有作文的能力的了。

（五）能养成作文的兴味　初学作文的人，往往因为作得不好，打断兴味，而自觉失望，这是常见的事。长篇文字所需的材料既多，安排也不容易，初学的人，当然没有作得好的可能，屡作都不好，兴味就因而萎缩了。小品文以日常生活为材料，并且是片断地收取，因而容易捕捉。材料既不复杂，安排也容易。即使作了不好，改作也不费事。为了这样，学作小品文，既容易像样子，而很好的成绩偶然也可得着；作者的兴味当然可以逐渐浓厚。

学作小品文的好处如要细述，还不止此，但这已很足证明有学它的必要了。读者要学作文章吗？先努力作小品文罢！

第三节　小品文练习的机会

小品文本随时可作，随地可作，不必再待特别机会。这里姑举一二便于作小品文的机会于下：

（一）日记　日记因人的境遇、职业不同，种类当然很多，但大体可别为二种，一是只述行事的，一是记述内在生活的。在普通人的日记中，两种时时相合。前者重事实方面，后者重心情方面。例如：

> 晨某时起，到后园散步，早膳后赴学校。授课三小时。傍晚返寓。S君来谈某事，夜接N自沪来信。灯下作复书。阅新到杂志。十时就寝。

> 数日来的苦闷，依然无法自解。来客不少，可是都没有兴高采烈地接待他们。客散以后，一味只是懊恼，恨不得将案上的东西，掷个粉碎。天一夜，就蒙被睡了。

上面二例，前者是以行事为本位的，后者是以心情为本位的。两者虽任人自由，没有限制，但为练习文章计，应当注意到两方面的调和；一味抒述内心生活，虽嫌虚空，但账簿式的事实的排列，也实在没有趣味。因此，最好的日记，是于记述事实之中，可以表现心情的作法。请看下例：

> 昨晚执笔到一点钟；起来觉得有点倦懒。天仍寒雨，窗外桃花却开了。H来谈，知N已病故，不胜无常之感。忽然间N的往事，就成了全家谈话的材料了。下午到校授课，夜仍译《爱的教育》，只成千百字。

上例虽不甚佳，然可视为两方调和的一例。我国古来，日记中很有可节取的文字；案头现有《复堂日记》，摘录一节如下：

积雨旬日，夜见新月徘徊庭阶，方喜晴而础润如汗，雨意未已。二更猛雨，少选势衰，枕上阅洪北江伊犁日记，天山客话终卷。睡方酣，闻空楼雨声密洒，霆雷如百万军声，急起，已床床屋漏矣。两炊许时，雷雨始息，重展衾枕，已黎明，是洪先生出关，车三四十里时也。

这是清人谭复堂日记的一节，可以做小品文读的。笔法虽与现代的不合，但对于实生活的忠实的玩味力和表现力，是可以为法的。

一个人每日的生活，必有几事可记的。一日的日记，如果分析起来，实有几个独立的小品文可成。但通常的日记，却不必使每一事实都成小品文，只要使一日的日记全体为一小品文，或于其中含一小品文就够了。上例就是于一日的日记中，含一小品文的。

日记的价值，可说的很多，练习文章，也是价值之一。因为日记是实生活的记录，日记的文字，可以打破一切文字上的陈套；要作好日记，非体会吟味实生活不可。所以从日记去学小品文，是很适当的。

（二）书札　书札与普通文字，径路不同，尽有能作普通文字而不能作书札的。书札有实用与非实用的二种。实用的书札，普通都是随意写成，不加功夫；至于非实用的，则非有练习功夫的人，是不能作的。日常的书札中，往往含有实用的与非实用的两方面。例如：作书托友人介绍医生，而附述自己病床的景况，前者是实用的，后者是非实用的。又如：作书约友人来游，而叙述所在地的景物，前者是实用的，后者是非实用的。

讲到趣味，作书札比作日记更多。因为日记是独语，而书札却是对话了。知友把他的生活情况来报知我们的书札，我们都非常乐读；我们能于书札中表现我们的生活，使朋友晓得，他们将怎样地欢喜呢！

我国古来书札中，佳例很多。兹随录一二为例：

某启，两日疾有增无减，虽迁闸外，风气稍清，但虚乏尔。儿子何处得宝月观赋，琅然诵之，老夫卧听未半，跃然而起；恨廿年相从，知元章不尽。若此赋当过古人，不论今世也。天下岂常如我辈愦愦耶？公不久当自有大名，不劳我辈说也。愿欲与公谈，则实未能，想当后数日耶？

——东坡与米元章

某到黄陂，闻公初五日便发，由信阳路赴关，然数日如有所失也。欲便归黄州，又雨雪间作。向僧房中明窗下拥数块热炭，读《前汉书》戾太子传赞，深爱之。反复数遍，知班孟坚非庸人也。方感叹而公书适至，意思豁然。稍晴暖，当扬帆江上，放舟还黄也。

——东坡与李公择

庭前小梅数株，绿衣素妆，娟好如汉宫人。幽斋无事，静对忘言。或时移书吟咏其下，攀条摇曳，暗香入怀。每当惠风东来，飘拂襟袖，挹其清芬，宛然如见故人。今虽飞琼碎玉，点点青苔；然片光孤影，独仿佛缭绕左右。倘能乘兴而来，巡檐一索，便可共吟楚些，共招落梅魂也。

——汤传楷与尤展成

上所举的例，虽与现代文体不同，然都能表示实生活，不只简单的排列要事，很能使受书的爱读，而且读了增加不少的兴趣。由此可知：要作好书札，非加入实生活的背景不可；若不将实生活作背景，文字就不能动人。试比较下二例：

　　（甲）昨日在某处遇见 H 君，知 S 君即将于下星期内赴英伦。我和 H 定于明晚在某处设宴饯行，特写信约你，请届期与会。

　　（乙）昨日在某处遇见 H 君，知 S 君即将于下星期内赴英伦。S 君的要赴英留学，原是早有所闻的，却不料别离有这样快！寥寥的朋辈中暂时又将少一人了。已和 H 约定，明晚在某处设宴饯行，特写信约你，请届期与会；于离别以前，大家再一亲 S 君的快活的面影，话一番小学时代的旧事罢。

　　这是编者漫然作成的例。（甲）和（乙）相较，（甲）是只列事实，（乙）是兼述生活的（心情），（乙）的较（甲）有情趣，读了自可了解了吧。

　　书札中能兼述生活情趣，就能不呆滞而饶兴味。这不但在本文中如此，随处都是这样，举一例说，即如署名下的月日就可有各种记法。"某月某日""某月某日灯下""某月某日游山归来""某月某夜蟋蟀声中"，这些记法，后面的比前面的，趣味就有多少的分别。

　　这里所应注意的，就是要真实无饰。若专袭套语，徒事修饰，是毫无用处的。只要能表现实生活，就可以使读者引起情趣；若徒把古人或今人的美辞丽句来套袭，就要成呆板讨厌的文字了。旧式书简中，很多这种毛病，不可不知。

第四节　小品文作法上的注意——着眼细处

　　小品文是记述实生活的一部分的东西，以描写部分为目的。要写全体的事象，当然不是小品文所能胜任的。所以作小品文，必须注目于事物的细处，就极微细琐碎的部分发见材料。习作小品文所以能使人的观察精细锐敏，原因就在这一点。试看下例：

（甲）鳞云一团，由西上升；飞过月下，即映成五色，到紫色边缘，彩乃消灭。团圆的月儿悬在天心，皎皎的银光，笼罩着平和的孤村。四边已静寂了，地底下潜藏的夜气，像个呼吸似的从脚下冲发上来。　　　　　　　　　　　　　——《月夜》

（乙）一到半夜，照例就醒，醒了不觉就悄然。窗外有虫叫着；低低地颤动地叫着，仔细一听，就是每夜叫的那个虫。

我不知于什么时候哭了，低低地颤动地哭了。忽而知道，这哭的不是我，仍是那个虫。　　　　　　　　　　——《虫声》

上二例都是描写秋夜的；一以月为题，一以虫声为题，一以景色为主，一以作者的心情为主。趣向不同，好坏虽难比较，然秋夜的情调，二者中，何者比较地能表示出来呢？不用说，后者胜于前者了。这个原因，由于（甲）欲以短小的文字写繁复而大的景物，（乙）却只写虫声（一个虫声）的缘故。

欲在一小文中，遍写一切，结果必致失败，初学者作"春日游某山记"，往往将上午某时出门，途遇某友，由何处上山，在何处休息，何处午餐，游某寺某洞，某时下山，怎样回家等，一一列举于短小的文字中，结果便成了一篇板笨的行事账簿，当然没有什么趣味可得的。

不但描写景物是这样，即在抒情文，感想文，议论文中，也是如此。小品文的材料，与其取有系统的整个的，不如取偶发的，断片的。例如：

去年今日此门中，人面桃花相映红。
人面不知何处去，桃花依旧笑春风。

这是崔护的诗，所以读了能使人感动者全在他能触物兴感，把偶发的，断片的材料来活写的缘故。如果平铺直叙，把一切事件都说到，就成了"崔护某处人，一日在某处遇一女郎……"样的一篇东西，使人读了，最多也不过得着"哦，有这么一回事"的感觉罢了。

就事件的全体来做小品文的材料，结果只能得到点轮廓，不能得其内容。用譬喻来说，轮廓的文字，好像地图，是不能作为艺术品的。我们要做绘画样的文字，不需要地图式的文字。因为从绘画上才有情趣可得，地图上是不能得到的。

从许多断片的部分的材料中，选出最可寄托情感的一点，拿来描写，这是作小品文的秘诀。好像打仗，要用少数的兵去抵御大敌的时候，应该集中兵力，直冲要害，若用包围式的攻战法，是要失败的。

第五节　小品文作法上的注意——印象的

精细的部分的描写，胜于粗略的全体的叙述和说明；这是从前节已可知道的。那么，什么叫做描写呢？

描写是照了事象把它从笔端现出的意思，和绘画所用的意义相同。说明固不是描写，叙述也不是描写。旧式文章中，说明和叙述的分子很多，近来的文章，除了批评文、感想文等以外，差不多都以描写的态度出之了。

我国古来纯文学作品中，很有描写佳例。随录一二，读者当能了解描写的态度。

山色倒侵溪影，一路随孤艇。　　——杨仪《桃源忆故人》

寒风吹水，微波皱作鱼鳞起。　　——赵宽《减字木兰花》

仰视浮云驰，奄忽互相逾。　　——李陵《与苏武》

斜日坠，荒山云黑天垂暮。时见空中一雁来，冷入残芦去。

——蒋冕《卜算子》

于上列各例,读者对于他们观察事物的精敏,大约佩服了罢!简单点说:描写就是观察的表出;不会观察事物的人,是断不能描写的。前节所说的宁作小部分的描写,不可作全体的叙述和说明;换句话说,就是要描写的,不可是叙述的说明的。因为短小的文字中,若要装载整个的有系统的材料,必致流于说明叙述,结果便只存了轮廓而使内容完全空虚了。

但从另一方面看,所谓描写的,就是"印象的"的意思。我们与事物相对时,心情中必有一种反应或感觉,这普通称为印象。描写是照了所观察的事象如实写出,就是要把印象写出。所以如果是描写的文字,必会成印象的文字。上面所举的描写诸例,都是印象的,都能将自己对事物所得的印象,传给读者。

将自己所得的印象,不加解释说明,直现出来,使读者也得着同样的印象,这叫做印象的。试看下例:

（甲）才开窗,湿而且重的温风即吹来,花坛的花枝都带着水珠;蔷薇已落了许多,有几瓣还乱落在花坛外,沾着些泥土了。油也似的雨,还丝丝地亮晶晶地从檐口挂下,罗岩山山腰以上,无声地放着破絮似的云,铅样的湿烟,低低地笼罩湖水,一切都沉滞得如在水银中一样。

——《时雨的早晨》

（乙）起来正六时,天还未晴,开窗一看,湿而且重的温风,就迎面吹来。花坛的花枝上,都带着水珠。知道昨夜大雨。蔷薇已落了许多,这蔷薇是今年正月里亲自种的,前天才开,不料就落了,有几瓣还乱落在花坛外,沾着些泥土,这大约是昨夜风大的缘故罢。油也似的雨,丝丝地亮晶晶地,从檐口挂下,不从檐口去看,却看不出。罗岩山山腰以上,放着破絮似的云,天恐一时不会晴呢,铅样的湿烟,低低地笼罩湖水,一切沉滞得如在水银中一样。唉! 真令人闷极了。

上面二例,(甲)只述目见的光景,(乙)则于述光景以外,又加入作者自己的解释或说明。读者读了,不消说,是取前者不取后者的罢。因为前者比较地能把印象传给读者,且所传给于读者的只有印象,所以读了容易感染。至于后者则像以谆谆的态度教示读者一样,读者读了,很感着不自由;且因所传给于读者的不止印象,夹杂着许多不相干的东西,所以印象也就不能分明地传给读者了。

我国旧式文字中,往往以作者自己的态度,强迫读者起同感。如叙述一悲事,结尾必用"呜呼,岂不悲哉!"叙述一乐事,必要带"可谓乐事也已"之类。其实这是强迫读者的无理的态度;悲不悲,乐不乐,读者自会感受,何必谆谆然教诲人家呢?

描写! 描写! 部分的精细的分写,胜于全体的叙述和说明,再进一步说,要印象的描写!

第六节 小品文作法上的注意——暗示的

前节的所谓部分的描写,并非一定主张绝对地描写一部分,目的是要从部分使人仿佛全体。既然能印象的描写,把部分的印象传给别人,全体的影子,必然在其中含着,所以必能将全体的光景,暗示读者。说明的文字易陷于轮廓的,范围常有一定,文字就往往无余情可得;描写的文字,部分虽小,范围却无限制,可以暗示种种复杂的情景于读者。所以数千字的说明,叙述的文字,有时效力反不及百字内外的描写的文字。小品文的价值,大半在此,如果部分的描写,只能收得部分的效果,那就不是好文字。在这个意义上,小品文远比别的长文来得难作。据说,法国雕刻家罗丹,雕刻一胸像的时候,先作一全像,完成了再截去手足,而只留下胸部以上的部分。作小品文也非用这样的态度不可。

不要说明和叙述的,要描写的,要印象的,暗示的;其实这许多话的根本完全相同。说明和叙述必无余情,能描写,自然会成印象的,同时也自然是暗示的了。试看下例:

> 邻家的柿树,今年又结了许多的实了。这家有一个很可爱的小孩。去年这时候,他爬上树去摘那柿子,不小心翻下来了。他哭得不得了,他的父母赶快将他送到医院里去,结果左手带了残疾了。他垂下了左手走过这树旁的时候,总恨恨地对着树看的。真可怜呢!
>
> ——《柿树》

这例彻头彻尾是叙述的说明的。并无趣味,也没有余情,使人读了,不过得着一个大概的轮廓,除了说一句"原来如此"以外,并不会起何等的心情。试再看下例:

> 近地的孩子们笑着喊着,忘了一切捉着迷藏,从折手以后,就失了大将地位的芳哥儿,悄然地在他自己门口徘徊,恨恨地对着那柿树的弯曲的枝杈。他是因从这树上翻下,成了一生不可回复的残疾的。
>
> 圆圆的月亮,从柿树的弯曲的枝杈旁上来了,"月亮弯弯……"芳哥儿用眼角瞟视着在狂耍的侪伴,一面大声地唱了起来。眼泪忽然含不住了。

这例和前例,面目就大异,芳哥儿的悲哀,以及好胜的性格,将来的运命等等,都可在此表露,是有余情有个性的文字。前例是事情的全体,后例却只是一瞬间的光景;而效力上,后者反胜于前者;可知部分的印象的描写,可以暗示全体了。前例是地图式的文字,后例却是绘画式的文字。

用了部分去暗示全体,才会有余情,在这里,可以觉悟小品文并不是容易作的;所谓部分,要有全体作背景才可以。并且,部分与背景的中间,最好要有有机的不可分的关系存在。譬如水上浮着的菱,虽只现一小部分的花叶,但水中却有很繁复的部分潜藏着;而水中潜藏着的繁复的部分,和水上所现出的简单的部分,还有着不可分的有机的关系。

暗示是小品文的生命,但所谓暗示,却可分两部分来看:一是笔法的暗示,一是材料的暗示。前者比较容易,后者实在很难。如能用暗示的笔法去描写暗示的材料,那就是最理想的了。前面所举的崔护的诗,其好处全在他能用暗示的笔法去描写暗示的材料。

第七节　小品文作法上的注意——中心

前面曾说:小品文好像以寡兵抵大敌,非集中兵力,直冲要害不可。又说:如果取整个的,多数的材料,不如细密写少数的部分的材料。这里所谓中心,也就是这种态度的别一方面。

所谓中心就是统一的意思。小品文字数不多,如果再散漫无统一,必致减少效用,没有可以逼人的能力。试看下例:

　　仍不到六时就起来了。因循惯了的我,这几天居然把贪贪睡的恶癖矫正,足见世间没有什么难事,最要紧的就是克己。克己! 克己! 校中先生所常讲的克己二字的价值,到今方才了解。

　　盥洗以后,散步校园,昨夜新晴的天,又下起雨来。满想趁今日星期,出外游耍,现在看去,只好闷居在校里了。"不如意事常八九",世间大概如此吧。

——《朝晨》

上例前后二段间,并无何等的联络,所说的全是截然不同的事,就是无中心无统一的文字。令人读了以后,不能得着整个的情味。这样的时候,倒不如把两种材料分作成两篇小品文。

没有中心,文字就要散漫无统一,散漫无统一的文字,断不能动人。但所谓中心,不是一定限于事项的统一,事项虽不前后联络,只要情调心情上能统一时,仍不失为有中心的文字。例如:专写西湖的早景,是统一的。但于一短文中如果兼写西湖的早景、夜景、雨景而确能表出西湖风景的情调(地方色)时,仍不失为有统一有中心的文字。试再看下例:

> 狗叫过好几次了,父亲还没有回来。在洋灯旁缝着衣服的母亲,渐渐把针底运动宽松;手中的布也次第流到桌上去了。
>
> 邻家很远,大哥昨日到上海作学徒去了。窗外的风声、犬声,壁上的时钟声,以及母亲的轻微的鼻息声,都觉得使我感着说不出的寂寥。
>
> 狗又叫近来了。母亲很无力地张开眼来,好像吃了一惊似的,仍旧提起了皱罗布来一针一针地缝着。
>
> 夜不觉深了!
——《夜》

上例材料上并不统一,尽有前后无关系的事项。但情调却并不散漫,读了可以使人得着一个整个的寂寞无聊的感情。这就是以情调心情为中心的文字。

从此,可知文字不可无中心,这中心用事项来做,或是用情调来做,是不必限定的。只要不是杂凑的文字大概自然都有中心可说,因为我们要忠实地写一事实或一情调时,决不至于说东扯西,弄成无统一的文字的。

第八节　小品文作法上的注意——机智

小品文如奇兵,平板的笔法,断难致胜,非有机智不可。我们观察事物,有正面观察和侧面观察二种。正面观察每多平板,常不及侧面观察的来得容易动人。因为正面的部分,是大家都知道的,侧面的部分,往往为人所不顾及。能将人所忽略的部分,从事观察,文字就容易奇警,而表现也容易成功。

相传:有一画师,出了一个"花衬马蹄香"的画题,叫许多学生各画一幅。大多数的学生,都从题目的正面着想,画了许多落花,上面再画一个骑马扬鞭的人。这是何等地煞风景呢! 有一个聪明学生,却不画一片的花瓣,只画一匹马,另外加上许多只随马蹄飞的蝴蝶;画师非常赞许。这是侧面观察成功的一例。

侧面观察,就是于事物的普通光景以外,再去找出常人心中所无而实际却有的光景来;这虽有赖于观察力的周到,但基本却在机智的活动。凡是事物,无论如何细小,要想用文字把它表现净尽,究是不可能的事。用文字表现,要能使人读了如目见身历,收得印象,全在一二关于某事物的特色。只要是特色,虽很小很微,也足暗示某事物的全体。

例如:梅雨时候,要描写这梅时的光景,如果用平板正面的观察的方法来写,不知要用多少字才能写出,(其实,无论多少字,也写不完全的。)在这时候,假使有人把"蛛网"详细观察,发见"雾样的细雨,把蛛网糁成白色"的一种特别的光景,把这不大经人意的材料和别的事情景况写人文字中,仅这小小的材料,已足暗示梅天了。试再看下列【重印注1】各句：

（1）正午的太阳，照得山边的路闪闪地发白光。山脚大松树的树身上流着黄白色的脂浆。　　　　——《暑画》

（2）日光在窗纸上微微地摇动，落叶掠下来在窗影上画了很粗的黑线。　　　　——《初冬晴日》

上二例都是侧面描写，并不琐碎地把暑日或初冬的光景来说，而暑日或初冬的光景却已活现了。

以上是机智的一方面的说明。机智还可从别一方面说：就是文字有精彩的部分，和平常的部分可区别。文字坏的，或者是句句都坏；文字好的，却不是句句都好。一篇文章中，有几句甚或只有一句好的，有几句平常的。在好的文字中，这好的几句的位置，常配得很适当。

在平常的文字中，加入几句，便成好文字。这种能力，是作文者大概必需的。特别地在作小品文时，这能力格外重要。在小品文中，要有用一句使全体振起的能力才好。试看下例：

弱小的菊科花开出来使人全不经意，却颤颤地冷冷地铺满了庭阶。无力的晚阳，照在那些花的上面，着实有些儿寒意。原来秋已来了。　　　　——叶绍钧《母》

这文末句，是使全体统一收束的，在文中很有力量。如果没有末一句，文字就要没有统一，没有余情了。又如：

正坐在椅子上诵读英文，忽然一个蚊子来到脚膝下；被它一刺，我身一惊，觉得很难忍；急去拍时，已经飞去了。有多少时候，仍旧飞近我身边，作嗡嗡的叫声。我静静地等它来，果真它回到原处，它伸直了脚，用口管刺入我的皮肤，两翼向上而平，好像在那里用着它的全副精神似的，我拍死了它，那掌上粘湿了的血水，使我感得复仇的愉快和对于生命的怜悯。　　——某君《蚊》

这篇所以还算好的，关系全在末一句。如没有末一句，全体就没了意义。以上二例都是以末一句使全文振起的；其实有力的句子，并不一定限于放在末了。

以上虽就描写文而说，其实所谓侧面观察，所谓一句使全文振起，不单限于描写文，在议论感想等类的文字中，也很必要。在议论感想文中，所谓"警句"者，大都是侧面观察成功的，有振起全文的能力的。例如：

戏子们何等幸福啊！他们自己随意选择了扮作喜剧或扮作悲剧，要苦就苦，要乐就乐，要笑就笑，要哭就哭。但是在实生活上，却不能这样。大多的男女，都被强迫了做着自己所不愿做的角色。这个世界是舞台，可是却没有好戏！　　——王尔德

日日地过去，无论哪一日，差不多都是空虚，厌倦，无聊，在后也不留什么的痕迹！一日一日地过去，这些时间，原实是无意味无智慧的东西，然而人总希望共同生存。他们赞美人生。他们将希望摆在人生上面，及将来上面。啊！他们在将来上面期待着怎样的幸福啊！

那么，为什么，他们认作来日不像正在过着的今日一样呢？

不，他们并未想过这样的事，他们全不喜想，他们只是一日

一日地过去。

"啊！明日，明日！"他们只是这样自慰，直到"明日"将他们投入坟墓中去为止。

可是，一等入了坟墓，他们也就早已不想了。

——屠介涅夫

上二例都是名文，寥寥数言中，实已揭破真理的一面。其末句都很有力，使人读了怒也不是，哭也不是，笑也不是，不知如何才好。又本章第一节所举的《鸡》，差不多全体是警句，可以参照。

【重印注1】 因原文为竖排，此处为"左列"，重印按横排改为"下列"。

第九节 实际作例和改削

（一）第一步 文有用了想象做的，如冒险小说之类，其中所描写的都非作者目见亲历之境，只是想象的产物。就是普通文章中，也不无想象的分子夹杂。但初学的人，用想象作文，实不如从观察作文稳当。观察第一要件在真实，观察力若尚未养成，所想象的也难免不合实际。如画家然，必先从摹写实物人体入手，熟悉各种形态、骨骼、筋肉的变化，然后可从事创作。

但是眼前的材料很多，从哪里观察起呢？这本不成问题，所以发生这疑问，实由于着手就想创作名文的缘故。老实说，名文并不是一蹴可几的。在初时，最好就部分的平凡事物中搜集材料，逐渐制作，渐渐地自会熟练，达成近于名文的文字。文字的好坏，本不在材料的性质，而在表现的技能。善烹调的，无论用了怎样平常的原料，也能做出可口的肴馔来。世上森罗万象，一入能文者的笔端，就都成了好文章了。

（二）由材料到成文字　无论什么材料都可用，只要仔细观察了，把它写出来，就成文字；这样说法，作文不是很容易的吗？其实，这是大大的难事。写出原是容易，但要将自己所观察得的，依样传给别人，使别人也起同样的心情，这却很难；并且不如此，文字就没了意义了。

现在试示一二作例罢：

假定我们观察春日的田野，在笔记本上，得到下列【重印注1】的材料：

（1）草青青地长着，草上有两个蝴蝶在那里翩翩飞舞，一个是黄蝴蝶，一个是白蝴蝶。

（2）小川潺潺流着，水面被日光反射成银白色。

（3）远远的树林，晕成紫色，其上飘着蓬蓬的白云。

（4）两个老鹰在空中回旋，不时落近到地面来。

（5）温风吹在身上，日光照在头上，藉草坐了，竟想睡去，我不禁立了唱起歌来了。

材料有了，更要把这材料连缀起来成为文字。那么怎样连缀呢？先就全体材料的性质考察：草——蝴蝶——小川——树林——云——老鹰——温风——日光。这里面，树林和云是远景，老鹰也比较不近，草、蝴蝶、小川是最和作者相近的。照普通的顺序，先说近的，后说远的，原来的排列，似乎也没有大错。但依原形连缀拢来，究竟不成文章。第一，接合不稳；第二，词句未净。

（1）底句虽明了，但是不干净，多冗词。"草""草上""两个蝴蝶""黄蝴蝶""白蝴蝶"相同的名词叠出，文趣不好；应改削如下：

青青的草上，有黄白二蝴蝶翩翩飞舞。

这样就够了。（2）没有什么可删，原形也可用。不过突然与（1）连结，文气有点不合拍。如果加入一句"草底尽处"，连结起来就不突兀，并且景色也较能表出。

其次是(3)和(4)了。这二者要互动易顺序，景物才能统一，为了与上文连结及表出春日的心情起见，上加一句"抬起倦眼仰望"，更得情味。其余一仍其旧，将全体连缀起来如下：

青青的草上，有黄白二蝶翩翩飞舞。草底尽处，小川潺潺流着，水面被日光反射成银白色。

抬起倦眼仰望，两个老鹰在空中回旋，不时落近在地面来。远处的树林，晕成紫色，其上飘着蓬蓬的白云。

温风吹在身上，日光照在头上，藉草坐了，竟想睡去，我不禁立了唱起歌来了。

这样，文虽不工，但繁词已去，连结也无大病，春野的景色，春日的情感，已能表出若干了。

再示一例罢。假如有这样的一篇学生日记：

某月日，星期。

早晨，近处有一小孩被车子碾伤，门前大喧扰。我只在窗口望了一望，不忍近视。后来知道，这受伤的小孩是某家的独子，送入病院以后，即受手术，但愿就能医。

正预习着明日的功课，李君来了。乃相与共同预习。所预习的是英语。二人彼此猜测先生的发问，不觉都皱了眉。

午餐与李君谈笑共食。

午后到李君家，适他家有亲戚来，李君很忙，我就回来了。

傍晚无事。

灯下继续预习毕，翻阅小说，至敲十一点钟，始警觉就寝。

先就第一节看，所记的是偶发事项，与自己无直接关系；似乎是可记可不记的材料。如果要记，应只用简洁的词句，不应这样冗长。可改削如下：

早晨，有一个小孩在门口被车子碾伤。附近大喧扰。听说就送入医院去了。

这样已够,再改作如下,则更好。

早晨,有一个小孩在门口被车子碾伤,为之怆然。

"为之怆然"这是感情的语句,加入了可以表出当时的心情。这种表示感情的语句,要简劲有余情,能含蓄丰富才好。

再检查第二节。这节中末句"皱了眉",很好,但开端太板滞,宜改削如下:

正预习明日的英语,李君来了。乃相与共同预习。彼此猜测先生的发问,不觉皱了眉。

原文,"预习"两见,"所预习的是英文",是无谓的说明。改作如上,就比较妥当了。

第三节无病。第四节"他家有亲戚来"云云,也与自己无关系,可省略,改如下:

午后因送李君,顺便一到他家就回来。

第五节的"傍晚无事"全是废话;无事,无事就是了,何必声明呢?当全删。

第六节无病;末句能表出情味,不失为佳句。

【重印注1】 因原文为竖排,此处为"左列",重印按横排改为"下列"。

第十节 分段与选题

(一)文的分段 文字的分段,和句逗性质一样,同是表示区划的。最小的区划是逗,其次是句,再其次是段。有时还有空一行另写,表示此段更大的区划的。

分段不但使文字易读,且使文字有序不紊,分段有长有短,原视人而不同,但大体也有一定的标准。就是要每段自成一段落。用前节的例来说：

青青的草上，有黄白二蝶翩翩飞舞。草底尽处，小川潺潺流着，水面被日光反射成银白色。

抬起倦眼仰望，两个老鹰在空中回旋，不时落近在地面上来。远处的树林，晕成紫色，其上飘着蓬蓬的白云。

温风吹在身上，日光照在头上，藉草坐了，竟想睡去，我不禁立了唱起歌来了。

这文是分作三段写成的。第一段着眼近处，第二段着眼远处，两不相同，所以换行另写。第三段是心情的抒述，和前二段叙述事物的又不同，所以再别作一段。换一着眼点，就把文字分段，这是普通的标准。

所要注意的，就是标准只是相机而定的。例如上文第一段，所包含的事物有草、蝶、小川三项；如果在全文描写精细，不这样简单的时候，那么由草而蝶，由蝶而小川，都可说是着眼点的更换，就都应分段了，（下面二段也是这样。）上文所以合为一段，一因文字简单，二因所写的都是近景的缘故。

分段还有把每段特别提出的意思，能使分出的文字增加强度。有时，往往因为要想使某文句增加强度，特意分行写列的。试看下例：

贞从车窗探出头来说"再会"。我也说了一声"再会"，不觉声音发颤了，贞也眼圈红了起来。汽笛威吓似地一作声，车就开动。我目送那车的移行，不久被树林遮阻，眼前只留着一片的野原。

啊！贞终于去了。

我不觉要哭出来了。

这文末二句原可并为一段的，却作二行写着。分段以后，语气加强，连全文都加了强度了。能适当分段，也是文章技巧之一。但须入情合理，不可无谓妄饰。

（二）题的选择　文字中，有先有题目，后有文字的；有先有文字，后有题目的。旧式文字，往往先有题目，随题敷衍。其实，文字底好的，都是作者先有某种要写的事物或思想情感，如实写出，然后再加题目的。特别地在小品文应该如此。

题目应随文的内容而定，自不容说。有时因题目陈腐，使本文也惹了陈腐的色彩。过于新奇呢，又易使读者读了本文失望。所以题目非仔细推敲斟酌不可。

举例来说：前节所列春日写景的文字，如果要定起题目来，是很多的："春野""春景""游春"等等都可以。但我以为不如定为"藉草"来得切实而不落陈套。

在小品文中，文字须苦心制作，题目也须苦心制作。题的好坏，有时竟有关于文的死活。尽有文字普通，因了题目的技巧，就生出生气来的。

> 今天母鸡又领了一群小鸡到篱外来了。其中最弱的一只，赶不上其余的，只是郎当地在后跟着。忽然发出异常的叫声，挣扎飞奔，原来后面来了一只小狗。母鸡回奔过来，绕在那小鸡后面，向小狗作着怒势，小鸡快活地奔近兄弟旁边去，小狗慑于母鸡的威势，也就逃走了。
>
> ——《亲恩》

这文材料很普通，文字也没有十分了不得。但《亲恩》这题目，实有非常的技巧。因了题目好的缘故，平凡的本文，也成了奇警了，这是用题目来振起全文的一例。

——第七讲完——

第八讲 做成一首诗的几个步骤

王季思等

　　怎样做诗？这是很难回答的一个问题。历来论诗的书汗牛充栋，但能满足初学的要求的却没有。西洋自从亚里斯多德的《诗学》以后，罗马的 Horace，法国十七世纪的 Boileau 都曾有《诗法》之作，至于别的零篇断简更是指不胜屈，但是这些鸿篇巨制，只能供给批评家和诗人作参考，对于初学却无大用处。中国从宋人起，历代传留下来的诗话很多，大都以零辞片语来评骘前人的作品，在诗学已有相当工夫的人看了，未尝不可以开悟心窍，要说为初学作指针却不行，因为诗的微妙之处，只能意会而不能言传，或以味喻，如司空图；或以禅喻，如严羽；但归根结蒂，仍旧是"不知所以神而自神"或是"诗有别材，非关书也；诗有别趣，非关理也"的一类话。宋包恢答曾子华书谓："天机自动，天籁自鸣，……发自中节，声自成文，此诗之至也。"说来说去，只得一个"自"字。历来谈诗者，大都如此说法。至于能言的格式与音调，又是人人所易知而不必说的，常人所不能知者，又却是诗人所不能言的地方。新近匈牙利的诗人 Kaloesay 写了一本世界语的《作诗指南》，前面献诗里有一句话：Ni donas cion, krom genis. （我们把一切都给了你，除了天才。）这句话很耐人寻味。

　　不过从一个意象到一首诗的完成，要经过几个步骤，那是天才和常人一样的，不过迟速不同罢了。清初诗人王渔洋与施愚山齐名，一日渔洋诗弟子汪蛟门问诗法于施愚山，愚山问："你的老师怎样说？"蛟门说了。愚山说："你老师的诗如仙山楼阁，瞬息变现；我的诗如匠人作室,一木一石,都要有一个着落。"后来渔洋将这一番话载入诗话,说:这就是佛家"顿""渐"二门的道理。顿是顿悟,渐是苦修,历来诗人总不出此二派:大概任天才者近于顿门;重工力者近于渐门。李白的"斗酒诗百篇",便是顿门;杜甫的"晚节渐于诗律细""新诗改罢自长吟",便是渐门。作诗虽不能全赖苦功,也不可全恃天才。杜甫说:"读书破万卷,下笔如有神。"柳宗元说:"自得本无作,天成谅非功。"陆游说:"文章本天成,妙手偶得之。"灵感之来,不能以言语表出,于是归之于自然,归之于天。英国诗人 John Keats 所谓 To trace with the magic hand of chance 也是这种意思。反之就有杜甫的"新诗改罢自长吟",贾岛的"两句三年得,一吟双泪流",宋人的"吟安一个字,拈断数茎须"。宋赵师秀喜作五言律,尝说:"一篇幸止有四十字,更增一字,吾未如之何矣!"所以古人作诗有摇笔即来者,也有苦吟而成者。顿门之妙,难以言语形容,唯有苦吟的步骤,可以约略地区分出来,这些步骤,天才诗人也未尝不经过,不过心灵手敏,一瞬即足,自己不觉得,便谓出之自然。而用苦功既久,有时也能到文不加点的地步。譬如取物,熟人随手取得,不知道的,便须费若干时间去寻觅。现在把做成一首诗普通所要经过的几个步骤说一说:

(一)作诗先要有一个清晰的意象。除了些酬赠的诗,都是随题敷衍,为人作嫁,不是真性情的作品,可以不论外,普通作诗,总是现有感兴。六艺中的赋比兴,赋者铺也,是直陈其事。必须先有其情其事,然后才有所铺叙。比是譬喻,宋李育所谓"索物以记情……情附物也"。也必须先有其情其事,然后可以附于物。兴是由外物刺激诗人的情绪,李育所谓"触物以起情……物动情也"。假使无动于衷,也就没有诗了,所以作诗必须先有所感,无论把他叫作诗思也好,诗兴也好,灵感也好,所谓"情动于中而形于言"。如果勉强牵扯,诗必不能佳。孙琴西先生曾有两句诗："看山为寻诗，所得不偿失。"这就是说本来没有诗而勉强作诗的坏处。事物给予人心的感觉，最初很是模糊，我们要把握住，使他的轮廓渐渐清楚起来，在我们的心目中有一种明白的情绪或境界。这和婴儿在母体内结胎的经过情形差不多，又可以比之于物质的由升华而结晶。作诗的难处，在于得心应手，如其不能得之于心，又何能应之于手。譬如对于时事，或某一个社会问题，有所感触，可是你得有一个明白的结论，才能落笔。就是做首写景的诗，你也得知道要写的是什么。推开窗来，林峦溪涧，风日云泉，天天是这一点，可是昨天没有诗，今日有诗，今天诗里所写的，和明天后天所写的又不同。可见诗里所写景也不是外在的这模糊杂乱的一大片，是某一时间所得的一个特殊的印象。第一步就要抓住这个印象，并且让他的轮廓渐渐清晰起来。做写景诗往往先有得一句两句的，从这一点上讲来，亦未可厚非。诗人的性情各不相同，有的人每一个诗思都要在回忆中渐渐成熟，愈经久物象愈生动，如英国的诗人华茨华斯 Wordsworth 就是这一类的典型。也有的人感受得快，消失得也快，所以要立刻把它表现出来，苏东坡诗"清景一失难追摹"，就是这一类的典型。但是纯属感情方面的，境界有时候很模糊暧昧，不易划出一个明晰的轮廓来。魏文帝诗："高山有崖，林木有枝。忧来无方，人莫之知。"晋卫玠将渡江，神情憔悴，对左右说："对此茫茫，不觉百端交集，苟未免有情，亦复谁能遣此！"忧来何处？所忧何事？往往不能自觉。这不是感觉的平钝，正是敏感力特强的表征。因为普通人一个单纯的感觉，容易指实；至于多方的复杂的错综的感觉，就难以分析了。所以近世象征派的诗人，颇有提倡这种暧昧说的。在这种时候，就要强度地敏锐地把这种感觉捉住，然后把它表现出来。欧阳修《梦中诗》："夜凉吹笛千山月，路暗迷人百种花。棋罢不知人换世，酒阑无奈客思家。"四句四意，都是不可名状的心情。古人常有这一类诗，无可命题，于是故弄狡狯，说是梦中所作。

（二）有了意象之后，便要找一个巧妙的方法去表现出来。在新体诗流行的初期，有人主张诗应该"写"，不应该"做"。这话很有流弊。因为感情的表现须赖方法，不可太直太露。因为诗是一种感情的文学（literature of power），他的功用在于感动人，所以宜多用暗示的方法，不宜直截说明。譬如温庭筠诗："鸡声茅店月，人迹板桥霜。"贾岛诗："地侵山影扫，叶带露痕书。"没有一字提到早行或早起，而早行与早起的情景已经宛然在目。张继诗："姑苏城外寒山寺，夜半钟声到客船。"不言旅泊不眠，而不眠的神情自见。杜牧诗："借问寒沙新到雁，来时还下杜陵无？"不说思乡而思乡的情怀如揭。诗人常能用巧妙的方法去表现一个极平凡的题材，而写成一首好诗。例如写宫人的失宠，王昌龄就用许多不同的方法："玉颜不及寒鸦色，犹带昭阳日影来。"言寒鸦尚能带昭阳日影而来，而自己不能沐君上的恩宠，反不如寒鸦呢。"平阳歌舞新承宠，帘外春寒赐锦袍。"又借旁人的得宠来形容自己的失宠。"火照西宫知夜饮，分明复道奉恩时。"又以梦中的得意，形觉后的无憀。又如写兴亡之感的，前人也有许多不同的表现方法。刘禹锡《金陵怀古》："山围故国周遭在，潮打空城寂寞回。淮水东边旧时月，夜深还过女墙来。"本意说世异时移，往日繁华，都成幻梦；偏说得有山有水有城有月，而呈现在读者目前的，却是一片荒凉。又如："朱雀桥边野草花，乌衣巷口夕阳斜。旧时王谢堂前燕，飞入寻常百姓家。"说到野草花夕阳斜，则已非歌吹沸天鞍马照地的光景可知；说到王谢堂前燕子，飞入寻常百姓之家，则华屋山丘之感可见。这是化平常为曲折的方法。假使表现的方法浅露，便会使好诗减色。例如白居易《新丰折臂翁》的末段："君不闻开元宰相宋开府，不赏边功防黩武；又不见天宝宰相杨国忠，欲求恩幸立边功。边功未立生人怨，请问新丰折臂翁。"把用意老实说出来，便不如《卖炭翁》结尾处"半匹红纱一丈绫，系向牛头充炭直"的悠然有余味。再说我国人谈诗，都以温柔敦厚含蓄不尽为美，却没有说出一个所以然来，崇古的只是盲目的赞扬，疑古的只是盲目的攻击，没有人肯细细去体味。我想诗是一种想象的文学，读者想象力活动的范围愈大，便愈有余味。浅露的作品，把一切要说的都说了出来，便没有读者想象活动的余地。古来名作，未尝没直率显露的作品，但是作者的表现力量非十分强不可。因为直率地说了出来，说三分，作【重印注1】者便感觉到三分，说十分便感觉到十分。但是充分说出来是谈何容易的事体，反不如含蓄蕴藉的作品，说三分便让人凭想象的力量感觉到十分。譬如游花园，开门见山，一望无余，不如曲径通幽、移步换影的耐人寻味。白居易作《长恨歌》，根据陈鸿的《长恨传》，把杨太真的生前死后叙得一无余剩，其缠绵宛转，固已脍炙人口。同时元稹用同一题材作诗，只写了二十个字："寥落古行宫，宫花寂寞红。白头宫女在，闲坐说玄宗。"没有提到杨贵妃一句话，然而写盛衰兴亡之处，感人更深。这就是上面所说的一层道理。诗争立意，第一节所说的只是一个简单的概念，是要说些什么，此节所说的是怎样说，是把一个平常的意思化成一个富有诗味的意思。

（三）有了意境，有了表现的方法，于是便要决定用哪一种体裁。诗？词？古体？近体？长调？小令？不可不加以选择。诗体和内容很有关系，和表现方法也极有关系。要写一刹那的情绪或印象，宜于用短篇，试看王维、裴迪的辋川杂诗，哪一篇不是一小幅精美绝伦的画景，假使把它拉长了做成一首五古，便要索然意尽了。七绝的长处在于宛转悠扬含蓄不尽，假使把王昌龄、杜牧的绝句，改做长篇的歌行，那还有什么余味呢？杜甫的诗雄跨百代，但一到五七言小诗，便觉拙手笨脚地弄不好，这是因为他的意思太直，笔头太重。如其要委曲周详，或是激言竭论，那只宜做古诗，绝句便不够用了。至于感时抚事,慷慨淋漓,抑扬顿挫,那只有让七言歌行擅场了。寻常庆贺颂扬应酬之作,那只宜用七律、五排之流,因为本来没有什么可说的话,只要能敷衍题面,用事精切,对仗工整,风华典丽,便算好诗,若做五言古诗或七言的歌行,这一类取巧的手法,都用不上去,便难免村拙尘俗的毛病了。上面所说,不过是一个大概,并不说可严立条规,某种题目一定用某种诗体;不过作诗的人不可不加一番选择的工夫,庶几诗与题称。也有某一种境界宜于词不宜于诗的,譬如晏殊的名句:"无可奈何花落去,似曾相识燕归来。"诗词里都用了进去,但是在词里是天生好句,放在诗里便觉纤小不相称。晏幾道的"落花人独立,微雨燕双飞",是何境界,但是把他作为五律中的一联,就觉得太轻巧,镇压不住。辛弃疾的《祝英台近》:"宝钗分,桃叶渡,烟柳暗南浦。怕上层楼,十日九风雨。断肠点点飞红,都无人管;有谁劝流莺声住?鬓边觑,试把花卜归期,才簪又重数。罗帐灯昏,哽咽梦中语。是他春带愁来;春归何处? 却不解带将愁去!"一种缠绵吞咽的情绪,岂是诗里所能达得出来的? 再说古人的诗,各具面目,各有擅长,已替后人开出许多门径,我们现在作诗,便当量材采用,不可拘守一格。袁枚说得好:"古人成名,各就其诣之所极,原不必兼众体。而论诗者则不可不兼收之,以相题之所宜。即以唐论,庙堂典重,沈、宋所宜也,使郊、岛为之则陋矣。山水闲适,王、孟所宜也,使温、李为之则靡矣。边风塞云,名山古迹,李、杜所宜也,使王、孟为之则薄矣。撞万石之钟,斗百韵之险,韩、孟所宜也,使韦、柳为之则弱矣。伤往悼来,感时记事,张、王、元、白所宜也,使钱、刘为之则仄矣。题香襟,当舞所,弦工吹师,低回容与,温、李、冬郎所宜也,使韩、孟为之则亢矣。天地间不能一日无诸题,则古今来不可一日无诸诗,人学焉而各得其性之所近。"可见诗题与风格也须调和,虽然各人的体性有限制,不能兼擅众长,但也不能不知道这一点。譬如惯作"横空盘硬语"的韩愈,在李逢吉席上居然也做起"银烛未消窗送曙,金钗半醉座添春"的明丽句子来。韩偓擅场香奁,但在自述其立朝大节时,就说"谋身拙为安蛇足,报国危曾捋虎须"了。这可见作诗不可不相题材而选体制了。所以一个人才分有限,体性难周,与其不问相称不相称,老是这一套,不如有些诗缩手不做,未尝不是藏拙之一道。

(四)一首诗依照上面的步骤写成以后,还要琢磨字句。譬如一座房子造成以后还须要加以装饰。务使通体调和,没有丝毫疵颣。普通作诗,常有先得一二句,再足成全篇的,那更要注意字句的琢磨,使全篇浑成一色,看不出拼凑的痕迹。大凡一首诗,总要有一二处精警的地方,才能使全篇生色。陆机《文赋》云:"立片言以居要,乃一篇之警策。"否则平平说去,如何能竦动读者?朱子《清邃阁论诗》:"古人诗中有句,今人诗更无句,只是一直说将去,这般诗一日作百百也得。"就是说诗无警句的坏处。也有人主张诗做到无可圈点,才是极诣。这是说神来之作,不可于字句间求之,但非平钝之谓。其实古诗未尝没有警句,其异于后人者,只在炼意炼境与炼字炼句的不同。譬如《古诗十九首》,当然不能从字句间求工拙了。但如"相去日已远,衣带日已缓""不惜歌者苦,但伤知音稀""河汉清且浅,相去复几许。盈盈一水间,脉脉不得语""四顾何茫茫,东风摇百草。所遇无故物,焉得不速老""生年不满百,常怀千岁忧。昼短苦夜长,何不秉烛游"之类,何尝不是警句?再如陶渊明的诗,一味自然,灭尽针线之迹,然而名句特多,如"暖暖远人村,依依墟里烟""平畴交远风,良苗亦怀新""采菊东篱下,悠然见南山""结庐在人境,而无车马喧""欲言无予和,择杯劝孤影。日月掷人去,有志不获骋"之类,后人正自竭尽气力,写不出来。十九首与陶公且然,我们又岂可以平钝为浑成呢。不但一篇之中要有警句,一句之中更要有一二字特别用力,古人谓之诗眼,这就是炼字的工夫。靠一字的精粹,而整句的境界全出。春天来后,碧草齐萌,万花怒放,这境界是人人看见的,但是没有人能把他描写出来。王安石有两句诗:"绿搅寒芜出,红争暖树归。"他用"搅""出""争""归"几个字,便把这一幅画景,写得如火如荼。杜甫诗"晓看红湿处,花重锦官城",只一个"重"字,便把雨后景象全盘烘托出来了。诗人的工力,可从此等处看出来,所谓"两句三年得,一吟双泪流""吟安一个字,拈断数茎须",便在这些地方,所以《文心雕龙》有"善为文者,富于万篇,贫于一字"的话。因此诗不厌改,杜甫的"新诗改罢自长吟"不用说,宋朝吕本中的《童蒙训》里说:"文字频改,工夫自出。近世欧公作文,先贴于壁,时加窜定,有终篇不留一字者。鲁直长年,多改定前作。"张耒说:"世以乐天诗为得之容易。而未尝于洛中一士人家见白公诗草数纸,点窜涂改,及其成篇,殆与初作不侔。"这可见古人用力之勤了。唐庚《语录》里把自己做诗的苦工说得更分明。他说:"诗最难事也。吾于他文,不至蹇涩,惟作诗甚苦。悲吟累日,仅能成篇。初读时未见可羞处,姑置之,明日取读,瑕疵百出。辄复悲吟累日,反复改正,比之前时,稍稍有加焉。复数日,取出读之,疵病复出。凡如此数四,方敢示人。"唐庚所著的《眉山诗抄》,刘后邨说他"使及坡门,当不在秦、晁下"。《宋诗抄》称其"结束精悍,体正出奇,芒焰在简淡之中,神韵寄声律之外,虽云后出,固当胜尔"。其诗之工可知,而苦吟如此,可见做诗不是可以率尔操觚的。

以上所说,是以渐门的苦吟为例,大概做成一首诗都要经过这些阶段,(可是不能拘泥,说一定照着这样一步步来。)固然也有像袁枚所说的"亦有生金,一铸而定",其实未尝不经过这些阶段,不过迟速不同罢了。生物学家说,婴儿在母腹中不过十月,然而从原始动物进化到人类所经的过程,无不经过,很可以拿来譬喻一般才思敏捷的诗人。现在再引《文心雕龙》的一段话来作为结束:"若夫骏发之士,心总要术,敏在虑前,应机立断;覃思之人,情饶歧路,鉴在疑后,研虑方定。机敏故造次而成功,虑疑故愈久而致绩。难易虽殊,并资博练。若学浅而空迟,才疏而徒速,以斯成器,未之前闻。"

——第八讲完——

【重印注1】 原文如此。

【编者按】 此系选自《剑声》的一篇演讲稿,全文分四个步骤说出了诗的写作。深入浅出,把作诗的神秘性完全揭破,真是一篇不可多得的文字。所可惜的,第三个步骤里选择体裁一节,他只是提到旧体诗词,而没有讲到新体诗,是一个遗憾。

事实上,一个时代有一个时代的文学,现在是已经成为定论的。王国维在其《人间词话》中也说:"四言敝而有楚辞,楚辞敝而有五言,五言敝而有七言,古诗敝而有律绝,律绝敝而有词。盖文体通行既久,染指遂多,自成习套。……一切文体所以始盛中衰者,皆由于此。故谓文学后不如前,余未敢信。但就一体论,则此说固无以易也。"这意思,严羽在《沧浪诗话》里就已说过,到胡适就成为定论。从这段话里,有两个主要点可以看出:第一是一切文体必然始盛而中衰,后之作者必不如前;第二是就文学自然发展的趋势看,则一时代自有一时代的文学的特色,说是一定后不如前,是未可为信的。徐先生自己,对于旧体诗工力非常深,其五古五律也自有其可以流传的价值的,但是在指导现代青年作诗而论呢,则我以为应该鼓励他们开辟新的途径!固然,新体的白话诗,到现在还不能成为固定的诗体,但至少总不失为一种新的尝试。而且,二十年来,这尝试的成就也不算小。现在让我选抄一二首在下面吧:

轻 纱 的 梦

轻些,静些,

你别惊动它,

看这梦只笼着一层轻纱:

秋天里一片蝉翼,

淡月下一缕流云,

云山外一句钟声。

轻轻地唱,

轻轻地踏,

看这梦只笼着一层轻纱,

看这梦只笼着一层轻纱。

一样的庭院,

一样的芭蕉,

一样的雨——

只是人不见……

任梦影在泪眼里昏花!

你别"要回"那句话,

看天边无数眨着眼的星,

听人间一颗哭泣着的心,

须知,

冷院里

留有你的足音啊,

它,已在梦里开出了花!

轻些,静些,

你别惊动它,

看这梦只笼着一层轻纱：

秋天里一片蝉翼，

淡月下一缕流云，

云山外一句钟声。

轻轻地唱，

轻轻地踏，

看这梦只笼着一层轻纱。

看这梦只笼着一层轻纱。

　　这是某君在三十二年四月写下的一首小诗，朋友们见到，都认为写得很有风韵。他自己也觉得颇能表出那时的心境。不过这样的心情，也是普通的，并不能表现出一种时代的情绪，不足道。现在让我另抄一首看看吧：

家 庭

番 草

在前头，男人家袒露着胸膛，

护胸毛上闪烁着汗的亮光；

一个奶孩子抱在粗的手臂上，

低着头，像是不敢望他的前方。

后面吗，跟随着的那个女人，

一只手扶着男人家的肩膀，

另外的一只放在驼了的背上，

紧握着一束草，一口袋干粮……

这就是个家庭，就这样——

行走在很长的很长的大道上。

102

男人家是那样高,又是那样细,
背弯着,肩头又有些倾斜;
好像树,脱了叶,凋尽了树丫。
戴着破草帽,在帽沿的阴影下,
一双眼迸炸着饥饿的火花。
走得很慢,但脚步却跨得很大,
像在将不可知的重量向前拉,
——那就是他自家的长影吧?
他老是不说话;要没什么呢?
路是长的,长的;太阳落下!
那孩子明明是已经害了什么病,
不很哭,也许是哭不出声音。
太大了的头和太瘦了的四肢,
不相称的凑成了一个人,
更其是那双眼睛,特别的大,
但却像阴天的太阳,没有光,
滞板地望着,不,只是向着,
那没有树,又没有村庄的远方。
孩子,这,这就是你的世界——
旷野,黄昏,路,还有荒凉……

显然地,那个女人是怀了孕……
她是有着两个生命的一个人;
我们的上帝又在她的肚皮里
安排了一个饥饿与流浪的人生。

她穿着的是蓝土布的烂了的衣，
用块也许是尿布当做了包头布；
可是风，却偏吹散了她的头发，
在发上有海的盐味，北地的灰尘。
黄昏带着倦困的色调，图染了
她的侧面，她的眼睛，她的心。
天是个大的严肃，在天的衣下，
旷达的圣者亚细亚啊在躺着……
风带着几片云，云带着黑暗，
从大地的边沿，恐怖地逼近了。
弯曲的河流哟，起伏的原野哟，
那里有条路，在路上有人：
三个人，四个生命——一个家庭
在天与地的中间，艰苦地生存着。
渐渐地黑，渐渐地冷……是夜了——
我在祈祷：天啊，给他们以星吧！

这是不是一首伟大的史诗？在中国历代的诗里找得出几首这样波澜壮阔惊心动魄的伟大的诗？读着这样的诗，我不知道流过多少的眼泪！别说新体诗已有过多少流派，单就这一首论，新体白话诗的成就之惊人已是不容否认的事实。但显然的，这还不够。这样的诗，还只能哀婉地表现出中国这旧社会碰着资本主义社会的礁石而迸出的一点粉碎的浪花而已。伟大的时代正在来着，立体战争的火花，科学都市的噪音，与夫劳动大众的雄伟的歌声，正需要伟大的诗人用他伟大的诗篇去歌咏它！而这样伟大的诗篇，决不能在旧体诗词里产生出来，也已成为不可隐讳的事实。黄遵宪《人境庐诗草》是一种勇敢的尝试,但能否找出一首这样伟大的诗篇!

所以在今日讲选取诗的体裁,单指旧体诗词我认为是不够的。而且应该相反地教大家去觅取新的途径,创造新的体式。而且,新的体式,新的风格,又都应该各各不同!"诗人"这个名字在希腊文中的意义是"创作者"。所以凡是一个真正的诗人都必定避开已经踏烂的路,去另辟新境,他不仅要特创一种新风格来表现一种新情趣,他是还要在群众中创出一种新趣味来欣赏他的作品的。所以写新体诗而要有成就,却比旧体诗词难得多了,原因就是新体诗根本还没有规矩可以遵循之故。

至于新体诗要不要平仄,要不要用韵,要不要整齐有格式,都是被讨论烂了而其实是不必讨论的问题。古今来,讲究平仄的好诗多着,但不拘平仄的好诗也实在不少;诗句用韵是举世普遍的现象,但不用韵的杰作也随在都是;不但如此,而且,尽有极端排斥诗里借重音乐性的作家如戴望舒一派,也尽有可以流传的名篇。总之,还是内容第一,只要你对于现实观察深入,立意新,境界新,句法新,词法新,字法新,风格新,……总之,不套袭人家的题旨,不套袭人家的意境,不套袭人家的句法,不套袭人家的词法字法,一切都用自己的功力创造自己的新的风格,新的调子,来写出合乎自己的心的节拍的时代的情绪,无疑的一定是好诗,从而也不难产生出伟大的诗篇。

> 檐头的蜘蛛网挂起了丝丝的热闷,
> 蝙蝠的翅下闪出了黄昏;
> 苍鹰划着弧,盘桓于无边的空漠,
> 着孤村,也摆不脱晚烟的牵绊;
> 归来的农夫拖不动自己的曼长的影,
> 却将呻吟诉向了黄昏!

寥寥六句,却字字都使你嗅着了一种新感觉的香味。那观察何等得细,又何等得深入!从那细而深入的观察里,于是有这样的新的感觉,新的意境,新的句子,新的字眼!

你要学新体诗吗?新体诗还在走得极少的半途中,前途正需要我们去开辟,而开辟时唯一需要遵守的原则,就是一个"新"字。一切都要"新",新的观察,新的认识,新的意境,新的组织,新的句法,新的词法,新的字法,构成自己的新的调子,……不现成套用别人的一点一滴,自己去创造一切,然后用这一切去写出你心里所感到的时代的节奏与情绪,这是新诗的唯一的新路。(自然,一种新风格新情调的创成,以至笔下没有一点斧凿之痕,是一个何等艰苦的历程!)新诗里没有一定的格调,也没有一定的平仄与韵法,一切都随着内容的本质与情绪的节奏而不同。你要轻盈的,抑是沉重的?你要阴沉的,抑是明朗的?你要激昂的,抑是豪放的?……一切都有,但一切都要凭着你自己的情绪的本质去选择,同时也要你自己去创造!

三十三年三月十六日夜附笔

第九讲　小说是怎样写成的?

姚雪垠

一

　　青年人有一个长处,那就是富于热情,求知欲特别的高。但青年人在求知的态度上也有小缺点,就是常犯急性病,巴不得把所有的本领都一口吞进肚里去。假若他晓得你会写小说,而且写得还不错。真心真意地敬佩你,他碰见你时一定不放过领教的机会。"×先生,一篇小说怎样才能够写得没有毛病呢?"他非常热诚而且恭敬地把问题提出来,两只眼睛望着你,静静地微笑着,期待着你的回答。你纵然是老练的小说家,逢着这场合,也很难使你的对方满意。你准是始而望着他,注意地听他发问,继而感到茫然,非常和蔼地笑一笑,随随便便地敷衍几句。然后,假若你脖子上长了一个癣或一个瘊子,你准会用手去摸一摸;这种下意识的动作,正表示你已经有点狼狈,几乎是毫无办法。

　　我现在要用一篇短文章来解答这一个大问题,当然也很难使读者满意。这就是文天祥说的那句话:"一部十七史叫我从何处说起?"但是,这难题既然时常提到面前来,不管好歹,总得说一个粗枝大叶,方算有个交代。市面上流行的什么"小说作法"和什么"文学教程"之类的大小册子,关于写作的问题已经讲得非常详细,所以有许多意见我简直不必再说。还有许多重要问题,如像怎样写人物,写心理,写对话,写风景,以及怎样结构等等,因为每一个问题都需要写一篇专文研究,现在也只好略而不谈。在这篇文章中我只告诉你写成一

107

篇或一部小说的几个步骤，或者可说是写作进行的几个阶段。我特别嘱咐你一句话，那就是：如果你不把实践同理论配合起来，单知道一点理论的轮廓是没有多大用处的。

那么，就请你不要抱着过大的希望，细心地读一读我在下面提出的意见吧。

二

写小说的第一步是选取题材。题材就是你所要描写的人物、事件和故事情节。没有题材，你就无从下笔；没有好的题材，你就不会写出好的小说。肚子里没有题材而想写出来小说，并且希望写出来的小说伟大惊人，就好比你没有太太而想有孩子，还幻想着你的孩子一定会成龙变凤，出人头地。

但是关于怎样去选取题材，用什么方法或标准去选取题材，却不是一件简单的事情。你能不能从日常见闻和平凡生活中去选取有价值的小说题材，要看你的修养如何，要决定于你的人生观、世界观、社会意识，以及对于现实认识的深度和宽度。甚至说得仔细一点，徒然是选取一个很单纯的短篇题材，也关联着你的生活、脾味、思想、情操，以及审美的能力等等。请你回忆一下，许多年以前，你的年纪还很小，有一天晚上，你的外祖母给你谈一个什么故事？你再想一想，有一天你们村子里的那个不务正业的赌博汉，也许你向他叫二叔或者三爷，他给你讲过一个什么故事？再想一想，从前学校里开一次什么会，大家聚在一堂，十分快活，你们的教员在当时曾讲过一个什么故事？请不要嫌麻烦，再想一想，有一次你的一个男同学或女同学，在精神苦闷的日子里同你在一块。喝着小酒，谈着闲话，他或她突然不自觉地叹了一口气，跟着就讲出来一个什么故事呀？……呵，得了吧，请你把这些人们所讲的故事仔细比较比较，就会看出来每个所选的故事多适合他们自己呵! 随随便便地讲故事尚且如此,一个作家去写小说,要根据他自己的种种的主观条件来选取题材,当然是不可否认的事实。固然有些作家想超然一切,绝对客观,自由创作,但实际上却谁也不能够提着自己的头发离开地面。作家主观受客观现实所决定,而客观现实的选取和反映,又依照作家的主观条件而有种种的偏差不同。所以当你开始搜集材料从事写作之前,扩大你对于现实认识的深度和宽度。换句话说,在你开始文学创作的事业之前,必须用理论、学问、生活实践,先创造你自己。试想一想,假若你自己糊糊涂涂,浅薄庸俗,你怎么能用文学去反映现实,指导现实? 怎么能做一个改造人类灵魂的技师?

上边的这段话,你也许会认为离题太远,那么,我们就把话题转回来吧。讲到选取题材的直接问题,我暂且不拿出来自己的简单意见,先看一看那位美国学者威廉(Blanche Colton Williams)是怎么说的。商务印书馆大学丛书中有他的《短篇小说作法研究》的译本,按直译应该叫做《短篇小说写作手册》,是我国文学青年们所能读到的内容最为丰富的"小说作法"的入门书。在这书的第二章上,作者写道:

在选取材料的时候,应当留意二个要点: 一、拒绝平庸的意见,因为这种见解难有作成小说的理由,但决无重大意义可供欣赏。二、超脱因袭的束缚。关于这点,年轻而未经博览的作者每多困难。往往他自以为发现新颖的见解,方觉沾沾自喜,而不知这种见解在前人的作品中间早已有过了。如果它具有卓绝的天才,能够把前人的材料做成一篇较好的小说,当然也可以博取大家赞赏;可是如果他办不到的话,岂非劳而无功?

生活是变幻无穷的,而且到了今日,世间的事情更是光怪陆离，无奇不有。小说资料，俯拾即是，又何必去抄袭前人的陈套，据为己有？如果你是个有志的作者，那么你只要认定小说是生活的反映，从你所熟知的生活中间悉心探求，就不愁无小说资料了。

你读上边这两段文章以后，不是感到很茫然吗？这位美国学者并没有给予你实际帮助，他所说的都是些隔靴搔痒的话，而且流露着市侩气味。他说不要平庸，不要因袭别人，这话谁都知道，何必他说？他只有一点意见较重要，那就是叫你写得不平庸，不陈旧，好博取别人赞赏。至于怎样去为人生服务，抱什么态度去反映生活，用什么方法去探求现实的本质，就不为这位美国学者所注意了。其实这也不足为奇，在资本主义国家中，许多博学的大学教授和理论家们都犯了与威廉先生同样的毛病，也是受了社会生活的决定呵。

我并不是博学的理论家，但我愿意说几句既切实而又简单的话，供你在选取题材时作为参考的原则。首先，你要确定你的立场是为国家，救人民，救世界，推动历史前进而从事写作。有了这基本立场，你在选取题材的当儿，自然会考虑到这篇小说写成后有多大价值。假若你肚子里装有两个题材，一个只可供少数的大学教授去读，一个可以供无数的青年去读，你就应当毫不犹豫地选取后者，舍掉前者。同时你要仔细研究你要描写的事件和人物是不是具有一般性、典型性，是不是可以深刻地反映出现实的重要侧面。假若这题材中的事件和人物没有一般性、典型性，不能够深刻地反映出现实的重要侧面，虽然它很有兴味，也没有写的必要。你还要记清不是像照相机似的反映现实，而是要在反映现实的时候表现出你要肯定什么和否定什么，这样，你的小说才能起教育的、鼓励的和批判的作用。记清了这一点，你在选取题材时自会仔细地想一想你要写的这个题材是肯定了什么,否定了什么,或鼓励了什么,批判了什么。如果你所拥护的正是这时代所需要的,在历史上是代表前进力量,在现实中代表着光明的或新生的一面,同时你所打击的正是这时代所不需要的,在历史上代表着没落的力量,在现实中代表着黑暗或没落的一面,那么你的题材就具有积极意义,它的内容是正确,它就值得你费一番心血去写了。

最后,我还有一点小意见供献给你。就是,我上边说的这几条原则固然供你在选取题材时做参考,但同时也请你把这些原则当作尺子,经常的用来量一量你在杂志上读到的小说或剧本,算作练习。这样作得久了,对于你的学习写作是很有帮助的。喂,请你试一试!

三

现实生活中并没有现成的、十分完整的小说题材。题材是现实资料经过许许多多的删削、增添、组织才成功的。小说题材的产生是创作过程的一部分,有时候腹稿的创作时间可能较执笔的创作时间更长。腹稿所费的时间比较愈久,执笔的时间比较愈快。所以愈是慎重的、老练的作家,愈肯在动笔前多用心血,愈是初学写作的人,愈喜欢快快动笔,快快完成。老练的作家虽然在动笔前已经将腹稿打定,但因为一面写一面又仔细地推敲和修正腹稿,所以往往写得很慢。初学的青年不惯作呕心呕血的深刻思索,犯了急性病,动起笔来就像闪电战一样迅速前进。有些人认为写得快全由于天才高,写得慢全由于脑筋迟钝,那就错了。因此,你千万不要为夸示你的少年天才而故意快写,那会犯了粗制滥造的毛病,永远写不出好作品来。

有了题材的轮廓之后,你再仔细地把题材加以研究。特别重要的,你必须用心用意地研究人物,分析他们的性格和心理,找出他们主要特征,尽可能地使他们能带有典型意味。你把主要的人物的名字写在手册上，再记下他们的年龄、相貌、个性，然后常常地把他们记在心上，就像你时时刻刻把你的爱人放在心上似的，走路时想着，吃饭时想着，一有闲空儿就想着，朝朝暮暮地牵心挂怀，总在想着。你随时对他们有新发现、新意见，马上记在手册上，免得忘掉。这样一来，他们很快的就在你的心上活起来了。当你闭住眼睛的时候，你看见他们在你的面前微笑、叹息、说话，种种恰恰各如其身份和个性的动作和表情显现出来，于是你的人物就孕育成功，单等动笔了。

在研究人物的时候，实际上，你同时也不得不注意到小说情节。因为，你的人物越成熟就越要具体化，他们一定是在某种情形之下才显现出来某种动作和表情。所谓情节，就是人物与事件的有机组成，而在故事的发展过程中呈现为互相连接的不同情状。许多小情节结合起来，反映出一个突出的和较为重要的事件，叫做场面。在一部长篇小说中，应该包括许许多多的场面，互相衔接，不可割裂。长篇小说中的分章，也就是意味着场面的变换和发展。你在动笔之前，必须将小说中重要场面特别仔细地加以研究，研究着怎样写才格外地意义深刻，格外地感动读者。当你研究人物的时候，虽然你已经注意到和人物相关的情节，但这些情节是个别孤立的、不相连贯的片断事象。你后来把情节组成场面，但场面与场面之间，仍然是不能够连贯起来。所以，在你研究了人物之后，你还须再去通盘地研究情节。固然，研究人物和研究情节是不能完全分开的工作，这两件事本身是互相关联与统一的，不过为着工作进行得方便起见，你仍然可以把两件工作分开进行。当研究人物时，人物是你的研究重心；而研究情节时，重心就移在情节上面。研究情节应该放在研究人物之后，因为倘若没有活生生的人物，情节就很难想象。

当你去通盘地研究情节时，我劝你千万耐心地在纸上列大纲，用文字帮助你的思考和记忆。关于大纲和写作进行关系问题，我在别的论文中曾加以逻辑的分析,此次可以不提。要知道,只有当你把大纲(特别是长篇小说)列成以后,你的肚子里才有得完全题材,所有的场面和情节才有机地连贯起来,而创作的腹稿阶段才大体上算是完成。有了大纲,也就有了结构布局,下笔时就有了准则,不至于忽而不知道应如何继续,忽而又信马由缰,乱扯一气。宋朝的苏东坡和文与可都很会画竹子,人们问他们为什么随随便便地动一笔就画得很好,苏东坡和文与可答复的都是一个道理,就是:在动笔往纸上画竹之前,胸中已经有现成的竹子了。这所谓"胸中的现成竹子",便是完成的竹子腹稿。因为竹子简单,所以不须要在纸上打稿;倘是画较为复杂的东西,像人物或花鸟之类,就必须用骨簪或香头(等于现代人的用铅笔)在纸上打个稿子,画画改改,改改画画,等稿纸打成之后,才去用笔勾勒并着色。写小说的列大纲类似画画儿的打画稿,愈是题材复杂的作品,这种工作就愈见重要。

也许你要说:列一个大纲放在面前,不是束缚了创作的灵感吗?不,你错了。第一,列大纲可使你完全了解你的题材,使你完全把握住人物和事件发展的必然性;因此有了大纲以后,你更可以驰骋天才,自由描写,合理地运用灵感。第二,灵感是从你用心苦思以后出现的,懒惰的人们决不会有灵感如泉水涌出;所以列大纲不仅无害于灵感,而且对灵感的出现还起着促成作用。最后我叮咛你一句话,你不仅要列大纲,还要列得愈详细愈好;在创作时你费的劳力愈大,在作品完成后所得的报赏也愈大。请多用点心血吧,我永远为肯用心血的朋友祝福。

四

初学写小说的人往往把人物写得浮面化,把故事写得太单纯,而结果是你自己感觉到展不开笔之苦,在读者感觉到你写得太空洞,不够深刻。"嗨,这是什么缘故呀?"你是这样问我,我就告诉你唯一的补救之道,那就是:发现矛盾的深处!

关于戏剧,有一句人尽周知的老话头,就是:"没有斗争,没有戏剧。"其实,小说也离不开矛盾,离不开斗争。小说写的是人,是事件,换一句话说,小说的描写对象是现实,是社会生活。从这一点看,小说和戏剧在本质上原是一样的,只是表现的手法上有许多不同。有许多小说理论家故意对小说中的矛盾一字不提或偶尔一提,正如一般形式逻辑者不愿谈事物的矛盾一样。有些理论家虽然也注意研究小说中的矛盾问题,像我们在前面曾提过的那位美国学者威廉先生,他们把小说中的矛盾加以抽象的考察,好像小说中矛盾是作家为着小说布局的必需才用自己的天才创造出来。这是形而上学的庸俗理论,只在问题的表面上打圈子,永远碰不到问题的深处。其实是现实中本来就充满了矛盾,小说家只不过将现实中的矛盾反映在作品里面:他愈忠实地反映矛盾,他所描写的就愈加深刻。无论什么事情,愈透过浮面往本质上把握,就愈能理解得深刻,无论深刻到什么程度,总是有矛盾存在。关于这一个问题,我要留到"怎样写人物"那篇文章中详细分析,在这儿只告诉你不是作家头脑里想出矛盾,而是作家用文字反映现实中的矛盾,你牢牢地记在心里得了。

初学写作者不能够写得复杂,那是由于他把人物和事件的复杂矛盾,把一切现象都看得过于单纯。比如,当你猛然抱住了你的太太,在她的脖颈后亲了一嘴,她也许要从你的怀中挣脱,并且涨红着脸孔翻你一眼,骂你一句"讨厌"。如果你的五岁的小弟弟站在旁边,看见了这情形,他一定相信你的太太确实恼了,在生气地骂你哩。然而你却嘻嘻地笑起来,又十分顽皮地向你太太的身边凑去。从这件小小的事情上,表明了理解浮面与理解本质是多么的不同。你的小弟弟只看见表面现象。他简直怕你们会打起来;但是你却看透了你的太太，不但懂得她的内心与行为的矛盾，并且还懂得她的内心矛盾，以及其他的种种矛盾，比如说在半点钟之前你两个曾经顶过几句嘴，或者当你抱住她时恰恰又一片树叶子落在窗外，很像是有人在窗外走动。如此这般，你全懂得，所以你对于你太太的那种动作就理解得十分深刻。你对现实理解得愈深，看出来的矛盾就愈多，愈多就是愈复杂。既然你能从现实中发现出许多矛盾，看得很深刻，如果你能够忠实地反映出来其中较为主要的矛盾，也就不会把一个小说题材写得过于单纯和空洞了。

一串相连的情节构成一个完整的故事，当然这所有一串情节是不能割裂的，说得明白一点，它们是有机组织，互相关联和互相渗透。故事中包括的各个部分，各个情节，既然是有机组织，同时藉情节变化展开了一连串的矛盾斗争，这就是说：一个故事或小说，它本身就是一个矛盾的统一体。故事有头，有尾，有高潮，有变化穿插，这就说明了它的本身有发展。情节的变化穿插表现出故事的发展过程，同时也表现出这过程实在是交织着必然与偶然。关于故事发展中的必然与偶然，也是创作哲学上的一个大问题，三言两句说不明白，放在另一篇文章中去详细讨论吧。单谈故事为什么会发展，我可以用一句话告诉你：小说有发展，是由于所表现的现实有矛盾。说得直白一点，是因为小说中有斗争，像戏剧一样。在小说中，我们把那些比较显著的斗争叫做纠葛，纠葛的进行也就是情节的变化发展。"纠葛"这个名词比"情节"更有意义，因为"情节"一词只能给我们一个抽象的概念，而"纠葛"一词却把情节中的互相斗争和互相牵扯的逻辑关系，表现了出来。

上面所谈的这番道理，是哲学也是创作论，尤其是创作小说和戏剧的基本问题。在你准备写长小说之先，我劝你最好读一读现代哲学，它不仅会指导你怎样去观察事物，把握事物的现象和本质，矛盾和发展，它同样也将写作的方法启示给你。新现实主义的作家，应该把世界观、方法论、创作实践，看作是统一的，所以不应该忽略了哲学修养。

五

初学写小说的人总感到每篇小说的"起头"最难，难得叫人头疼。因为感到"起头"难，所以在"起头"上也特别卖力，好像非让读者第一眼就看出来作者的天才不可，有许多时候你会因为觉得"起头"没有惊人之处，就没有勇气将一篇小说继续下去，真是冤枉。其实，你简直不必在"起头"上白费心血；也许你为一个"起头"苦思了许多日子，而结果在小说完成后还得删改。许多初学的朋友们常常问我："我准备写一篇小说，告诉我怎样起头，好吧？"我总是回答说，你只要把故事的情节想得烂熟，就知道应该怎样起头了。你，千万记着，要追求自然，不要追求奇伟；要想在开头几句里就表现出你是天才，谁说不是难事？

自古以来，一切真正好的民歌，好的诗篇，好的小说，全是从自然中显出美妙，从平淡中流露真切。宋玉的《九辩》第一句是"悲哉秋之为气也！"这简直是脱口而出，多么自然之笔，但两千年来没一个读书人不认为他的这一句话道破了秋的秘密，说出来千万个无聊的不幸人对秋天的共同感觉。由于这一句话，引出了不知有多少"宋玉悲秋"的无聊文章。民歌和古诗的"起头"有三种格式，一种叫做"赋"，一种叫做"比"，另外一种叫做"兴"，都是平凡而自然得无以复加的。陶渊明是我国历史上第一流的大诗人，你也许读过他的诗。他的诗最写得自然，决不会在头一句有什么惊人之处，然而好处也正是他不用显然的雕琢使你惊奇。杜甫是最讲究锤炼的，他主张"语不惊人死不休"。但是，他的最有名的杰作为《北征》这首长诗，一开笔就写出来年月日,简直像最普通的纪事散文。他的《石壕吏》开头用"暮投石壕村,有吏夜捉人"直写事情,毫不雕琢,也毫不惊人。托尔斯泰的《安娜·卡列尼娜》的头一句是:"幸福的家庭都是一样的,不幸的家庭却各有各的不幸。"这有什么奇特? 不是既非常平淡而又非常有滋味吗? 再看看鲁迅的《阿Q正传》,那开头的一段不也是毫无惊人之处吗? 所以一句话说完,你觉得第一句能说得怎样自然就怎样说,如果小说完成后你发现"起头"起得不恰当,那时候再修改就毫不费力。但是能够做得平淡而自然也并不容易,作家的修养愈高,才愈能从自然中显出天才。

有了"起头"之后,就跟着发展故事。故事的发展是一种一步紧一步的上升运动,一切变化都十分自然循由量的累积到质的转变这一个法则。故事的发展线索叫做兴味线,而兴味线的实质就是纠葛。一部长篇小说为一条或数条主要的兴味线贯穿着,而同时还穿插着许许多多的呈现为偶然的和短促的兴味线。主要的兴味线是必然性的纠葛,但必须通过许许多多偶然性的事情,必然性的发展才能够完成起来。这种偶然性的事情,往往对主要兴味线起扰乱和牵扯作用,而使小说的内容愈写愈复杂起来。有时我们准备用五万字写成一个中篇,而写到一半时又觉得非七万字不能结束,也正是这个缘故。

主要的兴味线不仅是全故事发展的线索,而且是故事发展的中心。无论什么发展,都是从量的方面一点一点地增加起来,达到一定限度时就促成一个质的转变。这转变点,不管是主要的兴味线,或偶然穿插的兴味线,都同样少不掉,因此一部小说中除包括着一个总的大转变之外,还包括着许多小转变。不过不重要的兴味线不一定个个有高潮,因为作者往往使这些兴味线来发展到转变点就予以停止。我们为着清楚起见,在习惯上只把总的大转变叫做高潮,而把其他的转变看作是情节的推移。高潮以及任何转变点的到来都需要合乎情理,不太突然。也就是说,任何转变点都是由量的增加造成的,是人物或事件在发展过程中的合理结果。

为着结构的紧凑与故事发展的合理起见,切记着不要夸张了偶然性的兴味线。旧小说为着引诱读者,玩弄读者,在每"回"的结尾时故意夸张地提出来偶然性的兴味线,却将这兴味线的发展留到下一"回"才去完成。说书的也用这同样方法去吸引听众,在紧要关头,突然停止,向听众索钱。旧小说的利用偶然纠葛不是夸张过大,便是穿插得非常勉强,往往破坏艺术的真实性、自然性和组织上的有机性。在写作时过甚强调了偶然性,或忽略了发展上由量变到质变的规律性,结果你所创造的转变点都不会合情入理。北伐以后有许多小说带一个革命尾巴,正如旧小说中带一个团圆尾巴一样,都犯了这一毛病。

六

小说的高潮一过,就需要赶快结束,这是大家都已经知道的。倘从问题的表面看,可以说高潮既过,读者的兴趣已经满足,不需要再将故事拉长下去。但从问题的本质上考察,我们会明白倒不是读者的兴趣决定故事必得结束,而是故事本身应该结束。威廉先生在他的大著中说道:"近代的短篇小说,往往在戏剧顶点过去以后立即结束;因为当小说的紧张时间过去以后,若把'下降动作'(falling action)过分延长,那篇小说就要觉得失势了。"这位唯心论的学者说了些什么呢? 一句话,他的解释空洞得很,好像同没有解释一样! 我们要知道,故事由开始到高潮是一个发展的自然段落,所有的种种情节,都是促成一发展的完成。高潮以后并不是故事就停止向前发展,而是说以后是从新的质量出发去继续发展,所以不应该用一条兴味线去贯穿起来。作家用暗示的手法将未来的发展或以后的问题指出,留一段空白让读者用自己的想象去填满,也就够了。

结尾,应该带有暗示力,应该有深刻的含蓄才好。中国文学批评上有一句古老的名言,就是说一首诗应该有"弦外之音,言外之意"。这句名言我们可以拿来用在小说上,也可以用在一切的艺术作品上。小说作者应该在故事中提出来许多问题,留给读者去深刻地想一想,这样一来,你的小说就会在读者方面发生更大的力量。白居易作诗往往在结尾说明主题,是他的失败之处。艺术,愈富于暗示力,就愈能打动读者灵魂的深处。你千万不要怕读者误解你的主题,也不要怕他们想不透你没有解答的许多问题。只要你的故事的发展是合情入理的,他们不见得全是低能儿,为什么不能够自动地利用脑筋?

小说写成以后,你必须仔细地加以修改。当你正在写的时候,由于你热情过高,主观太强,不容易发现自己的毛病。等写毕之后,你于是冷静下来,可以稍微客观地修改稿子,发现其中有不少错误。当你在写的时候,虽然你也会随写随改,但那种修改还不能完全补救你的毛病,有许多错误必须在通读全篇之后才能被你发现,如果能将写好的稿在抽屉里过几个月,然后用心去修改,一定会发现更多的毛病出来,因为在这期间你的认识更进步了。

——第九讲完——

第十讲　时论的格局

王季思

诸位同学,你们在学校里作文,碰到的题目,怕以有关时事的为最多吧!是的。我们生在这么一个动荡的激进的大时代里,这时代的一呼一吸,都同我们发生切身的关系,对于时事又怎能不予以注意。不论哪个学校或机关的招考,作文题目也大半出在时事范围里,这就是要考察他平日对于时事是否注意,能否加以说明或分析。

可是一般学生,叫他们写时事论题,是宁可作一篇记事文或语体诗的,既较有趣味,也容易成篇。记得我在某学校的作文班上,出了个"敌机狂炸下我们应有的认识"的题目,一个学生在卷子上写上这么一段:

> 我对着天空起誓:你狂暴的轰炸机,我认识你是老虎身上的翼,幽灵身上的翅!

真是从何说起!我梦也梦不到有人会把盘旋在我们头顶上的敌机,这样美妙地认识作幽灵的翅膀的,而且他还要向天空起誓呢!

一般学生的时事论题作不好,最大的原因自然是对时事的没有深切注意。而对于时事论题的格局,未能明了与运用,也是个次要的因素。所以本文特就时事论题的基本格式,加以说明,给同学们作一个参考。

我国以前于文章段落,大都用四分法,所谓起、承、转、合。起是提出论题,承是承上文为正面的发挥,转是转一意为反面侧面或深入一层的发挥,合是结论。如欧阳修《本论》,先说佛法为中国患者千余岁,这是起。再说佛之所以为中国患,由于王政阙、礼义废,这是承。第三段说如政教修明,民乐仁义,虽有佛无由而入,这是转。最后说欲胜佛当修其本,使民知礼义,这是合。这种格局现在做时论的也还有应用,如《时代日报》为伦敦市长泰福特爵士向各界广播呼吁捐款援助中国的社论,开头说我们对于这件事是无任兴奋与惭愧,这是起。接上说"为什么兴奋,是因友邦人士之同情增加了我们莫大的力量与勇气;为什么惭愧,是因国内还有许多有钱的人不但不肯出钱,且乘机偷买外汇,抬高物价,大发其国难财",这承上文"无任兴奋与惭愧"之意而推论之,这是承。再接上说"我们要提倡一种绝对的民族主义,奖励为国牺牲,贬斥自私自利,才可除了上面所说的病根",这是就第二段转了一个意思说,这是转。最后说希望这篇社论发表以后,有许多人能因而奋起为国,慷慨捐输,这是合。

现在人常把一篇论文分作序论、分论、结论三部分写。序论相当于起,结论相当于合,分论恰相当于承、转两部分。再浅近言之,则序论是提出论题,分论是分析论题,而结论是结束论题。

一个论题,总有一件或一件以上的事实,论题的提出本来只是这事实的说明。所以若是"九一八"事变的论题,我们在序论里应该先说明"九一八"事变的经过;若是"七七"事变的论题,我们应该先说明"七七"事变的经过;若是"五四"纪念的论题,我们应该先说明"五四"运动的光荣历史。事实如不先说明,意见便不易发挥,虽然老手作文,也偶有先悬空发一批大议论,再入本题的,但初学当从这平稳处入手,不必跟学究家掉枪花。

那么如果有人问,同一时发生的事实多得很,太阳晒屁股是事实,隔壁豆腐老儿"曲辫子"了也是事实,你为什么不去讨论,单来讨论"五四"运动、"七七"事变……呢？那便得回答他，是因为这事实的特为重要，所以非讨论不可。这样，我们在序论里不仅仅是要说明这事实，而且要把这事实的重要性显出来，否则凭空对一件无关紧要的事实，大发议论，不是无病呻吟吗？

事实的说明可繁可简，而在议论文里，则以简为原则。如是人人知道的事实，尽可一语带过，如"今天是'八一三'的二周年"，或"苏德互不侵犯协定已于昨天签了字"，这样便够，无须再把"八一三事变"的经过及苏德互不侵犯协定的内容详细地写出来。如写小说一样的加以种种描写，那便更错了，不过在下面两种条件之下，多写一点是应该的。即第一，凡与下文的议论有关的。如下文讨论与协定的内容有关，序论里便不妨把协定原文摘要抄出来。又如下文要说现在上海人民抗战的情绪不及"八一三事变"初起时的热烈，那序论里也不妨把当时沪上民众的抗战情绪，重重地渲染几笔，预为下文的反衬。第二，凡足以说明论题的重要性的。我现在举历史上一篇名论，刘向《论甘延寿等疏》的起段作为一例。

> 郅支单于，囚杀使者吏士以百数，事暴扬外国，伤威毁重，群臣皆悯焉。陛下赫然欲诛之，意未尝有忘。西域都护延寿，副校尉汤，承圣旨，倚神灵，总百蛮之君，槛城郭之兵，出百死，入绝域，遂踏康居，屠五重城，搴歙侯之旗，斩郅支之首，县旌万里之外，扬威昆山之西，扫谷吉之耻，立昭明之功。万夷慑伏，莫不惧震。呼韩邪单于见郅支已诛，且喜且惧，向风驰义，稽首来宾，愿守北藩，累世称臣。立千载之功，建万世之安，群臣之勋莫大焉。

当时匈奴分为南北二部，南匈奴呼韩邪单于亲汉，北匈奴郅支单于仍倔强不服。甘延寿、陈汤矫诏发康居兵，斩郅支首，北匈奴才衰。

这本是莫大之功，可是汉法至重，当时廷臣尚有主张治他矫诏的罪的，所以刘向上这疏替他辩护。我们看他这一段文章里，说郅支单于的怎样可恨，甘、陈的怎样出百死，入绝域，立功万里之外，及郅支死后，呼韩邪单于的怎样惊惧称臣。显得这一举关系何等的重，功劳何等的大，下文为他出脱，为他请封的文字，便都好落笔了。（当时丞相匡衡，中书石显，都出力阻害，终因这文的力量，元帝才下诏议封。）反看李斯上书秦始皇论逐客，起处只得"臣闻吏议逐客，窃以为过矣"二句，如果也把始皇的怎样暴怒，一班说客的怎样狼狈，尽力渲染一番，那便是笨伯了，因为既不足以显出这事实的重要，且同下面议论无关。（旧时的时事论文数见于奏疏，以专制时代，老百姓不敢议论朝廷得失也。）

看了上面几段文章，便可明白序论的作法，只是"就本题事实作简要的说明"，"简"是无关下文议论的要一概删除，"要"是要见出本题的重要性。而就初学论，为眉目清楚起见，可分作两小节写，先简略地说明这事实，再扼要地说明这事实的重要性。现在就时下论文选几段序论，给同学们作参考。

中国正在外求和平内求统一的时候，突然发生了卢沟桥事变，不但我国举国民众，悲愤不置，世界舆论也都异常震惊。（以上说明事实。）此事发展结果，不仅是中国存亡的问题，而将是世界人类祸福之所系。（以上说明其重要性。）

——蒋总裁：最后关头

最近西班牙事变的急转直下的演变，在国际舞台上起了很大的变动。（以上说明事实。）这事变对于国际反战反法西（斯）（重印注：原书此处无"斯"）运动的影响，以及这事变给与我们

123

的教训，要比捷克事件更广大而深刻。（以上说其重要性。）

——叶非木：接受西班牙事变的教训

美总统罗斯福向德意提出相互保证不侵略的建议，到现在已有一月了；从德意所得的答复，都是反唇相讥的话，以及英德海军协定与德波互不侵犯协定的撕毁。在这期间，英苏的军事合作谈判虽在继续着，但还是波折重重。德意已正式成立军事同盟了，可是英政府对德日的和解政策，仍没有完全舍弃。（以上说明事实。）在大战危机愈益推进的现在，美国的反侵略态度究竟怎样？他的态度在欧洲和远东的反侵略运动中可能有什么影响？都是一个很值得注意的问题。（以上说明其重要性。）

——思慕：美与反侵略

诸位同学如果看明白了上举的几个例子，再自己从报纸里找几篇社论，依这方法来分析。以后碰到时事的论题，便不至有"不知从何写起"之苦了。

论事最忌笼统，所以不论对于时事的演讲或论文，都以分条说明为便，为善。分论便是叫你把对于某论题的意见分条说明。以前魏绛论和戎，分作五点来说明；贾谊陈政事，分作"可为痛哭者一，可为流涕者二，可为长太息者六"来说明；晁错论兵事，"一曰得地形，二曰卒服习，三曰器用利"，是分作三点说明；赵充国论屯田，陈便宜十二事；贾让论治河，陈上中下三策，无不如此。后来下属对于上司有什么意见陈述，便干脆叫做"上条陈"了。

学生们在学校范围内的论题是常有其一贯的分法的，即分作德、体、智三方面，或分作德、体、智、群、美五方面来说明。他们最喜欢用的分论标题是"养成高尚的品性，锻炼强健的身体，研究高深的学问"。这分析是相当的合理的,但千篇一律,雷同得太多了,也便可厌。至于一般国内国际的时事更往往用不进去。

论题的如何分析,本来没有一定。同一论题,甲可分作三方面说,乙也可分作四方面或五方面来说。甲就国内国际分论,乙也可就我方敌方分论。不过有几个原则却不能不注意。即:一、各条内容不要矛盾或雷同;二、趋向不要混乱;三、分量不要畸轻畸重。现在且举几个例子在下面再说:

　　一、促进内部建设

　　二、启发国族观念

　　三、加速腹地发展

　　四、招致友邦同情

　　　　——黎烈文:《伟大的两周年》,载《改进》第六期

第一,三民主义不等于共产主义

第二,三民主义不等于资本主义

第三,三民主义不等于国家社会主义

第四,三民主义不等于无政府主义

　　　　——毛起鹓:《三民主义就是三民主义》

　　一、不战而胜与战而不屈

　　二、速战速决与持久抗战

　　三、速和速结与抗战到底

　　四、百年战争与全面战争

　　五、屡变不决与坚决不变

　　　　——林枢:《就军事论抗战必胜》

这上面的三组,第一组是用肯定的句式的,第二组是用否定的句

式的，第三组是连合两个分词的。每组里第一条这样，以下各条也都要这样，否则第一条用肯定句，第二条用否定句，趋向就要凌乱了。至于各条内容也没有矛盾、雷同，或畸轻畸重的地方，句子又很整齐，实在可以给青年们作为范本。同学们试拈取一二时事的题目，分拟一组或两组小标题，对于文章的分论，便逐渐可以熟练。

不过有许多时论，常不用这样的小标题，而只说一、怎样……二、怎样……或在每段之后加以"一也""二也"，"此其一""此其二"等短句，或连这些短句都不用，如先说我们怎样怎样，到了第二段加以"再则"或"其次"等字，到了第三段加以"最后"或"末了"等字。这种分论作法，本来也另有可取处，不过初学的人还是以定好几条标题再逐条说明为妥，因为范围既定，基干既立，便不至于泛滥无归，凌乱无次，犯初学最易犯的毛病。

最后说结论。结论本来也是文章重要的一部分，而初学到此往往草草完篇，表示一种精疲力尽、无能为继的神气，如"以上几点便是我的意见"，或"以上我的意见已大略说明，没有别的话了"等语，使读者到此，也为之意兴索然。与其如此作结，还不如直截了当地删去了好。

本来一篇论文的结处，应该包含两部分，即一、总结上文，二、期望以后。而初学往往仅写了第一部分，所以了无余意。我们对于某一论题，既发表了意见，自不能不有所期望，这期望便最好留在结论里说。如这意思已在分论各节里分别说了，那结论便根本可以不要。为使同学易于明了起见，现在也举三个例子在下面。

我们这一次抗敌战争是善与恶是与非的战争，是公理与强权的战争，是守法者和毁法者的战争，也是正义和暴力的战争！我们古语有云："德不孤，必有邻。"世上公理的力量，终必抬头，一切善良的人类,终必为正义而合作。我们只要守定立场,认定目标,立定决心,愈艰苦,愈坚强,愈持久,愈奋勇,全国一心继续努力,最后胜利必属于我们!(以上总结上文。)只希望我们同志,和全国军民,格外黾勉,以底于成!(以上期望以后。)

——蒋总裁:《近卫声明为日本野心之总暴露》

事实的表现,现在全国任何党派都已集中在三民主义最高原则之下,拥护一个领袖,一个政府,在为国家民族的生存而奋斗了。由于我们对于现在的认识,我们可以断言,我们的将来是光明的,是胜利的,无所用其悲观与怀疑,然而一切依然是需要我们努力,这是我们每一个人都不能疏忽的(以上总结上文。)寇深了!事急了!中国的弟兄们!我们只有加强团结,努力抗战,同心合力把日本强盗驱逐出去,建立独立自由平等的国家!(以上期望以后。)

——黄琪翔:《战争与中国》

李服膺的一段长跑,使晋绥大局变色,郝梦龄军长的一番死战,挽转山西的危机。这两人同是军长,同是一死,一个死在国法下,一个死在战场上,鸿毛泰山,轻重悬殊。(以上总结上文。)北方军人们!你们人人都要作郝梦龄,切莫学李服膺!(以上期望以后。)

——王芸生:再勉北方军人

以上三段都是时论中精辟的结尾,言词既有劲,层次又清楚,很可作为青年的范本。不过有一点还须注意,结论是全文的最后判断,下词造句必须是坚决的,有力的,不能用一种游移不定的语气,自己推翻了自己的按语。有的人在结论里加上"这是我浅薄的意见,不知道对不对"等语,好像是表示客气,实际是大可不必的。又上文分论如太长,太复杂,在总结上文之处应该把他的中心意旨再作扼要的叙述,然后下断语,可使人家更容易明白,上文所举第一第二例,便是这样作的。

以前人论曲子,说起处要如凤头,要冠冕堂皇,中间要如猪肚,要饱满要充实,结处要如豹尾,要有余劲,拿来形容时事论文也一样适用。现在再总括上面全文的意思是:"一个论题到手先从扼要说明这事实经过及其重要性作起,再分条说明我现在对于这论题的意见,最后将上文总括一下而以希望将来之意作结。"这样由过去(事实经过),而现在(我现在的见解),而未来(期望以后),不是层次井然的吗?

时事论文的格式,当然不止这一种,不过这却是最基本最普遍的,我们不论拿哪一个大报的社论来分析,几乎十分之七以上是合乎这格式的。而就初学说,这格式更清楚易学。同学们只要就我上面所说的试作了十篇左右,以后任何论题到手,总可以勉强应付,决不至有意而不能达,或泛滥而无所归。

"鸳鸯绣出从君看,不把金针度于人。"以前人与文章作法,常不肯轻易指导后生,这并不是他们鄙吝,实际你自己如没相当见解,不仔细体察,告诉你也没有多大用处的。有人问东坡作文的方法,东坡说:比如城市里,样样东西都有,可是要拿来给自己用,先要有一样东西,这就是本钱。所谓本钱,便是指我们由"学习"与"经验"中得来的见解。上面所陈,只是为初学的便利。同学们要时论写得好,还是要自己多多从写作中、阅读中去找印证,不能专翻来覆去地拿一个死格式来填充!

——第十讲完——

后　记

今天全书校对完毕,觉得还有几句附带的话要告诉读者,所以来写后记。

这本书是以中学生为对象的,全书共分十篇。前五篇是我自己写的,后五篇是节选来的。《开头和结尾》《怎样写小品文》和《小说是怎样写成的》是叶圣陶、夏丏尊和姚雪垠诸先生的文章,而《做成一首诗的几个步骤》与《时论的格局》,则系友人王季思先生等所供给。

本来还有我自己的一篇《摧毁传统的旧情绪》。后来因为和这本书不调和,决移入另一稿本《文学的创作与欣赏》里去。还有一篇《怎样写成一个剧本》,作者宋成志先生很忙,未及寄来。

我编这本书的动机是为了一般的"文章作法"太机械,太枯燥,不若启发性的文章有效果。可惜的是三、四、五几篇写得太草率了。

迦予批评我的话,语语中的,我完全接受。曾国藩受儒家的忠君思想太深,时代不同,我觉得不必以此一笔抹煞他的长处,而且现在已彼此融洽,不应再渲染汉满之间的裂痕了。

全书印好的今日,自己看看又非常懊悔似的。在出版界混了七年,不曾敢于自己出一本书,实在是因为自己的文字无一点可取。今年受了许多年轻人的怂恿,忽然印起这本书来,自己想想,脸上不觉热烘烘的。这样的东西也可以见人吗?幸而选来的五篇都非常切实,否则,我简直想撕了它。

两个月来,每天都有信有电话来要这一本书,现在总算出世了,大家能不失望吗？但愿大家从这里获得启示，自己用汗血去开辟出园地来！

　　大家肯告诉我一些读后的意见吗？我期待着。

　　　　　　　　　三十三年五月二十八日于国立浙江大学

怀念父亲郭莽西

父亲郭莽西离开我们已经将近 66 年了。

1949 年 5 月 10 日,人民解放军正逐步形成对大上海的包围。由于军统特务的告密,父亲被国民党警特当局诱捕。十天后,在解放军攻打上海的隆隆炮声中,父亲怀着对"天亮"的无限憧憬,恋恋不舍地抛下了妻儿老小,义无反顾地走上刑场。这时,小祥降生才三个月。

父亲 1910 年 8 月 2 日出生在浙江东阳一个普通农户家庭。他自幼受中国优秀传统文化的熏陶,加上秉性耿直、善良,富于同情心,对社会的不平、官府的腐败十分愤懑,关心、帮助穷苦人家。

父亲一生主要从事两个事业:一是教书,二是出版。

从厦门大学毕业后,父亲辗转在浙江的天台中学、处州中学,上海的君毅中学,浙江大学龙泉分校和上海的大夏大学等任教员、讲师、副教授。他还在极其困难的条件下,自办教育。抗战初期,他回到东阳,卖掉部分祖田,修复有悠久历史的石洞书院紫阳讲堂,开办战时文化补习学校;抗战胜利后在上海,又以自己的薪水在家中开办私立铭德小学,专门招收家境贫寒的市民子弟。

在以教书为主业的同时,父亲始终放不下编辑出版的情结。早在厦门大学读书期间(1934 年),他就担任厦大现代文艺社的负责人,并和著名女作家谢冰莹以及谢文炳、方玮德、游介眉等人一起编辑出版了《灯塔》月刊。抗战期间,在不断的迁徙中,在极简陋的条件下,仍然主编了《战时中学生月刊》(1939—1940 年)、《读书生活月刊》(1942 年),编辑、编著出版了《抗战戏曲集》(1939 年 8 月)、《一篇文章的构成》(1944年5月),还编辑出版了《抗战救国》《为阵亡将士哀悼》等书。抗战后在大夏大学任教期间,还主办了国际编译馆、师友出版社等出版机构,编著出版了《人生过程上的三个境界》等书。

从本质上来说,父亲是一个文人。在《轮回道上的一幕》(1933年)文中,父亲借"头脑发行所"店员的口说:"看你可做一个真正的艺术家呢,……"可是,"目击苍生驱不还,回胸虹结气如山,火烧地狱知何日,裂眦彷徨墟墓间"(《遥夜书怀》)。贫弱、屈辱的祖国,受苦受难的人民,使他不能安心地做学问。他彷徨,探索,大声喊出了"我要革命"的心声,而不顾会"落头落脑"的后果。他在学校里组织学生阅读进步书刊,向同学们介绍鲁迅、郭沫若等进步作家的著作,鼓励学生学习中山先生做一个"一生都走在时代的前面的人",学习鲁迅先生"领导了中华民族前进,领导了青年们的思想向前迈步"的精神,鼓励学生遵从先哲的教诲:"为天地立心,为生民立命,为往圣继绝学,为万世开太平。"(见郭莽西手迹)即使在因为宣传进步而被关进监狱时(1943年),仍为刚降生的儿子起名为"大同"。

在不断的斗争、学习、探索中,父亲逐渐看到了方向,看到了前途。抗战胜利后,父亲参加了中国农工民主党,积极投入争取民主、反对独裁的斗争。他不仅在大夏大学向学生们传授进步思想,还利用兼职京沪铁路管理局警务处专员的身份,以进步思想和总理遗教引导路警提高觉悟,认清时局,并成功地发展了具有进步思想的路警参加革命活动。他受农工民主党的委派,回家乡东阳开展地下斗争;多次专门派人购置药品、油印机等送往浙江游击区;以在北火车站附近的家为转运点,送走多批到苏北解放区的革命青年。在解放大军开始向上海进发的1949年4月底或5月初,父亲以农工民主党上海市委的名义撰写、散发了500份《告上海同胞书》的传单,号召全市人民坚守岗位,保护国家资产,迎接解放。

父亲的革命活动,引起了国民党反动派的注意,他们对父亲下了毒手,以同乡宴请为名诱捕了父亲。据被他保护而免遭毒手的难友出狱后告知,父亲被捕后,十天中被提审六次,受尽酷刑。但父亲坚贞不屈,还坚持为无辜群众解脱,在上海解放前七天,被特务头子毛森枪杀于上海闸北宋公园(今闸北公园)。上海解放后,母亲在诸多被害人遗体中,凭自己亲手编织的毛背心和父亲脚上的皮鞋,才辨认出面目全非的父亲遗体。

《一篇文章的构成》是父亲 70 年前编著的一本以中学生为主要对象的小册子(现在看来,也适用于眼下的大学生、语文教师、青年文学爱好者)。当时,父亲刚从天台监狱被保释,随即赴国立浙江大学龙泉分校就职,应众多读者之请,编辑出版了这本书。由于年代较远,又经近 70 年的政治、生活等各种扰动,我们手里竟然未能保留这本书。去年 3 月,我们通过网上拍卖将已很破旧的原书拍下,并迅即将全书拍摄下来,利用网络传送到地处沪、京、宁三地的家族中五支、三代共十五家。大家通过网络进行了热烈的讨论,认为,此书不仅有一定的文物价值,而且内容并不过时,仍有相当的实际价值。一致同意,全家族动手,将此书以简体横排重排,自费印刷。2014 年 11 月,此书的简体横排本完成了,除了留给郭氏家族后人学习、纪念外,还赠予部分农工民主党友人及父亲的学生。中国作家协会会员、小说家、杂文家张百年先生,亦是农工民主党党员,看了此书的简体横排本后认为,若能恢复其原貌,繁体直排,并再版公开发行,更有利于纪念和保存。联系了上海辞书出版社的王圣良主任(也是农工党员),他进一步建议,再版拟用影印方式,印制横排简体与影印件相匹配,合本出版,则更有利于传播和发挥教育的作用。我们觉得两位言之有理。在他们的促成下,经过一番努力,《一篇文章的构成》简、繁体合本将由上海辞书出版社正式出版。在此,我们怀着对父亲无比思念和崇敬之情，将此再版书敬献给父亲的在天之灵。

父亲毕生钟爱教育和出版事业，一生追求多读书，作好文，做站在时代前面的人。今天我们重新出版父亲这本书，既是重温先人的所倡所导，也是希望父亲的文学梦能随着新世纪中国梦的实现而开花、结果，更希望此书的面世有益于当今社会的教育事业。

郭莽西子女：

郭武道

郭天玲

郭晓岭

郭大同

郭小祥

2015 年 3 月

輕紗的夢

（獨唱曲）

夜韶 詞
天倖 曲

135

內政部圖書雜誌審查證□字第

號

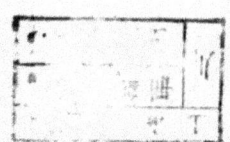

| 版　權　所　有 |
| 不　許　翻　印 |

中華民國三十三年五月三十日初版

編著者　郭蒸西

印行者　龍吟書屋

發行所　浙江龍泉

定價　國幣五元

郵購照價加寄包費二成

全書印好的今日，自己看看又非常懊悔似的。在出版界混了七年，不曾敢於自己出一本書，實在是因為自己的文字無一點可取。今年受了許多年青人的慈惠，忽然印起這本書來，自己想想，臉上不覺熱烘烘的。這樣的東西也可以見人嗎？宰而選來的五篇都非常切實，否則，我簡直想撕了它。

兩個月來，每天都有信有電話來要還一本書，現在總算出世了，大家能不失望嗎？但願大家從這裏獲得啓示，自己用汗血去開闢出園地來！

大家肯告訴我一些讀後的意見嗎？我期待着。

三十三年五月二十八日於國立浙江大學。

172

後　記

今天全書校對完畢，覺得還有幾句附帶的話要告訴讀者，所以來寫後記。

這本書是以中學生為對象的，全書共分十篇。前五篇是我自己寫的，後五篇是節選來的。「開頭與結尾」「怎樣寫小品文」和「小說是怎樣寫成的」是葉聖陶夏丏尊和瑤雪諸先生的文章，而「做成一首詩的幾個步驟」與「時論的格局」，則係友人王季思先生等所供給。

本來還有我自己的一篇「摧毀傳統的舊情緒」。後來因為和這本書不調和，決移入另一稿本「文學的創作與欣賞」裏去。還有一篇「怎樣寫成一個劇本」，作者宋成志先生很忙，未及寄來。

我編這本書的動機是為了一般的「文章作法」太機械，太枯燥，不著啟發性的文章有效果。可惜的是三、四、五幾篇寫得太草率了。

迦予批評我的話，語語中的，我完全接受。曾國藩受儒家的忠君思想太深，時代不同，我覺得不必以此一筆抹煞他的長處，而且現在已彼此融洽，不應再渲染漢滿之間的裂痕了。

「學習」與「經驗」中得來的見解。上面所陳，只是為初學的便利。同學們要時論寫得好，還是要自己多多從寫作中，閱讀中去找印證，不能再翻來覆去的拿一個死格式來填充！

—— 第十講完

敍述，然後下斷語，可使人家更容易明白，上文所舉第一第二例，便是這樣作的。

以前人論曲子，說起處要如鳳頭，要冠冕堂皇，中間要如豬肚，要飽滿要充實，結處要如豹尾，要有餘勁，拿來形容時事論文也一樣適用。現在再總括上面全文的意思是：「一個論題到手先從扼要說明這事實經過及其重要性作起，再分條說明我現在對於這論題的意見，最後將上文總括一下而以希望將來之意作結」。這樣由過去，（事實經過）而現在，（我現在的見解）而未來，（期望以後）不是層次井然的嗎？

時事論文的格式，當然不止這一種，不過這却是最基本最普遍的，我們不論拿那一個大報的社論來分析，幾乎十分之七以上是合乎這格式的。而就初學說，這格式更淺顯易學。同學們只要就我上面所說的試作了十篇左右，以後任何論題到手，總可以勉强應付，決不至有意而不能達，或泛濫而無所歸。

「鴛鴦繡出從君看，不把金針度與人」。以前人於文章作法，常不肯輕易指導後生，這並不是他們鄙吝，實際你自己如沒相當見解，不仔細體密，告訴了你也沒有多大用處的。有人問東坡作文的方法，東坡說：「譬如城市裏，樣樣東西都有，可是要拿來給自己用，先要有一樣東西，這就是本錢」。所謂本錢，便是指我們由一個領袖，一個政府，在爲國家民族的生存而奮鬥了。由於我們對於現在的認識，我們可以斷言，我們的將來是光明的，是勝利的，無所用其悲觀與懷疑的，然而一切依然是需要我們努力，這是我們每一個人都不能疏忽的（以上總結上文。）窟深了！事急了！中國的弟兄們！我們只有加強團結，努力抗戰，同心合力把日本強盜驅逐出去，建立獨立自由平等的國家！（以上期望以後。）

——黃琪翔：戰爭與中國。

李服膺的一段長跑，使督綏大局變色，郝夢齡軍長的一番死戰，挽轉山西的危機。這兩人同是軍長，間是一死，一個死在國法下，一個死在戰場上，鴻毛泰山，輕重懸殊。（以上總結上文。）北方軍人們！你們人人都要作郝夢齡，切莫學李服膺！（以上期望以後。）——王芸生：再勉北方軍人。

以上三段都是時論中精闢的結尾，言詞既有勁，層次又清楚，很可作爲青年的範本。不過有一點還須注意，結論是全文的最後判斷，下詞造句必須是堅決的，有力的，不能用一種游移不定的語氣，自己推翻了自己的按語。有的人在結論裏加上「這是我淺薄的意見，不知道對不對」。等語，好像是表示客氣，實際是大可不必的。又上文分論如太長，太複雜，在總結上文之處應該把他的中心意旨再作扼要的

167

143

示一種糧疲力盡，無能為繼的神氣，如「以上幾點便是我的意見」。或「以上我的意見已大略說明，沒有別的話了」。等語，使讀者到此，必為之意與索然。與其如此作結，還不如直撐了當的刪去了好。

本來一篇論文的結處，應該包含兩部分，即一、總結上文，二、期望以後。而初學往往僅寫了第一部分，所以了無餘意。我們對於某一論題，既發表了意見，自不能不有所期望，這期望便最好留在結論裏分別說了。如這意思已在分論各節裏分別說了，那結論便根本可以不要。為使同學易於明瞭起見，現在也舉三個例子在下面。

我們這一次抗敵戰爭，是善與惡是與非的戰爭，是公理與強權的戰爭，是守法者和毀法者的戰爭，也是正義和暴力的戰爭！我們古語有云：「德不孤，必有鄰」。世上公理的力量，終必抬頭，一切善良的人類，終必為正義而合作。我們只要守定立場，認定目標，立定決心，愈艱苦，愈堅強，愈持久，愈奮勇，全國一心繼續努力，最後勝利必屬於我們！（以上總結上文。）只希望與我們同志，和全國軍民，格外砥勵，以底於成！（以上期望以後。）——蔣總裁：

事實的表現，現在全國任何黨派都已集中在三民主義最高原則之下，擁護

166

四、百年戰爭與全面戰爭——

五、履變不決與堅決不撓——

——林楣：就軍事論抗戰必勝。

這上面的三組，第一組是用肯定的句式的，第二組是用否定的句式的，第三組是連合兩個分剖的。每組裏第一條還樣，以下各條也都要還樣，否則第一條用肯定句，第二條用否定句，趨向就要凌亂了。至於各條內容也沒有矛盾，需同，或畸輕畸重的地方，句子又很整齊，實在可以給靑年們作爲範本。同學們試拈取一二時事的題目，分擬一組或兩組小標題，對於文章的分論，便逐漸可以熟練。

不過有許多時論，常不用還樣的小標題，而只說一、怎樣……二、怎樣……或在每段之後加以「一也」「二也」，「此其一」「此其二」等短句，或連還些短句都不用，如先説我們怎樣怎樣，到了第二段加以「再則」或「其次」等字，到了第三段加以「最後」或「末了」等字。還種分論作法，本來也另有可取處，不過初學的人還是以定好幾條標題再逐條說明爲宜，因爲範圍旣定，基幹旣立，便不至泛濫無歸，凌亂無收，犯初學最易犯的毛病。

最後說結論。結論本來也是文章重要的一部分，而初學到此往往草草完篇，表

則卻不能不注意。卽一、各條內容不要矛盾或雷同。二、趨向不要混亂。三、分量

不要畸輕畸重。現在且舉幾個例子在下面再說：

一、促進內部建設——

二、啓發國族觀念——

三、加速腹地發展——

四、招致友邦同情——

　　——黎烈文：偉大的兩週年。改進第六期

第一、三民主義不等於共產主義——

第二、三民主義不等於資本主義——

第三、三民主義不等於國家社會主義——

第四、三民主義不等於無政府主義——

　　毛起鷸：三民主義就是三民主義。

一、不戰而勝與戰而不屈——

二、速戰速決與持久抗戰——

三、速和速結與抗戰到底——

146

——思慕：美與反侵略。

諸位同學如果看明白了上舉的幾個例子，再自己從報紙裏找幾篇社論，依這方法來分析。以後碰到時事的論題，便不至有「不知從何寫起」之苦了。

論事最忌籠統，所以不論對於時事的論題，便不至有「不知從何寫起」之苦了。以前魏絳論和戎，都以分條說明為便，為善。分作陳政事，分作「可為痛哭者一，可為流涕者二，可為長太息者六」，來說明；買誼陳政事，分作「可為痛哭者一，可為流涕者二，可為長太息者六」，來說明；體錯論兵事：「一曰得地形，二曰率服習，三曰器用利」。是分作三點說明。趙充國論屯田，陳便宜十二事，買讓論治河，陳上中下三策，無不如此。後來下屬對於上司有什麼意見陳述，便乾脆叫作「上條陳」了。

學生們在學校範圍內的論題是常有其一貫的分法的，即分作德、體、智三方面，或分作德、體、智、羣、美五方面來說明。他們最喜歡用的分論標題是「養成高尚的品性，鍛鍊強健的身體，研究高深的學問」。這分析是相當的合理的，但千篇一律，需同待太多了，也便可厭。至於一般國內國際的時事更往往用不進去。

論題的如何分析，本來沒有一定。同一論題，甲可分作三方面，乙也可分作四方面或五方面來說。甲就國內國際分論，乙也可就我方敵方分論。不過有幾個原

中國正在外求和平內求統一的時候，突然發生了蘆溝橋事變，不但我國舉

國民衆，悲憤不澄，世界輿論也都異常震驚。（以上說明事實。）此事發展結

果，不僅是中國存亡的問題，而將是世界人類禍福之所繫。（以上說明其重要

性）。

——蔣總裁：最後關頭。

最近西班牙事變的急轉直下的演變，在國際舞台上起了很大的變動。（以

上說明事實）。這事變對於國際反戰反法西運動的影響，以及這事變給與我們

的教訓，要比提克事件更廣大而深刻。（以上說明其重要性）。

——葉非木：接受西班牙事變的教訓。

美總統羅斯福向德意提出相互保證不侵略的建議，到現在已有二月了；從

德意所待的答復，都是反唇相譏的話，以及英德海軍協定與德波互不侵犯協定

的撕毀。在這期間，英蘇的軍事合作談判雖在繼續着，但遠是波折重重。德意

已正式成立軍事同盟了，可是英政府對德日的種種政策，仍沒有完全捨棄。（

以上說明事實）。在大戰危機愈益推進的現在，美國的反侵略態度究竟怎樣？

他的態度在歐洲和遠東的反侵略運動中可能有什麼影響？都是一個很值得注意

的問題。（以上說明其重要性）。

當時匈奴分為南北二部，南匈奴呼韓邪單于親漢，北匈奴郅支單于仍桀強不服

。甘延壽陳湯矯詔發康居兵，斬郅支單于，北匈奴才衰。我們看他這

至重，當時廷臣倡有主張治他矯詔的罪的，所以到向上遣疏替他辯護。

一段文章裏，說郅支單于的怎樣可恨，甘陳的怎樣出百死、入絕域，立功萬里之外

，及郅支死後，呼韓邪單于的怎樣薦禮稱臣。爾得這一舉關係何等的重，功勞何等

的大，下文為他出脫，為他請封的文字，便都奸落筆了。（當時丞相匡衡，中書石

顯，都出力阻害，終因遣文的力量，元帝才下詔議封。）反看李斯上書奏始皇論逐

客，起處只得「臣聞吏議逐客，竊以為過矣」。二句，如果也把始皇的怎樣暴怒，

重要，且間下面議論無關。（舊時的時事論文數見於奏疏，以專關時代，老百姓不

敢議論朝廷得失也）。

看了上面幾段文章，便可明白序論的作法，只是「就本題事實作簡要的說明」一

，「簡」是無關下文議論的要一概刪除，「要」是要見出本題的重要性。而就初學

論，為眉目清楚起見，可分作兩小節寫，先簡略的說明了這事實，再扼要的說明這

事實的重要性。現在就時下論文選幾段序論，給同學們作參考。

161

149

事實的說明可繁可簡，而在議論文裏，則以簡爲原則。如是人人知道的事實，

儘可一語帶過，如「今天是八一三的二週年」，或「蘇德互不侵犯協定已於昨天簽

了字」，這樣便夠，無須再把八一三事變的經過及蘇德互不侵犯協定的內容詳細的

寫出來。如寫小說一樣的加以種種描寫，那便更錯了，不過在下面兩種條件之下，

多寫一點是應該的。即第一，凡與下文的議論有

關，敍論裏便不妨把協定原文摘要抄出來。又如下文要說現在上海人民抗戰的情緒

不及八一三事變初起時的熱烈，那序論裏也不妨把當時滬上民衆的抗戰情緒，頂頂

的渲染幾筆，預爲下文的反襯。第二，凡足以說明論題的重要性的。我現在照錄史

上一篇名論，劉向論甘延壽等疏的起段作爲一例。

「郅支單于，囚殺使者更乃以百數，事暴揚外國，傷威毀重，羣臣皆惘惘焉

。陛下赫然欲誅之，意末嘗有忘。西域都護延壽，副校尉湯，承聖旨，倚神靈

，總百蠻之君，攬城郭之兵，出百死，入絕域，逾踰康居，屠五重城，寒歃侯

之旗，斬郅支之首，懸旌萬里之外，揚威昆山之酉，掃谷吉之恥，立昭明之功

，萬夷懾伏，莫不懼震。呼韓邪單于見郅支已誅，且喜且懼，向風馳義，稽首

來賓，願守北潘，累世稱臣，立千載之功，建萬世之安，羣臣之勳莫大焉」。

160

150

國，慷慨捐輸，這是合。

現在人常把一篇論文分作序論、分論、結論三部分寫。序論相當於起，結論相當於合，分論恰相當於承轉兩部分。再淺近言之，則序論是提出論題，分論是分析論題，而結論是結束論題。

一個論題，總有一件或一件以上的事實，論題的提出本來只是這事實的說明。所以若是「九一八」事變的論題，我們在序論裏應該先說明「九一八」事變的經過；若是「七七」事變的論題，我們應該先說明「七七」事變的經過；若是「五四」紀念的論題，我們應該先說明「五四」運動的光榮歷史。事實如不先說明，意見便不易發揮，雖然老手作文，也偶有先懸空發一批大議論，再入本題的，但初學當從這平穩處入手，不必跟學究家掉槍花。

那麼如果有人問，同一時發生的事實多得很，太陽晒屁股是事實，隔壁豆腐老兒「曲辮子」了也是事實，你為什麼不去討論，單來討論「五四」運動，「七七」事變……呢？那便得回答他，是因為這事實的特為重要，所以非討論不可。這樣，我們在序論裏不僅僅是要說明這事實，而且要把這事實的重要性顯出來，否則憑空對一件無關緊要的事實，大發議論，不是無病呻吟嗎？

一般學生的時事論題作不好，最大的原因自然是對時事的沒有深切注意。而對於時事論題的格局，未能明瞭與運用，也是個次要的因素。所以本文轉就時事論題的基本格式，加以說明，給同學們作一個參考。

我國以前於文章段落，大都用四分法，所謂起、承、轉、合。起是提出論題，承是承上文爲正面的發揮，轉是轉一意爲反面側面或深入一層的發揮，合是結論，如歐陽修本論，先說佛法爲中國患者千餘歲，這是起。再說佛之所以爲中國患，由於王政闕，禮義廢，這是承。第三段說如政教修明，民樂仁義，雖有佛無由而入，這是轉。最後說欲勝佛常修其本，使民知禮義，這是合。這種格局現在做時論的也還有應用，如時代日報爲倫敦市長泰福特爵士向各界廣播呼籲捐款援助中國的社論，開頭說我們對於這件事是無任的與奮與慚愧，這是起。接上說「爲什麼與奮，是因友邦人士之同情增加了我們莫大的力量與勇氣；爲什麼慚愧，是因國內還有許多有錢的人不但不肯出錢，且乘機偸買外匯，抬高物價，大發其國難財」。這承上文「無任與奮與慚愧」之意而推論之，這是承，再接上說「我們要提倡一種絕對的民族主義，激勵爲國犧牲，貶斥自私自利，才可除了上面所說的病根」。這是就第二段轉了一個意思說，這是轉，最後說希望這篇社論發表以後，有許多人能因而奮起爲

時論的格局

諸位同學，你們在學校裏作文，碰到的題目，怕以有關時事的為最多吧！是的。我們生在這麼一個動盪的激進的大時代裏，這時代的一呼一吸，都同我們發生切身的關係，對於時事又怎能不予以注意。不論那個學校或機關的招考，作文題目也大半出在時事範圍裏，這就是要考察他平日對於時事是否注意，能否加以說明或分析。

可是一般學生，叫他們寫時事論題，是甯可作一篇記事文或語體詩的，既較有趣味，也容易成篇。記得我在某學校的作文班上，出了個「敵機狂炸下我們應有的認識」的題目，一個學生在卷子上這麼一段：

「……我對着天空起誓：你狂暴的轟炸機，我認識你是老虎身上的翼，幽靈身上的翅！」

真是從何說起！我夢也夢不到有人會把盤旋在我頭頂上的敵機，這樣美妙地認識作幽靈的翅膀的，而且他還要向天空起誓呢！

的名言，就是說一首詩應該有「弦外之音，言外之意。」這句名言我們可以拿來用在小說止，也可以用在一切的藝術作品上。小說作者應該在故事方面發生了更大的力量，留給讀者去深刻的想一想，這樣一來，你的小說就會在讀者方面提出來許多問題。白居易做詩往往在結尾說明主題，是他的失敗之處。藝術，愈富於暗示力，就愈能打動讀者靈魂的深處。你千萬不要怕讀者誤解你的主題，也不要怕他們想不透，為什麼不能夠自動的利用腦筋？

你沒有解答的許多問題。只要你的故事的發展是合情入理的，他們不見得全是低能兒。

小說寫成以後，你必須仔細的加以修改。當你正在寫的時候，由於你熱情過高，主觀太強，不容易發現自己的毛病。等寫畢之後，你於是冷靜下來，可以稍密觀的修改稿紙，發現其中有不少錯誤。當你在寫的時候，雖然你也會隨寫隨改，但那種修改還不能完全補救你的毛病，有許多錯誤必須在通讀全篇之後才能發現，如果能將寫好的稿在抽屜裹過幾個月，然後用心去修改，一定會發現更多的毛病；因為在這期間你的認識更進步了。

出來，

　　第九講完——

個團團尾巴一樣，都犯了這一毛病。

六

小說的高潮一過，就需要趕快結束，這是大家都已經知道的。倘從問題的衰面看，可以說高潮既過，讀者的興趣已經滿足，不需要再將故事拉長下去。但從問題的本質上考察，我們曾明白倒不是讀者的興趣決定故事必得結束，而是故事本身應該結束。威廉先生在他的大著中說道：「近代的短篇小說，往往在戲劇頂點過去以後立卽結束；因為常小說的緊張時間過去以後，若把『下降動作』(Falling action)過分延長，那篇小說就要覺得失勢了。」這位唯心論的學者說了些什麼呢？一句話，他的解釋空洞得很，好像同沒有解釋一樣：我們要知道，故事由開始到高潮是一個發展的自然段落，所有的種種情節，都是促成一發展的完成。高潮以後就不是故事就停止向前發展，而是說以後是蒄新的實量出發去繼續發展，所以不應該用一條與味線去貫綜起來。作家用暗示的手法將未來的發展或以後的問題指出，留一段空白讓讀者用自己的想像去填補，也就夠了。

結尾，應該帶有暗示力，應該有深刻的含蓄才好。中國文學批評上有一句古老主要的與味線不僅是全故事發展的線索，而且是故事發展的中心。無論什麼發展，都是從量的方面一點一點的增加起來，達到一定限度時就促成一個質的轉變。這轉變點，不管是主要的與味線，或偶然穿插的與味線，都同樣少不掉，因此一部小說中除包括着一個總的大轉變之外，還包括着許多的小轉變。不過不重要的與味線不一定個個有高潮，因為作者往往使這些與味線索發展到轉變點就予以停止。我們為着清楚起見，在習慣上只把總的大轉變叫做高潮，而把其他的轉變看作是情節的推移。高潮以及任何轉變點的到來都讓裏合乎情理，不太突然。也就是說，任何轉變點都是由量的增加造成的，是人物或事件在發展過程中的合理結果。

為着結構的緊湊與故事發展的合理起見，切記着不要誇張了偶然性的與味線。

舊小說為着引誘讀者，玩弄讀者，在每「回」的結尾時故意誇張的提出來偶然性的與味線，却將這與味線的發展留到下一「回」才去完成。說書的也用這同樣方法去吸引聽衆，在緊要關頭，突然停止，向聽衆索錢。舊小說的利用偶然糾葛不是誇張過大，便是穿插得非常勉強，往往破壞藝術的眞實性，自然性，和組織上的有機性。在寫作時過甚強調了偶然性，或忽略了發展上由量變到質的規律性，結果你所創造的轉變點都不會合情入理。北伐以後有許多小說帶一個革命尾巴，正和舊小說中帶一

用「幕投石壙村，有亥夜捉人，」直寫事情，毫不彫琢，也毫不驚人。托爾斯太的

「安娜。卡列尼娜」的頭一句是：「幸福的家庭都是一樣的，不幸的家庭卻各有

各的不幸。」這有什麼奇特？不是既非常平淡而又非常有滋味嗎？再看看魯迅的「

阿Q正傳」，那開頭的一段不也是毫無驚人之處嗎？所以一句話說完，你覺得第一

句能說得怎樣自然就怎樣說，如果小說完成後你發現「起頭」起得不恰當，那時候

再修改就也毫不費力。但是能夠做得平淡和自然也並不容易，作家的修養愈高，才愈

能從自然中顯出天才。

有了「起頭」之後，就跟着發展故事。故事的發展是一種一步緊一步的上升運

動，一切變化都十分自然循由量的累積到質的轉變這一個法則。故事的發展線索叫

做興味線，而興味線的實質就是糾葛。一部長篇小說為一條或數條主要的興味線貫

穿着，而同時還要穿插着許許多多的呈現為偶然的和短促的興味線。主要的興味線是

必然性的糾葛，但必須通過許許多多偶然性的發展才能夠完成起來。

。這種偶然性的事情，往往對主要興味線起擾亂和牽扯作用，而使小說的內容愈寫

愈複雜起來。有時我們準備用五萬字寫成一個中篇，而寫到一半時又覺得非七萬字

不能結束，也正是這個原故。

153

下去，眞是寃枉。其實，你簡直不必在「起頭」上白費心血；也許你爲一個「起頭

一苦思了許多日子，而結果在小說完成後還得刪改。許多初學的朋友們常常問我：

「我準備寫一篇小說，告訴我怎樣起頭，好吧？」「我總是囘答說，你只要把故事的

情節想得爛熟，就知道應該怎樣起頭了。你，千萬記着，要追求自然，不要追求奇

偉；要想在開頭幾句里就表現出你是天才，誰說不是難事？

自方以來，一切眞正好的民歌，好的詩篇，好的小說，全是從自然中顯出美妙

，從平淡中流露眞切。宋玉的「九辯」第一句是「悲哉秋之爲氣也」」這簡直是脫

口而出，多麼自然之筆，但兩千年來沒一個讀書人不認爲他的這一句話道破了秋的

秘密，說出來千萬個無聊的不幸人對於秋天的共同感覺。由於這一句話，引出了不

知有多少「宋玉悲秋」的無聊文章。民歌和古詩的「起頭」有三種格式，一種叫做

賦，一種叫做「比」，另外一種叫做「興」，都是平凡而自然得無以復加的。陶淵

明是我國歷史上第一流的大詩人，你也許讀過他的詩。他的詩最寫得自然，決不會

在頭一句有什麼驚人之處，然而好處也正是它不用顯然的彫琢使你驚奇。杜甫是最

講究錘鍊的，他主張「語不驚人死不休」。但是，他的最有名的傑作爲「北征」這

首長詩，一開筆就寫出來年月日，簡直像最普通的紀事散文。他的「石壕吏」開頭

152

單談故事爲什麼會發展，我可以用一句話告訴你：小說有發展，是由於所表現的現實有矛盾。說得直白一點，是因爲小說中有鬥爭，像戲劇一樣。在小說中，我們把那些比較顯著的鬥爭進行叫做糾葛，糾葛的進行也就是情節的變化發展。「糾葛」這個名詞比「情節」更有意義，因爲「情節」一詞只能給我們一個抽象的槪念，而「糾葛」一詞却把情節中的互相鬥爭和互相牽扯的邏輯關係，表現了出來。

上邊所談的這番道理，是哲學也是創作論，尤其是創作小說和戲劇的基本問題。在你準備寫長小說之先，我勸你最好讀一讀現代哲學，它不僅會指導你怎樣去觀察事物，把握事物的現象和本質，矛盾和發展，它同樣也將寫作的方法啓示給你。新現實主義的作家，應該把世界觀，方法論，創作實踐，看做是統一的，所以不應該忽略了哲學修養。

五

初學寫小說的人總感到每篇小說的「起頭」最難，難得叫人頭痛。因爲感到「起頭」難，所以在「起頭」上也特別賣力，好像非讓讀者第一眼就看出來作者的天才不可，有許多時候你會因爲覺得「起頭」沒有驚人之處，就沒有勇氣將一篇小說繼續

151

的事情上，表明了理解浮面現象與理解本質是多麼的不同。你的小弟弟只看見表面現象，他簡直怕你們會打起來；但是你却看透了你的太太，不但懂得她的內心與行為的矛盾，並且還懂得她的內心矛盾，以及其他的種種矛盾，比如說在半點鐘之前你兩個曾經叮過變句嘴，或者當你抱住她時恰恰有一片樹葉子落在窗外，很像是有人在窗外走動。如此這般，你全懂得，所以你對於太太的那種動作就理解得十分深刻。你對現實理解得愈深，看出來的矛盾就愈多，愈多就愈是複雜。既然你能够從現實中發現出許多矛盾，看得很深刻，如果你能够忠實的反映出來其中較為主要的矛盾，也就不會把一個小說題材寫得過於單純和空洞了。

一串和連的情節構成一個完整的故事，當然這所有一串情節是不能割裂的，說得明白一點，它們是有機組織，互相關聯和互相滲透。故事中包括的各個部份，各個情節，既然是有機組織，同時藉情節變化展開了一連串的矛盾鬥爭，這就是說：一個故事或小說，它本身就是一個矛盾的統一體。故事有頭，有尾，有高潮，有變化穿插，這就說明了它的本身有發展。情節的變化穿插表現出故事的發展過程，同時也表現出這過程實在是交織着必然與偶然。關於故事發展中的必然與偶然，也是創作哲學上的一個大問題，三言兩句說不明白，放在另一篇文章中去詳細討論吧。

而一提，正如一般形式邏輯者不願談事物的矛盾一樣。有些理論家雖然也注意研究小說中的矛盾問題，像我們在前邊曾提過的那位美國學者威廉先生，他們把小說中的矛盾加以抽象的考察，好像小說中的矛盾是作家為著小說佈局的必需才用自己的天才創造出來。這是形而上學的庸俗理論，只在問題的表面上打圈子，永遠碰不到問題的深處。其實是現實中本來就充滿了矛盾，小說家只不過將現實中的矛盾反映在作品裏面：他愈忠實的反映矛盾，他所描寫的就愈加深刻。

過浮面往本質上把握，就愈能理解得深刻，無論深刻到什麼程度，總是有矛盾存在。關於這一個問題，我要留到「怎樣寫人物」那篇文章中詳細分析，在這兒只告訴你不是作家頭腦里想出矛盾，而是作家用文字反映現實中的矛盾，你牢牢的記在心裏得了。

初學寫作者不能夠寫待複雜，那是由於他把人物和事件的複雜矛盾，把一切現象都看得過於單純。比如，當你猛然抱住了你的太太，在她的頸頸後親了一嘴，如果你的五歲的小弟弟站在旁邊，看見了這情形，他一定相信你的太太確實惱了，在生氣的也許要從你的懷中掙脫，並且漲紅著臉孔翻你一眼，罵你一句「討厭」。然而你却嘻嘻的笑起來，又十分頑皮的向你太太的身邊湊去。從這件小小罵你哩。

第一，列大綱可使你完全瞭解你的題材，使你完全把握住人物和事件發展的必然性；因此有了大綱以後，你更可以馳騁天才，自由描寫，合理的運用靈感。第二，靈感是從你用心苦思以後出現的，懶惰的人們決不會有靈感如泉水湧出；所以列大綱不僅無害於靈感，而且對靈感的出現還起着促成作用。最後我叮嚀你一句話，你不僅要列大綱，還要列得愈詳細愈好，在創作時你費的勞力愈大，在作品完成後所得的報賞也愈大。請多用點心血吧，我永遠爲肯用心血的朋友祝禱。

四

初學寫小說的人往往把人物寫得浮面化，把故事寫得太單純，而結果是你自己感覺到展不開筆之苦，在讀者感覺到你寫得太空洞，不夠深刻。「嗬，這是什麼緣故呀？」你是這樣問我，我就告訴你唯一的補救之道，那就是：發現矛盾的深處！

關於戲劇，有一句人盡週知的老話頭，就是：「沒有鬥爭，沒有戲劇。」其實，小說也離不開矛盾，離不開鬥爭。小說寫的是人，是事件，換一句話說，小說的描寫對象是現實，是社會生活。從這一點看，小說和戲劇在本質上原是一樣的，只是表現的手法上有許多不同。有許多小說理論家故意對小說中的矛盾一字不提或偶人物之後，因爲倘若沒有活生生的人物，情節就很難想像。

當你去通盤的研究情節時，我勸你千萬耐心的在紙上列大綱，用文字幫助你的思考和記憶。關於大綱和寫作進行關係問題，我在別的論文中曾加以邏輯的分析，此次完全不提。要知道，只有當你把大綱（特別是長篇小說）列成以後，你的肚子裏才有些完全題材，所有的場面和情節才有機的連貫起來，而創作的腹稿階段才大體上算是完成。有了大綱，也就有了結構佈局，下筆時就有了準則，不至於忽而不知道應如何繼續，忽而又筆馬游繮，胡扯一氣。宋朝的蘇東坡和文與可都很會畫竹子，人們問他們爲什麼隨隨便便的動一筆就畫得很好，蘇東坡和文與可答復的都是一個道理，就是：在動筆往紙上畫竹之前，胸中已經有現成的竹子了。這所謂「胸中的現成竹子」，便是完成的竹子腹稿。因爲竹子簡單，所以不須要在紙上打稿；倘是畫較爲複雜的東西，如像人物或花鳥之類，就必須用骨簣或香頭（等於現代人的用鉛筆）在紙上打個稿子，畫畫改改，改改畫畫，等稿紙打成之後，才去用筆勾勒着色。寫小說的列大綱類似畫畫兒的打畫稿，愈是題材複雜的作品，這種工作就愈見重要。

也許你要說：列一個大綱放在面前，不是束縛了創作的靈感嗎？不，你錯了。

息，說話，種種恰恰各如其身份和個性的動作和表情顯現出來，於是你的人物就孕育成功，單等動筆了。

在研究人物的時候，實際上，你同時也不得不注意到小說情節。因為，你的人物愈成熟就愈要具體化，他們一定是在某種情形之下才顯現出來某種動作和表情。所謂情節，就是人物與事件的有機組成，而在故事的發展過程中呈現為互相連接的不同情狀。許多小情節結合起來，反映出一個突出的和較為重要的事件，叫做場面。在一部長篇小說中，應該包括許許多多的場面，互相銜接，不可割裂。長篇小說中的分章，也就是意味着場面的變換和發展。你在動筆之前，必須將小說中重要場面特別仔細的加以研究，研究着怎樣才格外的意義深刻，格外的感動讀者。當你研究人物的時候，雖然你已經注意到和人物相關的情節，但這些情節是個別孤立的，不相連貫的片斷事象。所以，在你研究了人物之後，你還須再去通盤的研究情節。固然，研究人物和研究情節是不能完全分開的工作，這兩件事本身是互相關聯與統一的，不過為着工作進行得方便起見，你仍然可以把兩件工作分開進行。當研究人物時，人物是你的研究重心；而研究情節時，重心就移在情節上面。研究情節應該放在研究多的刪削，增添，組織才成功的。小說題材的產生是創作過程的一部分，有時候腹稿的創作時間可能較執筆的創作時間更長。腹稿所費的時間比較執筆所用的時間比較愈快。所以愈是懶惰的，老練的作家，愈肯在勤筆前多用心血；愈是初學寫作的人，愈喜歡快快劲筆，快快完成。老練的作家雖然在勤筆前已經將腹稿打定，但因為一面寫一面又仔細的推敲和修正腹稿，所以往往寫得很慢。初學的青年不慣作嘔心嘔血的深刻思索，犯了急性病，勤起筆來就像因電戰一樣迅速前進。有些人認為寫得快全由於天才高，寫得慢全由於天才而故意快寫，那會犯了粗製濫造的毛病，永遠寫不出好作品來。

有了題材的輪廓之後，你再仔細的把題材加以研究。特別重要的，你必須用心的研究人物，分析他們的性格和心理，找出他們的主要特徵，盡可能的使他們能帶有典型意味。你把主要的人物的名字寫在手冊上，再記下他們的年齡，像貌，個性，然後常常的把他們放在心上，就像你時時刻刻把你的愛人放在心上似的，走路時想着，吃飯時想着，一有閒空兒就想着，朝朝暮暮的牽心掛懷，總在想着。你隨時對他們有新發現，新意見，馬上記在手冊上，免得忘掉。這樣一來，他們很快的就在你的心上活起來了。當你閉住眼睛的時候，你看見他們在你的面前微笑，嘆能夠深刻的反映出現實的重要側面，雖然它很有興味，也沒有寫的必要。你還要記清不是像照像機似的反映現實，而是要在反映現實的時候表現出你要肯定什麼和否定什麼，這樣，你的小說才能起教育的、鼓勵的、和批判的作用。記清了這一點，你在選取題材時自會仔細的想一想你要寫的這個題材是肯定了什麼，否定了什麼，或鼓勵了什麼，批判了什麼。如果你所擁護的正是這時代所需要的，在歷史上是代表前進力量，在現實中代表着光明的或新生的一面，同時你所打擊的正是這時代所不需要的，在歷史上代表着沒落的力量，在現實中代表着黑暗或沒落的一面，那麼你的題材就其有積極意義，它的內容是正確，它就值得你費一番心血去寫了。

最後，我還有一點小意見供獻給你。就是，我上邊說的這幾條原則固然供你在選取題材時做參考，但同時也請你把這些原則當做尺子，經常的用來量一量你在雜誌上讀到的小說或劇本，算作練習。這樣作的久了，對於你的學習寫作是很有幫助的。張，請你試一試！

三

現實生活中並沒有現成的，十分完整的小說題材。題材是現實資料經過許許多活的反映，從你所熟知的生活中間悉心探求，就不患無小說資料了。

你讀上邊這兩段文章以後，不是感到很茫然嗎？這位美國學者並沒有給予你實際幫助，他所說的都是些隔靴搔癢的話，而且流露着市儈氣味。他說不要平庸，不要因襲別人，這話誰都知道，何必他說？他只有一點意見較重要，那就是叫你寫得不平庸，不陳蔔，好博取別人讚賞。至於怎樣去為人生服務，抱什麼態度去反映生活，用什麼方法去探求現實的本質，就不為這位美國學者所注意了。其實這也不足為奇，在資本主義國家中，許多博學的大學教授和理論家們都犯了與威廉先生同樣的毛病，也是受了社會生活的決定呀。

我並不是博學的理論家，但我願意說幾句既切實而又簡單的話，供你在選取題材時作為參考的原則。首先，你要確定你的立場是為國家，救人民，救世界，推動歷史前進而從事寫作。有了這基本立場，你在選取題材的當兒，自然會考慮到這篇小說寫成後有多大價值。假若你肚子裡裝有兩個題材，一個只可供少數的大學教授去讀，一個可以供無數的青年去讀，你就應當毫不猶豫的選取後者，捨掉前者。同時你要仔細研究你要描寫的事件和人物是不是具有一般性，典型性，是不是可以深刻的反映出現實的重要側面。假若這題材中的事件和人物沒有一般性，典型性，不

143

當你開始搜集材料從事寫作之前，擴大你對於現實認識的深度和寬度。換句話說，在你開始文學創作的事業之前，必須用理論，學問，生活實踐，先創造你自己。試想一想，假若你自己糊糊塗塗，淺薄庸俗，你怎麼能用文字去反映現實，指導現實？怎麼能做一個改造人類靈魂的技師？

上邊的這段話，你也許會認為離題太遠，那麼，我們就把話題轉回來吧。講到選取題材的直接問題，我暫且不拿出來自己的簡單意見，先看一看那位美國學者威廉（Blanche Colton Williams）是怎麼說的。商務印書館大學叢書中有他的「短篇小說作法研究」的譯本，按直譯應該叫做「短篇小說寫作手冊」，是我國文學青年們所能讀到的內容最為豐富的「小說作法」的入門書。在這書的第二章上，作者寫道：

在選取材料的時候，應當留意二個要點：一、拒絕平庸的意見，因為這種見解雖有作成小說的理由，但從無重大意義可供欣賞。二、超脫因襲的束縛。關於這點，年輕而未經博覽的作者每多困難。往往他自以為發現新穎的見解，而不知這種見解在前人的作品中間早已有過了。如果他具有卓絕的天才，能夠把別人的材料作成一篇較好的小說，當然也可以博取人家讚賞；可是如果他辦不到的話，豈非勞而無功？

生活是變幻無窮的，而且到了今日，世間的事物更是光怪陸離，無奇不有。小說資料，俯拾即是，又何必去抄襲前人的陳套，據爲己有？如果你是個有志的作者，那麼你只要認定小說是生事情。你能不能從日常見聞和平凡生活中去選取有價值的小說題材，要看你的修養如何，要決定於你的人生觀，世界觀，社會意識，以及對於現實認識的深度和寬度，甚至就得仔細一點，徒然是選取一個很單純的短篇題材，也關聯着你的生活，脾味，思想，情操，以及審美的能力等等。請你回憶一下，許多年以前，你的年紀還很小，有一天晚上，你的外祖母給你談一個什麼故事？你再想一想，有一天你們村子裏的那個不務正業的賭博漢，也許你向他叫二叔或者三爺，他給你講過一個什麼故事？再想一想，從前學校裏開一次什麼會，大家聚在一堂，十分快活，你們的教員在當時會講過一個什麼故事？請不要嫌麻煩，再想一想，有一次你的一個男同學或女同志，在精神苦悶的日子裏同你在一塊。喝着小酒，談着閒話，他或她突然不自覺的嘆了一口氣，跟着就講出來一個什麼故事呀？……呵，得了吧，請你把這些人們所講的故事仔細比較比較，就會看出來每個所選的故事怎適合他們自己呵！

隨隨便便的講故事尚且如此，一個作家去寫小說，要根據他自己的種種的主觀條件來選取題材，當然是不可否認的事實。固然有些作家想超然一切，絕對客觀，自由創作，但實際上却誰也不能夠提着自己的頭髮離開地面。作家主觀受客觀現實所決定，而客觀現實的選取和反映，又依照作家的主觀條件而有種種的偏差不同。所以

141

面前來，不管好歹，總得說一個輝枝大葉，方算有個交代。市面上流行的什麼「小說作法」和什麼「文學教程」之類的大小冊子，關於寫作的問題已經講解得非常詳細，所以有許多意見我簡直不必再說。還有許多重要問題，如像怎樣寫人物，寫心理，寫對話，寫風景，以及怎樣結構等等，因為每一個問題都需要寫一篇專文研究，現在也只好略而不談。在這篇文章中我只告訴你寫成一篇或一部小說的幾個步驟，或者可說是寫作進行的幾個階段。我特別囑咐你一句話，那就是：如果你不把寫踐同理論配合起來，單知道一點理論的輪廓是沒有多大用處的。

那麼，就請你不要抱着過大的希望，細心的讀一讀我在下面提出的意見吧。

二

寫小說的第一步是選取題材。題材就是你所要描寫的人物，事件和故事情節。

沒有題材，你就無從下筆；沒有好的題材，你就不會寫出好的小說。肚子裏沒有題材而想寫出來的小說偉大驚人，就好比你沒有太太而想有孩子，還幻想着你的孩子一定會成龍變鳳，出人頭地。

但是關於怎樣去選取題材，用什麼方法或標準去選取題材，却不是一件簡單的

小說是怎樣寫成的

一

青年人有一個長處，那就是富於熱情，求知慾特別的高。但青年人在求知的態度上也有小缺點，就是常犯急性病，巴不得把所有的本領都一口吞進肚裏去。假若他曉得你會寫小說，而且寫得還不錯，真心真意的欽佩你，他碰見你時一定不放過領教的機會。「×先生，一篇小說怎樣才能夠寫得沒有毛病呢？」他非常熱誠而且恭敬的把問題提出來，兩隻眼睛望着你，靜靜的微笑着，期待着你的囘答。你縱然是老練的小說家，逢着這場合，也很難便你的對方滿意。你準是始而望着他，注意的聽他發問，繼而感到茫然，非常和藹的笑一笑，隨隨便便的敷衍幾句。然後，假若你預子上長了一個髯或一個猴子，你準會用手去摸一摸；這種下意識的動作，正表示你已經有點狼狽，幾乎是毫無辦法。

我現在要用一篇短文章來解答這一個大問題，當然也很難使讀者滿意。這就是文天祥說的那句話：「一部十七史叫我從何處說起？」但是，這難題既然時常提到

172

新情調的創成，以至筆下沒一點斧鑿之痕，是一個何等艱苦的歷程！

）新詩裏沒有一定的格調，也沒有一定的平仄與韻法，一切都隨着內容的本質與情緒的節奏而不同。你要輕盈的，抑是沉重的？你要陰沉的，抑是明朗的？你要激昂的，抑是豪放的？……一切都有，但一切都要憑着你自己的情緒的本質去選擇，同時也要你自己去創造！

三十三年三月十六日夜附筆

簷頭的蛛網掛起了絲絲的鬱悶，

蝙蝠的翅下閃出了黃昏；

蒼鷹劃着弧，盤桓於無邊的空漠，

着孤村，也擺不脫晚煙的牽絆；

歸來的農夫拖不動自己曼長的影，

却將呻吟訴向了黃昏！

寥寥六句，却字字都使你嗅着了一種新感覺的香味。那觀察何等

的細，又何等的深入！從那細而深入的觀察裏，於是有這樣新的感覺

，新的意境，新的句子，新的字眼！

你要學新體詩嗎？新體詩還在走得極少的半途中，前途正需要我

們去開闢，而開闢時唯一需要遵守的原則，就是一個「新」字。一切

都要「新」，新的觀察，新的認識，新的意境，新的組織，新的句法

，新的詞法，新的字法，搆成自己的新的調子，……不現成歪用別

人的一點一滴，自己去創造一切，然後用這一切去寫出你心裏所感到

的時代的節奏與情緒，這是新詩的唯一的新路。（自然，一種新風格

意義是「創作者」。所以凡是一個眞正的詩人都必定避開已經踏爛的路，去另闢新境，他不僅要特創一種新風格來表現一種新情趣，他是還要在羣衆中創出一種新趣味來欣賞他的作品的。所以寫新體詩而要有成就，却比舊體詩詞難得多了，原因就是新體詩根本還沒有規矩可以遵循之故。

至於新體詩要不要平仄，要不要整齊有格式，都是被討論爛了而其實是不必討論的問題。古今來，講究平仄的好詩多着，但不拘平仄的好詩也實在不少；詩句用韻是擧世普遍的現象，但不用韻的傑作也隨在都是；不但如此，而且，儘有極端排斥詩裏借重音樂性的作家如藏暉室舒一派，也儘有可以流傳的名篇。總之，還是內容第一，只要你對於現實觀察深入，立意新，境新界，句法新，詞法新，字法新，風格新，……總之，不套襲人家的意境，不套襲人家的句法，不套襲人家的詞法字法，一切都用自己的工力創造自己的新的風格，新的調子，來寫出合乎自己的心的節拍的時代的情緒，無疑的一定是好詩，從而也不難產生出偉大的詩篇。

135

175

漸漸地黑，漸漸地冷……是夜了——

我在祈禱：天啊，給他們以星吧！

這是不是一首偉大的史詩？在中國歷代的詩裏找得出發一首這樣波瀾壯闊驚心動魄的偉大的詩？讀着這樣的詩，我不知流過多少的眼淚！別說新體詩已有過多少流派，單就這一首論，新體白話詩的成就之驚人已是不容否認的事實。但顯然的，這還不夠。這樣的詩，還只能哀婉地表現出中國這舊社會碰着資本主義社會的礁石而进出的一點粉碎的浪花而已。偉大的時代正在來着，立體戰爭的火花，科學都市的囂音，與夫勞動大衆的歌聲，正需要偉大的詩人用他偉大的詩篇去歌詠它！而這樣偉大的詩篇，決不能在舊體詩詞裏產生出來，也已成爲不可隱諱的事實。黃遵憲人境廬詩草是一種勇敢的嘗試，但能否找出一首這樣偉大的詩篇！

所以在今日講選取詩的體裁，單指舊體詩詞我認爲是不夠的。而且應該相反地教大家去覓取新的途徑，倒造新的體式。而且，新的體式，新的風格，又都應該各各不同！「詩人」這個名字在希臘文中的

她穿着的是藍土布的爛了的衣，
用塊也許是尿布當作了包頭布；
可是風，却偏吹散了她的頭髮，
在髮上有海的鹽味，北地的灰塵。
黃昏帶着倦困的色調，圖染了
她的側面，她的眼睛，她的心。

天是偉大的嚴肅，在天的衣下，
曠達的聖者亞細亞啊在躺着……
風帶着幾片雲，雲帶着黑暗，
從大地的邊沿，恐怖地逼近了。
彎曲的河流喲，起伏的原野喲，
那裏有條路，在路上有人：
三個人，四個生命——一個家庭，
在天與地的中間，艱苦地生存着。

那孩子明明是已經害了什麼病，

不很哭，也許是哭不出聲音。

太大了的頭和太瘦了的四肢，

不相稱地湊成了一個人，

更其是那雙眼睛，特別的大，

但却像陰天的太陽，沒有光，

滯板地望着，不，只是向着，

那沒有樹，又沒有村莊的遠方。

孩子，這，這就是你的世界——

曠野，黃昏，路，還有荒涼……

顯然地，那個女人是懷了孕……

她是有着兩個生命的一個人；

我們的上帝又在她的肚皮裏

安排了一個饑餓與流浪的人生。

另外的一隻放在跪了的背上，
緊握着一束草，一口袋乾糧……
這就是個家庭，就這樣——
行走在很長的很長的大道上。

男人家是那樣高，又是那樣細，
背彎着，肩頭又有些傾斜；
好像樹，脫了葉，凋盡了樹枒。
戴着破草帽，在帽沿的陰影下，
一雙眼迸炸着饑餓的火花。
走得很慢，但腳步却跨得很大，
像在將不可知的重疊向前拉，
——那就是他自家的長影吧？
他老是不說話；要沒什麼呢？
路是長的，長的；太陽落下！

131

這是某君在三十二年四月寫下的一首小詩，朋友們見到，都認爲寫得很有風韻。他自己也覺得頗能表出那時的心壇。不過這樣的心情，也是普通的，並不能表現出一種時代的情緒，不足道。現在讓我另抄一首看看吧：

　　　家　庭　　　　　　　番草

在前頭，男人家袒露着胸膛，
護胸毛上閃爍着汗的亮光；
一個奶孩子抱在粗的手臂上，
低着頭，像是不敢覷他的前方。

後面嗎，跟隨着的那個女人，
一隻手扶着男人家的肩膀，

輕輕地踏，
看這夢衹籠着一層輕紗，
看這夢衹籠着一層輕紗。

你別「要問」那句話，
看天邊無數映着眼的星，
聽人間一顆哭泣着的心，
須知
冷院裏
留有你的足音啊，
它，已在夢裏開出了花！

輕些，靜些，
你別驚動他，
看這夢祇籠着一層輕紗：
秋天裏一片蟬翼，
淡月下一縷流雲，
雲山外一句鐘聲。
輕輕地唱，

你別驚動他，
看這夢祇籠着一層輕紗：

秋天裏一片蟬聲，
淡月下一縷流螢，
雲山外一句鐘聲。

輕輕地唱，
輕輕地踏，
看這夢祇籠着一層輕紗，
看這夢祇籠着一層輕紗。

一樣的庭院，
一樣的芭蕉，
一樣的雨——
祇人不見……
任夢影在淚眼裏毕花！

五言敝而有七言，古詩敝而有律絕，律絕敝而有詞。蓋文體通行既久，染指遂多，自成解脫。一切文體所以始盛中衰者，皆由於此。故謂文學後不如前，余未敢信。但就一體論，則此說固無以易也。」這意思，嚴羽在「滄浪詩話」裏就已說過，到胡適就成爲定論。從這段話裏，有兩個主要點可以看出：第一是一切文體必然始盛而中衰，後之作者必不如前，第二是就文學自然發展的趨勢看，則一時代自有一時代的文學的特色，說是一定後不如前，是未可爲信的。徐先生自己，對於舊體詩工力非常深，其五言五律也自有其可以流傳的價值的，但是在指導現代青年作詩而論呢，則我以爲應該鼓勵他們開闢新的途徑！固然，新體的白話詩，到現在還不能成爲詞定的詩體，但至少總不失爲一種新的嘗試。而且，二十年來，這嘗試的成就也不算小。現在讓我選抄一二首在下面吧：

輕紗的夢

輕些，靜些，

如此，可見做詩不是可以率爾操觚的的。

以上所說，是以漸門的苦吟爲例，（可是不能拘泥，說一定照着這樣一步步來。）固然也有像袁枚所說的「亦有精金，一鑄而定」，其實未嘗不經過這些階段，不過遲速不同罷了。生物學家說，嬰兒在母腹中不過十月，然而從原始動物進化到人類所經的過程，無不經過，很可以拿來譬喻一般才思敏捷的詩人。現在再引文心雕龍的一段話來作爲結束：「若夫駿發之士，心總要術，敏在慮前，應機立斷；覃思之人，情饒歧路，鑑在疑後，研慮方定。機敏故造次以成功，慮疑故愈久而致績。難易雖殊，並資博練。若學淺而空遲，才疏而徒速，以斯成器，未之前聞。」

──第八講完──

【編者按】此係選自「劍聲」的一篇演講稿，全文分四個步驟說出了詩的寫作。深入淺出，把做詩的神秘性完全揭破，眞是一篇不可多得的文字。所可惜的，第三個步驟裏選擇體裁一節，他只提到舊體詩詞，而沒有講到新體詩，是一個遺憾。

事實上，一個時代有一個時代的文學，現在是已經成爲定論的。王國維在其人間詞話中也說：「四言敝而有楚辭，楚辭敝而有五言，，這境界是人人看見的，但是沒有人能把他描寫出來。王安石有兩句詩：「綠搖寒無出，紅爭暖樹歸。」他用「攪」「出」「爭」「歸」幾個字，便把這一幅畫景，寫得如火如荼。

杜甫詩：「曉看紅濕處，花重錦官城」，只一個「重」字，便把雨後景象全盤烘托出來了。詩人的工力，可從此等處看出來，所謂「兩句三年得，一吟雙淚流」，「吟安一個字，撚斷數莖鬚」，便在這些地方，所以文心雕龍有「善為文者，富於萬篇，貧於一字」的話。因此詩不厭改，杜甫的「新詩改罷自長吟」不用說，宋朝呂本中的一童蒙訓」裏說：「文字頻改，工夫自出。」近世歐公作文，先貼於壁，時加竄定，有終篇不留一字者。魯直長年，多改定前作」。張來說：「世以樂天詩為得于容易。而來嘗於洛中一士人家見白公詩草數紙，點竄塗改，及其成篇，殆與初作不侔。這可見古人用力之勤了。唐庚語錄裏把自己作詩的苦工說得更分明。他說：「詩最難事也。我於他文，不至寒澀，惟作詩甚苦。悲吟累日，僅能成篇。初讀時未見可羞處。姑置之，明日取讀，瑕疵百出。輒復悲吟累日，反復改正，比之前時，稍有加焉。復數日，取出讀之，疵病復出。凡如此數四，方敢示人」。唐庚所著的眉山詩鈔，劉後邨說他「使及坡門，當不在秦晁下」。宋詩鈔稱其「結束精悍，體正出奇，芒餱在簡淡之中，神韻寄聲律之外，雖云後出，固當勝爾」。其詩之工可知，而苦吟

185

凡一首詩，總要有一二處精警的地方，才能使全篇生色。陸機文賦云：「立片言以居要，乃一篇之警策」。否則平平說去，如何能竦動讀者？朱子清邁閣論詩：「古人詩有句，今人詩無句，只是一直說將去，這般一日作百首也得」。就是說詩無警句的壞處。也有人主張詩做到無可圈點，才是極詣。這是說神來之作，不可於字句間求之，但非平鈍之謂。其實古詩未嘗沒有警句，其最於後人者，只有鍛鍊境與鍊字鍊句的不同。譬如古詩十九首，當然不能從字句間求工拙了。但如：「相去日已遠，衣帶日已緩」之「不惜歌者苦，但傷知音稀」之「河漢清且淺，相去復幾許，盈盈一水間，脈脈不得語」之「四顧何茫茫，東風搖百草，所遇無故物，焉得不速老」之「生年不滿百，常懷千歲憂，晝短苦夜長，何不秉燭遊」之類，何嘗不是警句？再如陶淵明的詩，一味自然，滅盡針線之跡，然而名句特多，如：「曖曖遠人村，依依墟里煙」：「平疇交遠風，良苗亦懷新」之「采菊東籬下，悠然見南山」：「結廬在人境，而無車馬喧」：「欲言無予和，揮杯勸孤影，日月擲人去，有志不獲騁」，後人正自竭盡氣力，寫不出來。十九首與陶公且然，我們又豈可以平鈍爲渾成呢？不但一篇之中要有警句，一句之中更要有一二字特加用力，古人謂之詩眼，這就是鍊字的工夫。靠一字的精粹，而整句的境界全出。春天來後，碧草齊萌，萬花怒放

古人成名，各就其詣之所極，原不必兼衆體。而論詩者則不可不兼收之，以相題之

所宜。但以唐論，廊堂典重，沈宋所宜也，使郊島爲之則陋矣。山水閒適，王孟所

宜也，使溫李爲之則靡矣。邊風露雲，名山方嶽，李杜所宜也。使韋柳爲之則弱矣

。擲萬石之鐘，鬥百韻之險，韓孟所宜也，使王孟爲之則薄矣

事，張王元白所宜也，使錢劉爲之則厌矣。題香襟，紋工吹師，低迴容

與，溫李冬郎所宜也，使韓孟爲之則冗矣。天地間不能一日無諸題，則古今來不可

一日無諸詩，人學爲詩而各得其性之所近」。可見詩題與風格也須調和，雖然各人的

體性有限制，不能兼擅衆長，但也不能不知道這一點。譬如慣作「橫空盤硬語」的韓

愈，在李逢吉席上居然也做起「銀獨牛消賬送器，金釵半醉座添春」的明麗句子來。

韓偶擅場香奩，但在自述其立朝大節時，就說：「謀身拙爲安蛇足，報國危曾捋虎

鬚」了。這可見作詩不可不相題材而選體製了。所以一個人才分有限，體性雖周，

與其不問相稱不相稱，老是通一套，不如有些詩縮手不做，未嘗不是藏拙之一道。

（四）一首詩依照上面的步驟寫成以後，還要琢磨字句。譬如一座房子造成以後

，還須要加以裝飾。務使通體調和，沒有絲毫訛纇。普通作詩，常有先得一二句，

再足成全篇的，那更要注意字句的琢磨，使全篇渾成一色，看不出拼湊的痕跡。大

，這是因為他的意思太直，筆頭太重。如其要委曲周詳，或是激昂踹論，那只宜做古詩，絕句便不夠用了。至於感時撫事，諫慨淋漓，抑揚頓挫，那只有讓七言歌行擅場了。尋常覺覺頌揚應酬之作，那只宜用七律五排之流，因為本來沒有什麼可說的話；只要能敷衍題面，用事精切，對仗工整，風華典麗，便算好詩，若做五言古詩或七言的歌行，這一類取巧的手法，都用不上去，便難免村拙塵俗的毛病了。上面所說，不過是一個大概，並不說可嚴立條規，某種題目一定用某種詩體；不過做詩的人不可不加一番選擇的工夫，庶幾詩與題稱。也有某一種境界宜於詞不宜於詩的，譬如晏殊的名句：「無可奈何花落去，似曾相識燕歸來」。詩詞裏都用了進去，但是在詞裏是天生好句，放在詩裏便覺纖小不相稱。晏幾道的「落花人獨立，微雨燕雙飛」，是何境界，但是把他作為五律中的一聯，就覺得太輕巧，鎮壓不住。辛棄疾的祝英臺近：「寶釵分，桃葉渡，煙柳暗南浦，怕上層樓，十日九風雨。斷腸點點飛紅，都無人管；有誰勸流鶯聲住？鬢邊覷，試把花卜歸期，才簪又重數。羅帳燈昏，哽咽夢中語。是他春帶愁來？春歸何處？卻不解帶將愁去！」一種纏綿吞咽的情緒，豈是詩裏所能達得出來的。再說古人的詩，各具面目，各有擅長，已替後人開出許多門徑，我們現在做詩，便當量材采用，不可拘守一格。袁枚說得好：「

因為直率的說了出來，說三分，作者便感覺到三分，說十分便感覺到十分。但是充分說出來是談何容易的事體，反不如含蓄蘊藉的作品，說三分便使人懸想像的力量感覺到十分。譬如遊花園，開門見山，一覽無餘，不如曲徑通幽，移步換影的耐人尋味。白居易作長恨歌，根據陳鴻的長恨傳，把楊太真的生前死後敍得一無餘剩，其纏綿宛轉，周已膾炙人口。同時元稹用同一題材作詩，只寫了二十個字：「寥落古行宮，宮花寂寞紅。白頭宮女在，開坐說玄宗」。沒有提到楊貴妃一句話，然而寫盡盛衰與亡之處，感人更深。這就是上面所說的一層道理。詩貴立意，第一節所說的只是一個簡單的概念，是要說些什麼，此節所說的是怎樣說，是把一個平常的意思化成一個富有詩味的意思。

（三）有了意境，有了表現的方法，於是便要決定用那一種體裁。詩？詞？古體？近體？長調？小令？不可不加以選擇。詩體和內容很有關係，和表現方法也極有關係。要寫一刹那的情緒或印象，宜於用短篇，試看王維裴迪的輞川雜詩，那一篇不是一小幅精美絕倫的農景，假使把他拉長了做成一首五古，便要索然意盡了。七絕的長處在於宛轉悠揚含蓄不盡，假使把无昌齡杜牧的絕句，改做長篇的歌行，那還有什麼餘味呢？杜甫的詩雄跨百代，但一到五七言小詩，便覺拙手笨腳的弄不好自己的失寵。「火照西宮知夜飲，分明復道奉恩時」。又以夢中的得意，形覺後的無憀。又如寫興亡之感的，前人也有許多不同的表現方法。劉禹錫金陵懷古：「山圍故國周遭在，潮打空城寂寞回，淮水東邊舊時月，夜深還過女牆來」。本意說世異時移，往日繁華，都成幻夢；偏說得有山有水有城有月，而表現在讀者目前的，卻是一片荒涼。又如：「朱雀橋邊野草花，烏衣巷口夕陽斜，舊時王謝堂前燕，燕入尋常百姓家」。說到野草花夕陽斜，則已非歌吹沸天駿馬照地的光景可知；說到王謝堂前燕子，飛入尋常百姓之家，則華屋山丘之感可見。這是化平常為曲折的方法。假使表現的方法淺露，便會使好詩減色。例如白居易新豐折臂翁的末段：「君不見開元宰相宋開府，不賞邊功防黷武，又不見天寶宰相楊國忠，欲求恩倖立邊功，邊功未立生人怨，請問新豐折臂翁一。把用意老實說出來，便不如賣炭翁結處：「半匹紅紗一丈綾，繫向牛頭充炭值」的恝然有餘味。再說我國人談詩，總以溫柔敦厚含蓄不盡為美，卻沒有說出一個所以然來，崇古的只是盲目的讚揚，疑古的只是肯目的攻擊，沒有人肯細細去體味。我這話是一種想像的文學，讀者想像力活動的範圍愈大，便愈有餘味。淺露的作品，把一切要說的都說了出來，便沒有讀者想像活動的餘地。古來名作，未嘗沒直直率順露的作品，但是作者的表現力量非十分強不可

120

以分析了。所以近世象徵派的詩人，頗有提倡這種曖昧說的。在這種時候，就要強

度地敏銳地把這種感覺把捉住，然後把他表現出來。歐陽修夢中詩：「夜涼吹笛千

山月，路暗迷人百種花，棋罷不知人換世，酒闌無奈客思家」。四句四意，都是不

可名狀的心情。古人常有這一類詩，無可命題，於是故弄狡獪，就是夢中所作。

（二）有了意象之後，便要找一個巧妙的方法去表現出來。在新體詩流行的初期

，有人主張詩應該「寫」，不應該「做」。這話很有流弊。因為感情的表現須賴方法，

不可太直太露。因為詩是一種感情的文學（Literature of Power），他的功用在於感

動人，所以宜多用暗示的方法，不宜直截說明。譬如溫庭筠詩：「雞聲茅店月，人

跡板橋霜」。賈島詩：「地侵山影掃，葉帶露痕書」。沒有一字提到早行或早起，而

早行與早起的情景已經宛然在目。張繼詩：「姑蘇城外寒山寺，夜半鐘聲到客船」。

不言旅泊不眠，而一個眠的神情自見。杜牧詩：「借問寒沙新到雁，來時還下杜陵無

」？不說思鄉而思鄉的情懷如揭。詩人常能用巧妙的方法去表現一個極平凡的題材

，而寫成一首好詩。例如寫宮人的失寵，王昌齡就用許多不同的方法：「玉顏不及

寒鴉色，猶帶昭陽日影來」。言寒鴉尚能榮霑昭陽日影而來，而自己不能沐君上的恩

寵，反不如寒鴉呢。「平陽歌舞新承寵，簾外春寒賜錦袍」。又借旁人的得寵來形容

119

191

比之於物質的由昇華而結晶。作詩的難處，在於得心膽手，如其不能得之於心，又何能應之於手。譬如對於時事，或某一個社會問題，有所感觸，可是你得有一個明白的結論，才能落筆。就是做首寫景的詩，你也得知道要寫的是什麼。推開辭來，今天詩裏所寫的，和明天後天所寫的又不同。可見詩裏所寫景也不是外在的這模糊雜亂的一大片，是某一時間所得的一個特殊的印象。第一步就要抓住這個印象，並且讓他的輪廓漸漸清晰起來。做寫景詩往往先有得一句兩句的，從這一點上講來，亦未可厚非。詩人的性情各不相同，有的人每一個詩思都要在回憶中漸漸的成熟，愈經久物象愈生動，如英國的詩人華茲華斯Wordsworth就是這一類的典型。也有的人感受得快，消失得也快，所以要立刻把他表現出來，蘇東坡詩：「清景一失難追尋」，就是這一類的典型。但是純屬感情方面的，境界有時很模糊曖昧，不易劃出一個明晰的輪廓來。魏文帝詩：「高山有崖，林木有枝，憂來無方，人莫之知」。晉衞玠將渡江，神情憔悴，對左右說：「對此茫茫，不覺百端交集，苟未免有情，亦復誰能遣此！」憂來何處？所愛何事？往往不能自覺。這不是感覺的不銳，正是敏感力特強的表徵。因為普通人一個單純的感覺，容易指實；至於多方的複雜的錯綜的感覺，就難

192

，更增一字，吾末如之何矣！」所以古人作詩有搖筆即來者，也有苦吟而成者。頓

門之妙，難以言語形容，惟有苦吟的步驟，可以約略的區分出來，這些步驟，天才

詩人也未嘗不經過，不過心靈手敏，一瞬即足，自己不覺得，便謅出之自然。而用

苦功既久，有時也能到文不加點的地步。譬如取物，熟人隨手取得，不知道的，便

須費若干時間去尋覓。現在把做成一首詩普通所要經過的幾個步驟說一說：

（一）作詩先要有一個清晰的意象。除了些偶讚的詩，都是隨題敷衍，為人作嫁

，不是真性情的作品，可以不論外，普通作詩，總是先有感興。六藝中的賦比興，

賦者鋪也，是直陳其事，必須先有其情其事，然後才有所鋪敍。比是譬喻，宋李育

所謂「索物以託情，情附物也」。也必須先有其情其事，然後可以附於物。興是由外

物刺激詩人的情緒，李育所謂「觸物以起情，物動情也」。假使無動於中，也就沒

有詩了，所以作詩必先有所感，無論把他叫作詩思也好，詩興也好，靈感也好，

所謂「情動於中而形於言」。如果勉強湊拍，詩必不能佳。孫蓀西先生曾有兩句詩：

「看山為詩詩，所得不償失」。這就是說本來沒有詩而勉強做詩的壞處。事物給與人

心的感覺，最初很是模糊，我們要把握住，使他的輪廓漸漸清楚起來，在我們的心

目中有一種明白的情緒或境界。這和嬰兒在母體內結胎的經過情形差不多，又可以

117

193

話::Ni donas cion, krom genis.（我們把一切都給了你，除了天才。）這句話很耐人尋味。

不過從一個意象到一首詩的完成，要經過幾個步驟，那是天才和常人一樣的，不過遲速不同罷了。清初詩人王漁洋與施愚山齊名，一日漁洋詩弟子汪蛟門問詩法於施愚山，愚山問：「你的老師怎樣說？」蛟門說了。愚山說：「你老師的詩如仙山樓閣，瞬息變現；我的詩如匠人作室，一木一石，都要有一個著落」。後來漁洋將這一番話載入詩話，說：這就是佛家「頓」「漸」二門的道理。頓是頓悟，漸是苦修，照來詩人總不出此二派：大概任天才者近於頓門，重工力者近於漸門。李白的「斗酒詩百篇」，便是頓門；杜甫的「晚節漸於詩律細」，「新詩改罷自長吟」，便是漸門。作詩雖不能全賴苦功，也不可全恃天才。杜甫說：「讀書破萬卷、下筆如有神」。柳宗元說：「自得本無作，天成諒非功」。陸游說：「文章本天成，妙手偶得之」。靈感之來，不能以言語表出，於是歸之於自然，歸之於天。英國詩人 John Keats 所謂 To trace with the magic hand of chance 也是這種意思。反之就有杜甫的「新詩改罷自長吟」，賈島的「兩句三年得，一吟雙淚流」，宋人的「吟安一個字，撚斷數莖鬚。」宋趙師秀喜作五言律，嘗說：「一篇幸止有四十字

做成一首詩的幾個步驟

怎樣做詩？這是很難回答的一個問題。歷來論詩的書汗牛充棟，但能滿足初學的要求的卻沒有。西洋自從雅里斯多德的「詩學」以後，羅馬的 Horace，法國十七世紀的 Boileau 都曾有「詩法」之作，至於別的零篇斷簡更是指不勝屈，但是這些宏篇鉅製，只能供給批評家和詩人作參考，對於初學卻無大用處。中國從宋人起，歷代傳留下來的詩話很多，大都以零辭片語來評隲前人的作品，在詩學已有相當工夫的人活了，未嘗不可以開悟心竅，要說為初學作指針卻不行，因為詩的微妙之處，只能意會而不能言傳，或以味喻，如司空圖；或以禪喻，如嚴羽；但歸根結蒂，仍舊是「不知所以神而自神」或是「詩有別材，非關書也，詩有別趣，非關理也」的一類話。宋包恢答曾子華書謂：「天機自動，天籟自鳴，發自中節，聲自成文，此詩之至也」，說來說去，只得一個自字。照來談詩者，大都如此說法。至於能實的格式與普調，又是人人所熟知而不必說的，常人所不能知者，又卻是詩人所不能實的地方。新近匈牙利的詩人 Kaloesay 寫了一本世界語的「作詩指南」，前面獻詩裏有一句

114

彩。過於新奇呢，又易使讀者讀了本文失望。所以題目非仔細推敲擬酌不可。

舉例來說：前節所列春日寫景的文字，如果要定起題目來，是很多的：「春野

，「春景」「遊春」等等都可以。」但我以為不如定為「藉草」來得切實而不落陳

發。

在小品文中，文字須苦心製作，題目也須苦心製作。題底好壞，有時覺有關於

文底死活。儘有文字普通，因了題目的技巧，就生出生氣來的。

今天母雞又領了一羣小雞到蓆外來了。其中最弱的一隻，趕不上其餘的，只是那常常地在後跟著

。忽然發出異常的叫聲，掙扎飛奔，原來後面來了一隻小狗。母雞回奔過來，繞在那小雞後面，向

小狗作勢怒勢，小雞快活地奔近兄弟旁邊去，小狗懾於母雞底威勢，也就逃走了。

——親恩

這文材料很普通，文字也沒有十分了不得。但「親恩」這題目，實有非常的技

巧。因了題目好的綴放，平凡的本文，也成了奇蹟了，這是用題目來振起全文的一

例。

——第七講完——

所要注意的，就是標準只是相機而定的。例如上文第一段，所包含的事物有草

，蝶，小川三項；如果任全文描寫精細，不這樣簡單的時候；那末由草面蝶，由蝶

而小川，都可說是着眼點底更換，就都應分段了，（下面二段也是這樣）。上文所

以合為一段，一因文字簡單，二因所寫的都是近景的緣故。

分段還有把每段特別提出的意思，能使分出的文字增加強度。有時，往往因為

要想使某文句增加強度，特意分行寫列的。試看下例：

汽笛威味似地一作聲，車就開動。我目送那車底移行，不久複为林遮阻，眼前只留着一片的野原。

真從車窗探出頭來說「再會」。我也說了一聲「再會」，不是聲音發顫了，真害臊臉固紅了起來。

啊！真終於出來了。

我不懇要哭出來了。

這文末二句原可併為一段的，卻作二行寫着。分段以後，語氣加強，連全文都

加了強度了。能適當分段，也是文章技巧之一。但須入情合理，不可無謂妄飾。

（二）題底選擇　文字中，有先有題目的，；有先有文字，後有題目的

。舊式文字，往往先有題目，隨題敷衍。其實，文字底好的，都是作者先有某種要

寫的事物或思想情感，如實寫出，然後再加題目的。特別地在小品文應該如此。

題目應隨文底內容而定，自不容說。有時因題目陳腐，使本文也惹了陳腐的色

下：

午後倘逢李君，順便一到他家就囘來。

第五節的「傍晚無事」全是廢話；無事，無事就是了，何必聲明呢？當全刪。

第六節無病，；末句能表出情味，不失爲佳句。

第十節　分段與選題

（一）文底分段　文字底分段，和句逗性質一樣，同是表示區劃的。最小的區劃是逗，其次是句，再其次是段。有時還有空一行另寫，表示此段更大的區劃的。

分段不但使文字易讀，且使文字有序不紊，分段有長有短，原視人而不同，但大體也有一定的標準。就是要每段自成一段落。用前節的例來說：

青青的草上，有數白二蝶翩翩飛舞。草底蔭處，小川潺潺流着，水面被日光反射成銀白色。搖起俗眼仰觀，兩個老鷹在空中迴旋，不時落近在地面上來，遠處的樹林，其上隱隱蒸蒸的白霧。溫風吹在身上，日光照在頭上，糙莽農夫，我不禁立了唱想歌來了。

這文是分作三段寫成的。第一段着眼近處，第二段着眼遠處，兩不相同，所以換行另寫。第三段是心情的抒述，和前二段敍述事物的又不同，所以再別作一段。換一着眼點，就把文字分段，這是普通的標準。

正預習著明日的功課，李君來了？乃相與共同預習。所預習的是英語。二人彼此猜測先生底發

問，不覺都皺了眉。

午後到李君家，適他家有親戚來，李君很忙，我就回來了。

午後與李君談笑共食。

傍晚無事。

燈下繼續預習數甲，翻閱小說，至於十一點鐘，始覺覺就寢。

先就第一節看，所記的是偶發事項，與自己無直接關係，似乎是可記可不記的

材料。如果要記，應只用簡潔的詞句，不應這樣冗長。可削削如下：

早晨，有一個小孩在門口被車子礙傷。附近大喧擾。聽說就送入醫院去了。

早晨，有一個小孩在門口被車子礙傷。

這樣已夠，再改作如下，則更好。

「為之憬然」這是感情的語句，加入了可以表出當時的心情。這種表示感情的

語句，要簡勁有餘情，能含蓄豐富纔好。

再檢查第二節。這節中末句「皺了眉」，很好，但同端太板滯，宜改削如下：

正預習明日的英語，李君來了。乃相與共同預習。彼此猜測先生底發問，不覺皺了眉。

原文，「預習」兩見，「所預習的是英文」，是無謂的說明。改作如上，就比

較妥當了。

第三節無病。第四節「他家有親戚來」云云，也與自己無關係，可省略，改如

「黃蝴蝶」，「一白蝴蝶」相同的名詞疊出，文趣不好；應改削如下：

青青的草上，有黃白二蝶翩翩飛舞。

這樣就夠了。（2）沒有甚麼可刪，原形也可用。不過突然與（1）連結，文氣有點不合拍。如果加入一句「草底盡處」連結起來就不突兀，并且景色也較能表出。

其次是（3）和（4）了。這二者要互場順序，景物纔能統一，為了與上文連結及表出春日的心情起見，上加一句「撐起倦眼仰望」，更得情味。其餘一仍其舊，將全體連綴起來如下：

青青的草上，有黃白二蝶翩翩飛舞。草底盡處，小用遊遊流着，水面被日光反射成銀白色。撐起倦眼仰望，兩個老鷹在空中迴旋，不時落遍在地面來。遠處的樹林，翠成深色，其上飄着縈縈的白雲。

溫風吹在身上，日光照在頭上，藉草坐了，竟想睡去，我不禁立了叫起來了。

這樣，文雖不工，但繁詞已去，連結也無大病，春野的景色，春日的情感，已能表出若干了。

再示一例罷。假如有這樣的一篇學生日記：

某月日，星期。

早晨，近處有一小孩被車子壓傷，門前大喧擾。我只在窗口望了一望，不忍近視。後來知道，遭受傷的小孩是某家的獨子，送入病院以後，即受手術，但願就能愈。

109

就成文字；這樣說法，作文不是很容易的嗎？其實，這是大大的難事。寫出原形是容

易，但要將自己所觀察得的，依樣傳給別人，使別人也起同樣的心情，這卻很難；

并且不如此，文字就沒了意義了。

現在試示一二作例罷：

假定我們觀察冬日的田野，在筆記木上，得到左列的材料：

（1）草青青地長着，草上有兩個蝴蝶起在那裏翩翩飛舞，一個是黃蝴蝶，一個是白蝴蝶。

（2）小川淙淙流着，水面被日光反射成鎖白色。

（3）遠遠的樹林，帶成紫色，其上飄卷逢逢的白雲。

（4）兩個老鷹在空中迴旋，不時落近到地面來。

（5）溫風吹在身上，日光照在頭上，稗草坐了，竟想睡去，我不禁立了唱起歌來了。

材料有了，更要把這材料連綴起來成功文字。那末怎樣連綴呢？先就全體材料

底性質考察：草——蝴蝶——小川——樹林——雲——老鷹——溫風——日光。道

裏面，樹林和雲是遠景，老鷹也比較不近，草，蝴蝶，小川是最和作者相近的。照

普通的順序，先說近的，後說遠的，原來的排列，似乎也沒有大錯，但依原形連綴

攏來，究竟不成文章。第一，接合不穩；第二，詞句未淨。

（1）底句雖明瞭，但是不乾淨，多冗詞；第二，詞句未淨。「草」，「草上」，「兩個蝴蝶」，

，差不多全體是聲句，可以參照。

第九節　實際作例和改削

（一）第一步　文有用了想像做的，如冒險小說之類，其中所描寫的都非作者目見親歷之境，只是想像底產物。就是普通文章中，也不無想像底分子夾雜。但初學的人，用想像作文，實不如從觀察作文穩當。觀察第一要件在真實，觀察力若尚未養成：所想像的也難免不合實際。如畫家然，必先從摹寫實物人體入手，熟悉各種形態，骨骼，筋肉底變化，然後可從事創作。

但是眼前的材料很多，從哪裏觀察起呢？這本不成問題，所以發生這疑問，實由於着手就想創作名文的緣故。老實說，名文並不是一蹴可幾的。在初時，最好就部分的，平凡事物中搜集材料，逐漸制作，漸漸地自實熟練，達成近於名文的文字。文字底好壞，本不在材料的性質，而在表現底技能。善烹調的，無論用了怎樣平常的原料，也能做出可口的肴饌來。世上森羅萬象，一入能文者底筆端，就都成了好文章了。

（二）由材料到成文字　無論甚麼材料都可用，只要仔細觀察了，把牠寫出來，我揸死了他，那掌上粘涅了的血水，使我感得復仇的愉快和對於生命的憎懨。——（萊君）蚊」。

這篇所以還算好的，關係全在末一句。如沒有末一句，全體就沒了意義。以上

以上雖就描寫文而說，其實，所謂側面觀察，所謂一句使全文振起，不單限於

描寫文，在議論感想等類的文字中，也很必要。在議論感想文中，所謂「警句」者

，大都是側面觀察成功的，有振起全文的能力的。例如：

戲子們何等幸福啊！他們自己隨意選擇了扮作喜劇或扮作悲劇，要苦就苦、要樂就樂，要笑就

笑，要哭就哭。但是在實生活上，卻不能這樣。大多的男女，都枝強迫了做着自己所不願做的角色

。這個世界是舞臺，可是卻沒有好戲！

日月地過去，無論那一日，差不多都是空虛，厭倦，無聊，在後也不留甚麼的痕跡！一日一日

地過去，遊戲時間，原實是無意味無智慧的東西，然而人總希望共同生存。他們讚美人生。他們將

希望擺在人生上面，及將來上面。啊！他們在將來上面期待着怎樣的幸福啊！

那末，為甚麼，他們隱作來日不像正在過着的今日一樣呢？

不，他們與未想過這樣的事，他們全不喜想，他們只是還樣自慰，直到「明日」將他們投入墳墓中去爲止。

啊！明日，明日！

可是，一等入了墳墓，他們也就早已不想了。

——廚介遏夫。

上二例都是名文，寥寥數言中，實已揭破真理底一面。其末句都很有力，使人

讀了怒也不是，哭也不是，笑也不是，不知如何才好。又本章第二節所舉的「雞」

106

204

上三例都是側面描寫，並不瑣碎地把暑日或初冬底光景來說，而暑日或初冬底

光景卻已活現了。

以上是機智底一方面的說明。機智還可從別一方面說：就是文字有精彩的部分

，和平常的部分可區別。文字壞的，或者是句句都壞；文字好的，卻不是句句都好

。一篇文章中，有幾句壞或只有一句好的，有幾句平常的。在好的文字中，這好的

幾句應位置，常配得很適當。

在平常的文字中，加入幾句，便成好文字。這種能力，是作者大概必需的。

特別地在作小品文時，這能力格外重要。在小品文中，要有用一句使全體振起的能

力纔好。試看下例：

弱小的鳳仙花開出來使入全不經意，卻顫顫地冷冷地翻誹了庭陛。無力的晚陽，照在那些花的

上面，卷實有幾兒疲意。原來秋已來了。

——葉紹鈞〔一粒〕

這文末句，是使全體統一收束的，在文中很有力益。如果沒有末一句，文字就

要沒有統一，沒有餘情了。又如：

正坐在椅子上誦讀英文，忽然一個蚊子來到調膝下；被他一刺，我身一驚，疑得很難忍；急去

拍時，已經飛去了。沒有多少時候，仍舊飛近牧身邊。作嗡嗡的叫聲。我靜靜地等他來，果真仰到

到原處，他伸直了腳，用口管刺入我底皮膚，兩翼向上而平，好像在那裏用着他的全副精神似的，

105

205

多數的學生，都從題目底正面著想，畫了許多落花，上面再畫一個騎馬揚鞭的人，這是何等地殺風景呢！有一個聰明學生，卻不畫一片的花瓣，只畫一匹馬，另外加上許多隻隨馬蹄飛的蝴蝶；畫師非常贊許。這是側面觀察成功底一例。

側面觀察，就是於事物底普通光景以外，再去找出常人心中所無而實際卻有的光景來；這雖有賴於觀察力底周到，但基本卻在機智底活動。凡是事物，無論如何細小，要想用文字把牠表現淨盡，究是不可能的事。用文字表現，要能使人讀了如目見身歷，收得印象，全在一二關於某事物的特色。只要是特色，雖很小很微，也足暗示某事物底全體。

例如：霉雨時候，要描寫這霉時底光景，如果用平板正面的觀察底方法來寫，不知要用多少字纔能寫出，（其實，無論多少字，也寫不完全的。）在這時候，假使有人把「蛛網」詳細觀察，發見「霉樣的細雨，把蛛網糊成白色」的一種特別的光景，把這不大經人意的材料和別的事情景況寫入文字中，僅這小小的材料，已足暗示霉天了。試再看左列各句：

（1）正午的太陽，照得山邊的路閃閃地發白光。山坳大松樹底樹身上流著黃白色的膠漿。

——葉靈

（2）日光在窗玻上發微地振動，落葉掉下來在窗影上罩了很粗的黑綾。

——初冬晴日。

輕察的鼻息聲，都覺得使我盛着說不出的寂寞。

狗又叫近來了。母親很無力地張開眼來，妳像嘆了一驚倆的，仍苦提過了駭羅布來一針一針地縫着。

夜不覺深了！

——夜

上例材料上並不統一，儘有前後無關係的事項。但情調卻並不散漫，讀了可以使人得着一個整個的寂寞無聊的感情。這就是以情調心情為中心的文字。

從此，可知文字不可無中心，道中心用事項來做，或是用情調來做，是不必限定的。只要不是雜湊的文字大概自然都有中心可說，因為我們要忠實地寫一事實或一情調時，決不至於說東扯西，弄成無統一的文字的。

第八節 小品文作法上的注意——機智

小品文如奇兵，平板的筆法，斷難制勝，非有機智不可。我們觀察事物，有正面觀察和側面觀察二種。正面觀察每多平板，常不及側面觀察的來得容易動人。因為正面的部分，是大家都知道的，側面的部分，往往為人所不顧及。能將人所忽略的部分，從事觀察，文字就容易奇譬，而表現也容易成功。

相傳：有一畫師，出了一個「花襯馬蹄香」的畫題，叫許多學生各畫一幅。大所謂中心就是統一的意思。小品文字數不多，如果再散漫無統一，必致減少效用，更有可以逼人的能力。試看下例：

仍不到六時就起來了。因循慣了的我，這幾天忽然把貪睡的惡癖矯正，足見世間沒有甚麼難事，最要緊的就是克己。克己！克己！後中先生研常談的克己二字底價値，到今方才了解。盡洗只後，散步校園，昨夜斷竹的天，又起雲來了。滿想趁今日星期，出外遊覽，現在看夫，只好悶居在家裏了。一不如意事常八九，世間大概如此罷。——十一朝辰。

上例前後二段間，並無何等的聯絡，所說的全是截然不同的事，就是無中心無統一的文字。令人讀了以後，不能得着整個的情味。這樣的時候，何不如把兩種材料分作成兩篇小品文。

沒有中心，文字就要散漫無統一，散漫無統一的文字，斷不能動人。但所謂中心，不是一定限於事項的統一，事項雖不前後聯絡，只要情調心情上能統一時，仍不失為有中心的文字。例如：再寫西湖底早景，是統一的。但於一短文中如果兼寫西湖底早景，夜景，兩景而確能表出西湖風景底情調（地方色）時，仍不失為有統一有中心的文字。試再看下例：

歸家很遠，大哥昨日到上海作學徒去了。在洋燈夢綠著衣服的母親，漸漸把針底運動寬緩，手中的袖也次第流到袁上了。窗外的風聲，犬聲，壁上的時鐘聲，以及母親底前例是地圖式的文字，後例卻是繪畫式的文字。

用了部分去暗示全體，繪會有餘情，在這裏，可以覺悟小品文並不是容易作的

；所謂部分，要有全體作背景纔可以。並且，部分與背景底中間，最好要有有機的

不可分的關係存在。譬如水上浮着的蓼，難只現一小部分的花葉，但水中卻有很繁

複的部分潛藏着；而水中潛藏着的繁複的部分，和水上所現出的簡單的部分，還有

着不可分的有機的關係。

暗示是小品文底生命，但所謂暗示，卻可分兩部分來看，一是筆法底暗示，一

是材料底暗示。前者比較容易，後者實在很難。如能用暗示的筆法去描寫暗示的材

料，那就是最理想的了。前面所舉的崔護底詩，其好處全在他能用暗示的筆法去描

寫暗示的材料。

第七節　小品文作法上的注意──中心

前面曾說：小品文好像以寡兵抵大敵，非集中兵力，奮衝要害不可。又說：如

果取整個的，多數的材料，不如細密寫少數的節骨的材料。這裏所謂中心，也就是

這種態度底別一方面。

101

209

以上的部分。作小品文也非用這樣的態度不可。

不要說明的和敍述的，要描寫的，要印象的，暗示的；其實這許多話底根本完全相同。說明和敍述必無徐情，能描寫，自然會成印象的，同時也自然是暗示的了。試看下例：

鄰家底柿樹，今年又結了許多的實了。這家有一個很可愛的小孩。去年這時候，他爬上樹去摘那柿子，不小心翻下來了。他哭得不得了，他底父母連快將他送到醫院裏去夫，結果左手帶了殘疾了。他垂下了左手走過這樹旁的時候，總恨恨地對着樹看的。這可懷唸呢！——柿樹。

這例徹頭徹尾是敍述的說明的。並無趣味，也沒有徐情，使人讀了，不過得着一個大概的輪廓，除了說一句「原來如此」以外，並不會起何等的心情。試再看下列：

近地的孩子個個喜歡登，忘了一切提着迷藏，從折手以後，就失了大將地位的芳哥兒，悄然地在他自己門口徘徊，恨恨地對着那柿樹底彎曲的枝枝。他並因從遠處上翻下，成了一生不可間復的殘疾的。

圓圓的月亮，從柿樹底彎曲的枝椏旁上來了，月亮爭彎……芳哥兒用眼角瞟視着在狂愛的寫作，一面大聲地唱了起來。眼淚忽然含不住了。

這例和前例，面目就大異，芳哥兒底悲哀，以及好睹的性格，將來的運命等等，都可在此表露，是有徐情有個性的文字。前例是事情底全體，後例卻只是一瞬間的光景；而效力上，後者反勝於前者；可知部分的印象的描寫，可以暗示全體了。

100

結尾必用「嗚呼，豈不悲哉！」敍述一樂事，必要帶「可謂樂事也已」之類。其實

這是強迫讀者的無理的態度；悲不悲，樂不樂，讀者自會感受，何必諄諄然教誨人

家呢？

象的描寫！

描寫！描寫！部分的精細的分寫，勝於全體的敍述和說明，再進一步說，要印

第六節　小品文作法上的注意——暗示的

一、前節的所謂部分的描寫，並非一定主張絕對地描寫一部分，目的還要從部分使

人髣髴全體。既然能印象的描寫？把部分的印象傳給別人，全體底影子，必然在其

中含着，所以必能將全體底全景，暗示讀者。說明的文字易陷於輪廓的，範圍常有

一定，文字就科科無餘情可得；描寫的文字，部分雖小，範圍卻無限制，可以暗示

種種複雜的情景於讀者。所以數千字的說明，敍述的文字，有時效力反不及百字以

內的描寫。小品文底價值，大牢在此，如果部分的描寫，只能收得部分的效

果，那就不是好文字。在這個意義上，小品文達比別的長文來得難作。據說法國

彫刻家羅丹，彫刻一胸像的時候，先作一全像，完成了再截去手足，而只留下胸部

99

211

將自己所得的印象，不加解釋說明，直現出來，使讀者也得著同樣的印象，這

叫做印象的。試看下例：

（甲）　才開窗，溼而且冷的溫風即吹來，花壇底花枝都帶著水珠；薔薇巳落了許多，有幾瓣還亂落在花壇外，沾卷些泥土了。油也似的雨，還絲絲地落品品地從簷口掛下，羅岩山山駿以上，無聲地改著破罘似的雲，銘德的澄煌，低低地祖罣湖水，一切都沈澤得如在水銀中一樣。——一時雨的早晨。

（乙）　起來正午時，天猶未晴，朗窗一看，溼而且冷的溫風，竟迎面吹來。花壇底花枝上，都帶著水珠，知道昨夜大雨了。薔薇巳落了許多，還幾是今年正月底裏怪自惜的，前天才開，不料就落了。有幾瓣還亂落在花壇外，沾著些泥土，還火大約咋宵沒被故戀。油也似的雨，絲絲地落品品地，徑簷口掛下，不從簷口去看，都看不出。羅岩山山駿以上，放著破罘似的雲，人忘一時不會晴眺，銘樣的澄煌，低低地祖罣湖水，一切沈澤得如在水銀中。咚！真介人閒極了。

上面二例，（甲）只逃目見的光景，（乙）則於逃覓景以外，又加入作者自己底解釋或說明。讀者讀了，不消說，是取前者不取後者的能。因為前者比較地能把印象傳給讀者，且所傳給於讀者的只有印象，所以讀了容易感染。至於後者則像以評譚的態度教示讀者一樣，讀者讀了，很感著不自由；且因所傳給於讀者的不止印象，夾雜著許多不相干的東西，所以印象也就不能分明地傳給讀者了。

我國舊式文字中，往往以作者自己的態度，強迫讀者起同感。如敘述一悲事，

是描寫，敘述也不是描寫。舊式文章中，說明和敘述底分子很多，近來的文章，除

了批評文感想文等以外，差不多都以描寫底態度出之了。

我國古來純文學作品中，很有描寫佳例。隨錄一二，讀者當能了解描寫的態度。

山色釣磯近？一路鸕鷀艇。——楊儀純源憶故人。

寒鴉吹水，輕波被作魚時退。——道寫讀字木瑞花。

漢門浮翠驚，奮忽互相誦。

斜杜撥，堯出雲霧夾飛翔，時見雲中一鴈來，冷入瓊臺去。——玉壺·卜算子。

於上兩各例，讀者對於他們觀察事物的精敏，大約很佩服了罷！簡單點說：描寫

就是觀察的表出；不會觀察事物的人，是斷不能描寫的。鞘笛所說的當作小部分的

描寫，术可作全體的敘述和說明；換句話說，就是要描寫的，不可是敘述的說明的

。因為短小的文字中，若要裝載整個的有系統的材料，必致流於說明敘述，結果便

只存了輪廓而使內容完全空虛了。

但徑另一方面看，所謂描寫的，就是「印象的」底意思。我們觀事物相對時，

心情中必有一種反應或感覺，這種種稱為印象。描寫是照了所觀察的事象如實寫出

，就是要把印象寫出。所以如果是描寫的文字，必會波印象的文字。上面所舉的描

寫諸例，都是印象的，都能將自己對於事物所得的印象，傳給讀者。

這是崔護底詩，所以讀了能使人感動者全在他能觸物與感，把偶發的，斷片的材料來活寫的緣故。如果平鋪直敍，把一切事件都說到，就成了「崔護某處人，一日在某處遇一女郎……」樣的一宗東西，使人讀了，最多也不過得看下哦，有這麼一回事」的感覺罷了。

就事件底全體來做小品文底材料，結果只能得到點輪廓，不能得其內容。用譬喻來說，輪廓的文字，好像地圖，是不能作為藝術品的。我們要作繪畫樣的文字，是不需要地圖式的文字。因為從繪畫上總有情趣可得，地圖上是不能得到的。

從許多斷片的部分的材料中，選出最可寄託情感的一點，拿來描寫，這是作小品文底祕訣。好像打仗，要用少數的兵去抵禦大敵的時候，應該集中兵力，直衝要害，若用包圍式的攻戰法，是要失敗的。

第五節　小品文作法上的注意──印象的

那末，甚麼叫做描寫呢？

描寫是照了事象把牠來從筆端現出的意思，和繪畫所用的意義相同。說明固不精細的部分的描寫，勝於粗略的全體的敍述和說明，這是從前節已可知道的。

懸在天心，皎皎的銀元，籠罩著牟和的孤村。四邊已靜寂了，地底下潛藏的夜氣，像個呼吸似的從脚下衝登上來。

——月夜

（乙）一到牟夜，照例就醒，醒了不見就惝然。窗外有蟲叫著，低低地顫動地叫著，仔細一聽，就是轼夜叫的那個蟲。

我不知於甚麽時候哭了，低低地顫動地哭了。忽而知道，這哭的不是我，仍是那調蟲。

——蟲聲

上二例都是描寫秋夜的；一以月為題，一以蟲聲為題；一以景色為主，一以作者底心情為主。趣向不同，好壞雖難比較，然秋夜底情調，二者中，何者比較地能表示出來呢？不用說，後者勝於前者了。這個原因，由於（甲）欲以短小的文字寫繁複而大的景物，（乙）卻只寫蟲聲（一個蟲聲）的緣故。

欲在一小文中，遍寫一切，結果必致失敗，初學者作「春日遊某山記」，往往將上午某時出門，途遇某友，由何處上山，在何處休息，何處午餐，遊某寺某洞，某時下山，怎樣囘家等，一一列舉於短小的文字中，結菓便成了一篇板條的行事眼簿，當然沒有甚麽趣味可得的。

不但描寫景物是這樣，卽在抒情文，感想文，議論文中，也是如此。小品文底材料，與其取有系統的鑿衲的，不如取碎發的，斷片的。例如：

去年今日此門中，人面桃花相映紅。人面不知何處去，桃花依舊笑春風。

這是編者漫然作成的例。（甲）和（乙）相較，（甲）是只列事實，（乙）是兼述生活的（心情），（乙）底較（甲）有情趣，讀了自可了解了吧。

書札中能敍述生活情趣，就能不呆滯而饒興味。這不但在本文中如此，隨處都是這樣，舉一例說，即如署名下的月日就可有各種記法。「某月某日」，「某月某日燈下」，「某月某日遊山歸來」，「某月某夜蟋蟀聲中」，這些記法，後面的比前面的，趣味就有多少的分別。

第四節 小品文作法上的注意——着眼細處

小品文是記述實生活底一部分的東西，以描寫部分為目的的。要寫全體的事象，當然不是小品文所能勝任的。所以作小品文，必須注目於事物底細處，就極微瑣碎的部分發見材料。習作小品文所以能使人底觀察精細銳敏，原因就在這一點。試看下例：

這裏所應注意的，就是要真實無飾。若專襲套語，徒事修飾，是毫無用處的。若徒把古人或今人底美辭麗句來套襲，就要成呆板剽竊的文字了。舊式書簡中，很多這種毛病，不可不知。

（甲）　縴雲一團，由四上升；飛過月下，即映成五色，到紫色邊緣，彩乃消滅。謝閣的月兒生活，使朋友曉得，他們將怎樣地歎羨呢！

我國古來書札中，佳例很多。茲隨錄一二為例：

某啟，隔日疾有增無減，難遽闊外，風氣稍清，但慮乏爾○老夫臥體未牛，雖然而起，但廿年相從，知元章不遇○若此賦當過百人，不踰今世也○公不久當白有大名，不勞我歎說也○顧武與公談，則實未能○某到黃跂，聞公初五日便發，由信陽路赴闕，然致日如有所失也○濃使歸黃州，又兩雷同作○向醫房中明窗下連數塊熱炭，讀而漢光太子傳贊，深愛之。——束放與个公擇○意思蕭然。晴暫暖，當揭帆江上，放舟溜黃也○反復敷過，知班孟堅非屑人也○方丈歉而公書○東坡與米元章○

檻前小梅數株，輕衣臺致○絹好如漢宮人○幽齋無事，靜對嘉書○或時稅書吟詠其下，蒙條諸惠，晴香入懷○每當薰風東來，飄拂裙袖，把其清芬，宛然如見故人○令緝飯坐硯北，點點蒼苔，然方光迸，舊勞縈繞而來○巡檠一索，便可共吟楚騷，共把落梅雞也○一湯傳檔與尤愚成○

上所舉的例，雖與現代文體不同，然都能表示實生活，不只簡單的排列要事，很能使受書的愛讀，而且讀了增加不少的興趣。由此可知：要作好書札，非加人實生活的背景不可；若不將實生活作背景，文字就不能動人。試比較下二例：

（甲）

昨日在某處遇見H君，知S君即將於下星期內赴英倫。我和H定於明晚在某處設宴餞行，特寫信約你，請屆期與會。

（乙）

昨日在某處遇見H君，知S君即將於下星期內赴英倫。S君底要赴英留學，原是早存所願的，卻不料別離有這樣快！寒寒的胸膛中暫時又將少一人了○巳與H約定，明晚在某處設宴餞行，特寫信給你，請屆期與會；於離別以前，大家再一覩S君底快活的面影，話一番小學時代的舊事罷。

一個人每日的生活，必有幾事可記的。一日的日記，如果分析起來，它有幾個獨立的小品文可成。但通常的日記，却不必使每一專實都成小品文，只要使一日的日記全體為一小品文，或於其中含一小品文就夠了。上例就是於一日的日記中，含一小品文的。

日記底價值，可說的很多，練智文章，也是價值之一。因為日記是練習生活底記錄，日記底文字，可以打破一切文字上的陳套；要作好日記，非低會吟味實生活不可。所以從日記去學小品文，是很適當的。

（二）書札　書札與普通文字，徑路不同，倘有能作普通文字而不能作書札的。書札有實用與非實用的二種。實用的書札，普通都是隨意寫成，不加功夫；至於非實用的，則非有練智功夫的人，是不能作的。日常的書札中，往往含有實用的與非實用的兩方面。例如：作書託友人介紹醫生，而附述自己病狀底狀況，前者是實用的，後者是非實用的。又如：作書約友人來遊，而敍述所在地底景物，前者是實用的，後者是非實用的。

講到趣味，作書札比作日記更多。因為日記是獨語，而書札却是對話：。知友把他的生活情況來報知我們的書札，我們都非常樂讀；我們能於書札中表現我們底接N自遠來信。燈下作復書。閱新到雜誌。十時就寢。

款日來的苦悶，依然無法自解，來客不少，可是都沒有與為米思地接待他們。客散以

後，一味只是懊悔，恨不得將案上的東西，擔個粉碎。天一夜，就要被睡了。

上面二例，前者是以行事為本位的，後者是以心情為本位的。兩者雖任人自由

，沒有限制，但為練習文章計，應常注意到兩方面的調和；一味抒逑內心生活，雖

嫌虛空，但賬簿式的事實的排列，也實在沒有趣味。因此，最好的日記，是於記述

事實之中，可以表現心情的作法。請看下例：

昨晚就罪到一點鐘，起來覺得有點倦慵。天仍塞雨，牆外桃花卻開了。H來談，知N

已洞故，不勝無常之感。忽然間N城住事，就成了全家談話的材料了。下午到校授課，夜

偽譯「愛的教育」，只成千百字。

上例雖不甚佳，然可視為兩方調和的一例。我國古來，日記中很有可節取的文

字；蘂頭現有復堂日記，摘錄一節如下：

積雨旬日，夜見新月棑徊庭際，方喜晴刮遍湖如汗，雨意未已。二更猛雨，少選勢衰，枕

上聞洪北江伊鬘日記。睡方醋，閒空樓雨聲密瀑。霆雷如百萬軍聲，急起，

巳膝狀屋漏奏。圖燃許時，雷雨始息，電屋袋枕，巳黎明，是洪先生出圈，恆三四十里時也。

這是清人譚復堂日記底一節，可以作小品文讀的。筆法雖與現代的不合，但難

於實生活的忠實的玩味刀和表現力，是可以為法的。

覺失望，這是常見的事。長篇文字所需的材料既多，安排也不容易，初學的人，當然沒有作得好的可能，慶作都不好，與味就因而萎縮了。小品文以日常生活為材料，並且是片斷地收取，因而容易捕捉。材料既不複雜，安排也容易。即使作了不好，改作也不費事。為了這樣，學作小品文，既容易像樣子，而很好的成績偶然也可得着；作者底與味當然可以逐漸濃厚。

學作小品文的好處如要細述，還不止此，但這已很足證明有學地的必要了。讀者要學作文章嗎？先努力作小品文能！

第三節　小品文練習的機會

小品文本隨時可作，隨地可作，不必再待特別機會。這裏姑舉一二便於作小品文的機會於下：

（一）日記　日記因人底境遇、職業不同，種類當然很多，但大體可別為二種，一是只述行事的，一是記述內在生活的。在普通人底日記中，兩種時時相合。前者重事實方面，後者重心情方面。例如：

晨來時起，到後園散步，早膳後赴學校。授課三小時。傍晚返寓。S君來談某事，夜手。

（二）能多作　文有三多：多讀，多作，多商量；這是學文者無可反對的條件。但長篇文字要多作，實不容易，小品文內容既自由，材料又隨處可得，並且因字數很少，推敲、布局都比較容易，很便於多作，能多作，作文的能力就自然進步了。

（三）能養成觀察力　小品文形既短小，當然不能容納大的材料。因此，要作小品文，無論寫情寫景，非注意到眼前事物底小部分，將地底特色生命來捕捉不可。這麼一來，結果就可使觀察力細密而且銳敏。細密而且銳敏的觀察力，實在是文人最要條件之一。

（四）能使文字簡潔　要作小品文，因地底字數有限，斷用不着悠緩的筆法，非有扼要的手腕不可。所以學習小品文，可以使文字簡潔。初學作文，最普通的毛病是散漫，寬泛，因爲初學者對於材料還沒有選擇取捨的能力，不容易得着要領的緣故。著作小品文，這毛病立即現出，漸漸自然會簡潔起來，而對於材料也能精於選擇取捨。這種工作，原是作文底第一步，也就是作文方法底一切。如果真能通達，已可算得有作文的能力的了。

（五）能養成作文的興味　初學作文的人，往往因爲作得不好，打斷興味，而自是有一種曾經聽見過的乾燥的沙音，快活的高聲，和低而纖弱的喉音，紛然合在一起，在那裏忙說着甚麼似的。忽然間聲音一停，以後就寂然了。我底心也寂然了。從這標到墓中去，不再返歷世了——二葉亭四迷底「平凡」。

可以，我願就這標到墓中去，不再返歷世了——二葉亭四迷底「平凡」。

以上不過就近代外國文學作品中略舉數例，這樣好的小品文，在我國好的文學作品中，常然也很不少。如儒林外史中的王冕放牛，和水滸傳中的荒陽岡一段，都可作小品文讀的。讀者只要能留心，就可隨處得着小品文底範例了。

第二節　小品文在文章練習上的價值

小品文自身原有獨立的價值，且不詳論。練習小品文，對於作長文也很有幫助；就是可以增長關於作文所需要的各種能力；所以對於文章練習上，利益很多。茲述一二於下：

（一）可爲作長文的準備　畫家學畫，須先從小部分起；非能完全描一木一石的，決不能盡全幅的風景；非能完全寫一手一足的，決不能盡整個的人物。文章也是這樣，不能作部分的文字的，即使作了長篇的文字，也決不會有可觀的價值。所以與其亂作無謂的長文，不如多作正確的小品文。換句話說，就是學文須從小品文入

作的，其實多散見於長文中。有名的文學作品中含有小品文極多，幾百頁的長篇小

說，也可看成小品文底連續。在近代作品中，果能節取，隨處可得到很好的小品文

例。例如：

風雨底強度漸漸地退減，不久，就祇剩了霧樣的非常美麗的細雨。雲的弧線一點點地邊昇上去

，長而斜的日光，即落在地上了。從雲底裂縫裏，露出一碧色的天空，邊刻絲次第展開，像個揭

去面紗的女子；低而淨淨深碧的天宇就望住世界。新鮮的霞風拂拂地吹著，好像地球底幸福的歎息

，接著溼潤的小鳥底快樂的歌聲，可從田野森林間聽得。（莫泊三底「一生」）。

從黎明起，平常所沒有的悲然而沈的濃霧，把一切街道關住了。淹緩若干地輕震透明，不至於

全不看見東西，可是在霧中行走的人們，都已淺染了那不安的暗黃色，女人臉上鮮活的紅色以及

動人心目的衣服花樣，都好像隔了一層黑的海紗，在霧中有時溟然地庀冷，有時霍然地鮮明。南首

天空，在蚊帳樣的黑雲裏，藏著日腳很低的十一月的太陽，比地上遠來得明亮，北首則到處沈暗，

好像低掛卷大大的幕，下面晦黃而黑，幾回花間一般。於這沈滯的背景中，橫糊地

，浮出著灰暗的淡灰色的屋宇，在秋天已早荒廢了的菜花園底門日竪著的兩間柱，看去宛像死人前

面列著的一對的黃燭……安得列夫底「霧」。

祖母死後數年，父母也都懷著作了墳墓中的人，到現在已星霜幾廻了。蕭碎滿了辛苦，幾乎看

不出文字，雖默然地立著不告訴我甚麼，但到此相對，不覺歡如日見慕中人一樣。他們生前的情形

，都一一不可遏地奔到我心上來；顧母院圍了官在蕎卜瞭目的光景，父親底狹眼睛併在一處打天噴

嚏的神情，母親著了圍裙緊浣衣服的樣子，都颯然地在我眼前浮出。

驀然地風來了，樹葉蕭蕭地作聲。明知道只是樹葉底聲音，然在我這無餘念的人底耳中，好像

87

地看着新聞。彼此就睡了的小妹，好像是日間跑得太利害了，時時在被窩裏發出驚叫來。雪依然沒有止，後園裏好幾次地有竹枝折斷的聲音。衰不覺深了，寒氣漸漸加重，週遠處傳來的犬吠聲，聽去也覺得分外地帶着荒漠淒清了。（寫景）

紅蜻蜓

就枯草原上臥了。把書翻開，忽然飛來了一個紅蜻蜓，停在書頁上面。顯影一動，就好像恐了他的樣子，即刻飛去了。飛也不遠，仍復回到原處。我寂然不動地看他：尾巴綏綏地子子地動着，薄薄的兩隻翼張，蓋聲伸雲，好像單翼式飛行機的樣子。不時又閃轉着那大面發光的眼睛。在晚秋的當午的強烈的日光中，紅色的蜻蜓，看去卻反變有點寂寞。（狀物）

田畔

憶了在田畔與息，前面走過了穿着中學校制服的學生們，仔細一看，是K君與N君。他們不知道我在這裏，一壁走着，一壁高聲地談着。唉！吹！在小學的時候，我比K君N君成績好得多，先生也說我是有望的少年，只為了貧窮的緣故，就這樣朝晚與田夫為伍，我難道竟以用大過這一生嗎？那未免太悲哀了！但是有甚麼法子可想呢？我心如沸了！蟬自己不願笑，眼淚巳流下頹上了！（抒情）

雞

雞告訴我們天地底覺醒，但所告訴的卻不一定是光明。雞底第一次開聲，是衷族底最黑暗的時候。雞是在深暗中叫的，雞是在漆暗中叫的！（議論感想）

讀者讀了上面的例，當可明白小品文是怎樣的東西了。小品文雖然也有獨立製

86

怎樣寫小品文

第一節 小品文底意義

從外形底長短上說，二三百字乃至千字以內的短文稱爲小品文。前幾章所講的記事，敍事，說明和議論等，是從文底內容性質上分的，長文和小品文只是由外形而定。因此小品文底內容性質，全然自由，可以敍事，可以議論，可以抒情，可以寫景。毫不受何等的限制。

小品文，我國舊來早已有了。如東坡小品，就很有名；普通的所謂「隨筆」，也可看做小品文底一種。近來在各國，小品文更盛行；並且體裁和我國向來的所謂小品文，大不相同。現在的所謂小品文，實卽 Sketch 底譯語。大概都是以片段的文字，表現感想或實生活底一部分。例如：

雪 夜

從早長就晴淡的天，一到夜就下了雪了。由窗隙鑽入的寒氣，冷到徹骨，好像是甚麼感覺用了冰冷的手，來捉摸人底頭頸似的。才將夜假簷盡拾好的母親，在燈下又開始針線，父親呢，一心

85

例子是開頭用的甚麼話結尾也用同樣的話。如林嗣環的「口技」，開頭說：

京中有善口技者，會賓客大宴，於廳事之東北隅施八尺屏幛，口技人坐屏幛中，一桌、一椅、一屏、一撫尺而已。

結尾說：

忽然撫尺一下，羣響畢絕。撤屏視之，一人、一桌、一椅、一屏、一撫尺而已。

前後同用「一桌、一椅、一屏、一撫尺而已。」把設備的簡單冷落，反襯表演口技時的繁雜熱鬧，使人讀能了還得凝神去想。如果只寫到「忽然撫尺一下，羣響畢絕，」雖沒有甚麼不通，然而總覺得這樣還不是了局呢。

——第六講完——

個男孩，但不久那個男孩就病死了；於是丈夫傷心得很，一晚上喝得了酒，跌在河裏淹死了；太太太發了神經病，只說自己肚皮裏又懷了孕，然而遺腹子總是不見產生。到這里，故事已經完畢，結句說：

　　頭時候，頗有些人來爲大小姐二小姐說親了。

這句話有點冷雋，見得後一代又將踏上前一代的道路，生男育女，盼男嫌女，重演那一套的把戲，這樣傳遞下去，正不知何年何代纔休歇呢。我又有一篇小說叫做風潮，彼述的中學生因爲對於一個教師的反感，做了點越規行動，就有一個學生被除了名；大家的義憤和好奇心就此不可遏制，搗毀校具，聯名退學，個個人都自視爲英雄。到這裏，我的結尾是：

　　路上遇見相識的人，問他們做什麼事，他們用誇纏的聲氣回答道：「我們起風潮了！」

這句話如聞其聲，這裏頭含蓄着一羣學生在極度興奮時種種的心情。以上是我所寫的比較滿意的兩個結尾，現在附帶提起，作爲帶有「餘味」「餘音」的例子。

這樣結尾，全篇停止在最熱鬧的情態上，很有點兒力量，「我們起風潮了！」

結尾有回顧開頭的一式，往往使讀者起一種快感：好像登山涉水之後，重又回到原來的出發點，坐定下來，得以轉過頭去溫習一番剛纔經歷的山水一般。極端的

83

227

現在再來說結尾。在略知文章甘苦的人一定有這麼一種經驗：找到適當的結尾，好像行路的人遇到了一處合宜的休息場所，在這裏他可以安心歇脚，舒舒服服地停止他的進程。若是找不到適當的結尾而勉強作結，就像行路的人歇脚在日曬風吹的路旁，總覺得不是個妥當辦法。至於這所謂「找」，當然要在計劃全篇的時候做，結尾和開頭和中部都得在動筆之前有了成竹。如果待臨時再找，也不免有向人騎馬的危險。

結尾是文章完了的地方，但結尾最忌的卻是眞個完了。須要文字雖完了而意義還沒有盡，使讀者好像喝橄欖，已經嚥了下去而嘴裏還有餘味；又好像聽音樂，已譯到末拍而耳朶裏還有餘音，那餘是好的結尾。歸有光的一項「項脊軒志」的收尾既已敍述了他的娑子與項脊軒的因緣，又說了修葺該軒的事，末了說：

庭有枇杷樹，吾妻死之年所手植也，今已亭亭如蓋矣。

這個結尾很好。驟然看去，也只是記敍庭中的那株枇杷樹能了，但是仔細吟味起來，這裏就有人亡物在的感慨，有死者渺遠的惆悵。我曾經作過一篇題名「遺腹子」的小說，敍述一對夫婦只生女孩不生男孩，在絶望而納妾之後，太太太居然生了一先統籌全局的人，開頭的確是一件難事。而且，豈止開頭而已，他一句句一段段寫下去將無處不難。他簡直是盲人騎瞎馬，那裡會知道一路前去擋着甚麼。

文章的開頭猶如一幕戲劇剛剛開幕的一刹那的情景，使人家立刻把紛亂的雜念放下，專心一志看那下文的發展。如魯迅的秋夜，描寫秋夜對景的一些奇幻峭拔的心情，用如下的文句來開頭：

「在我的後園，可以看見牆外有兩株樹。一株是棗樹，還有一株也是棗樹。」

「還有一株也是棗樹」是並不尋常的說法，拗強而特異，足以引起人家的注意。而以下文章情調，差不多都和這一句一致。又如茅盾的那篇「霧」用「霧遮沒了正對着後窗的一帶山峰」來開頭，全篇的空氣就給這一句凝聚起來了。以上兩例都屬於顯出力量的一類。另有一種開頭，淡淡着筆，並不覺得有甚麼力量，可是同樣可以傳出全篇的情調，範圍全篇的空氣。如龔自珍的記王隱君，開頭說：

予外王父段先生壻麗中見一詩，不能忘。於西湖僧經箱中見書心經，澀且牛，如遇龍中詩也，益不能忘。

這個開頭只覺得輕鬆隨便，然而平淡而有韻味，一來可以暗示下文所記王隱君的生活，二來先行提出書法，可以作爲下文訪知王隱君的關鍵，仔細吟味，眞有說不盡的妙趣。

樂。所以，就構造說，這實在是一篇完整的議論文。

普通文的開頭和結尾大略說過了，再來說感想文、描寫文、抒情文、紀游文以及小說等所謂文學的文章。這類文章的開頭，大別有冒頭法和破題法兩種。冒頭法是不就觸到本題，開頭先來一個發端的方式。如茅盾的都市文學，把「中國第一大都市，「東方的巴黎」──上海一天比一天「發展」了」作為冒頭，然後敍述上海的現況，漸漸引到都市文學上去。破題法恰和冒頭法相反，開頭不用甚麼發端，馬上就觸到本題。如朱自清的背影，開頭說:「我與父親不相見已二年餘了，我最不忘記的是他的背影。」就是一個適當的例子。

曾經有人說過，一篇文章的開頭極難，好比畫家對着一幅白紙，總得費許多的躊躇，去考量應該在甚麼地方下他的第一筆。這個話其實也不盡然。具有修養的畫家並不是畫了第一筆再揣酌第二筆的，在一筆也不曾下之前，他在白紙上已經總考量停當，心目中早就有了全幅的佈置。佈置既定，甚麼地方該下第一筆原是擺好在那裏的事。作文也是一樣。作者在一個字也不曾寫之前，整篇的文章已經活現在他的胸中了。這時候，該用冒頭法或是破題法開頭，開頭該用怎樣的話，也都派定注就，再不必特地用甚麼搜尋的功夫。不過這是指具有修養的人而言。如果是不能預

80

知的了。在這時候要主張怎樣救災，怎樣治水，儘不妨開頭就提出來，更不用累累贅述先敍述那災況怎樣地嚴重。如果所論的題目在一般人意想中還不很熟悉，那就先把它述說明白，讓大家有一個考量的範圍，不至於茫然無知，全不接頭，然後把自己的主張提出來，使大家心悅誠服地接受，這又是一種方式。胡適的「不朽」是這種方式的適當的例子。「不朽」含有怎樣的意義，一般人未必十分瞭然，所以那篇文章的開頭說：

> 不朽有種種說法，但是總括看來，只有兩種說法是真有區別的。一種是把「不朽」解作靈魂不滅的意思。一種就是春秋左傳上說的「三不朽」。

這就是指明從來對於不朽的認識。以下分頭揭出這兩種不朽論的缺點：認爲對於一般的人生行爲上沒有甚麼重大的影響。到這裏，讀者一定盼望知道不朽論應該怎樣才算得完善。於是作者提出他的主張所謂「社會的不朽論」來。在刻畫了一些例證，又和以前的不朽論比較了一番之後，他用下面的一段文字作結尾：

> 我覺得現在的「小我」，對於那永遠不朽的「大我」的無窮過去，須負重大的責任；對於那永遠不朽勛「大我」的無窮未來，也須負重大的責任。我須要時時想着，我應該如何努力利用現在的「小我」，方才可以不辜負了那「大我」的無窮過去，方才可以不遺害那「大我」的無窮未來。

還是作者的「社會的不朽論」的扼要說明，放在末了，有引人注意、促人深省的效的題目用「房屋是用磚頭木材建築起來的」來開頭一樣。平凡固然平凡，然而是文章的常軌，誰也不能說這有甚麼毛病。從下詮釋、立定義暴頭的語義和內容把闡明白，然後來一個結尾，這樣就是一篇有條有理的說明文。蔡元培的「我的新生活觀」可以說是適當的例子。那篇文章開頭說：

什麼叫做舊生活？是枯燥的，是退化的。什麼叫做新生活？是豐富的，是進步的。

這就是下詮釋、立定義。接着說舊生活的人不作工又不求學，所以他們的生活是枯燥的、退化的；新生活的人既要作工，又要求學，所以他們的生活是豐富的、進步的。結尾說如果一個人能夠天天作工求學，就是新生活的人，一個團體裏的人能夠天天作工求學，就是新生活的團體，全世界的人能夠天天作工求學，就是新生活的世界。這見得作工求學的可貴，新生活的不可不追求。而寫作這一篇的本旨也就在這裏表達出來了。

再講到議論文。議論文雖有各種，總之是提出自己的一種主張。現在略去那些細節目不說，單說怎樣把主張提出來，這大概只有兩種開頭方式。如果所論的題目是大家週知的，那末開頭就把自己的主張提出來，這是一種方式。譬如今年長江、黃河流域都鬧水災，報紙上每天用很多的篇幅記載各處的災況，這可以說是大家週心，似乎還過得去。

敍述文敍述一件事情，事情的經過必然佔着一段時間，依照時間的順序來寫，大致不會發生錯誤。這就是說，把事情的開端作爲文章的開頭，把事情的收稍作爲文章的結尾。多數的敍述文都用這種方式，也不必舉甚麼例子。又有關端所寫的時間在後，爲要敍明來歷和原因，卻不得不囘上去以前時間所發生的事情。這樣把時間倒錯了來敍述，也是常見的。如豐子愷的一從孩子得到的啓示」，開頭寫上和孩子隨意談話，問他最歡喜什麼事，孩子囘答說是逃難，在繼續了一囘問答之後，才悟出孩子所以歡喜逃難的緣故。如果就此爲止，作者固然明白了，但是讀者還沒有明白。作者要使讀者也明白孩子爲甚麼歡喜逃難，就不得不用倒錯的敍述方式，囘上去寫一個月以前的逃難情形了。在近代小說裏，倒錯敍述的例子很多，往往有開頭寫今天的事情，而接下去卻寫幾天前幾月前幾年前的經過的。這不是故意弄甚麼花巧，大概由於今天這事情來得重要，占着主位，而從前的經過處於旁位，只供點明脈絡之用的緣故。

說明文大體也有一定的方式。開頭往往把所要說明的事物下一個詮釋，立一個定義。例如說明「自由」，就先從「甚麼叫做自由」入手。這正同小學生作「房屋」

放大片。」又如魏學洢的「核舟記」，開頭說：「明有奇巧人曰王叔遠，能以徑寸之木，爲宮室、器皿、人物以至鳥、獸、木、石，罔不因勢象形，各具情態，嘗貽余核舟一，蓋『大蘇泛赤壁』云。」不先提出「寄給我一張十二寸的放大片」以及「嘗貽余核舟」，以下的文字事實上沒法寫的。各部分記述過了，自然要來個結尾。像核舟記統計了核舟所有人物器具的數目，接着說「而計其長曾不盈寸，蓋簡桃核修狹者爲之。」這已非常完整，對於核舟的精巧表達得恰明顯的了。可是作者還要加上另外一個結尾，說：

> 魏子詳矚旣畢，詫曰：嘻，技亦靈怪突哉！莊列所載稱驚猶鬼神者良多，然誰有游削于不寸之質而須麋瞭然者？假有人焉，舉我言以復于我，亦必疑其誑，乃今親睹之。繇斯以觀，繇斯之端未必不可爲詭裝也！嘻，技亦靈怪突哉！

這實在是畫蛇添足的勾當。從前人往往歡喜這麼做，以爲有了這一發揮才可以即小見大，雖然記述小東西，也不算浪費筆墨了。不知道這麼一個結尾以後的結尾無非說明那個桃核極小而雕刻極精，至可驚異能了，而這是不必特別說明的，因爲全篇的記述都在暗示着這層意思。作者沒有體會出來，偏要格外討好，反而敎人起一種不統一的感覺。我那篇記述蕐山風景片的文字，在寫過了照片的各部分之後，結尾說：「這里叫做長索棧，是蕐山有名的險峻處所。」用點明來收場，不離乎全篇的中的話來說。原不必定要按照着公式，說甚麼「兄弟得在這里說幾句話，十分榮幸。」

文章裏頭，書信的開頭和結尾差不多是規定的。書信的構造通常分三部分；

除第二部分敍述事務，為書信的主要部分外，第一部分叫做「前文，」

內容是尋常的招呼和寒暄，第三部分叫做「後文，」就是結尾，內容也是招呼和寒

暄。這樣構造原本於人情，終於成為格式。從前的書信，往往有前文後文非常繁複

，甚至超過了述事務的主要部分的。近來卻流行簡單的了，但大概還保存着前文後

文的痕迹。有一些書信，完全略去前文後文，使人讀了感到一種雋妙的趣味。如周

作人致俞平伯書：

印了這麼一種信紙，奉送一匣，乞察收。此像在會稽妙相寺，為南朝少見的石像之一，又

曾拓其銘，故製此以存紀念，亦併略有鄉曲之見焉，可一笑。怱怱。

這樣的書信宜於寄給親密的友朋。如果寄給尊長或者客氣一點的友朋還是依從格式

，具備前文後文，才見得合乎體意。

記述文記述一件事物，必待先提出該事物，然後把各部分分項寫下去，如果不

先提出該事物，開頭就寫各部分，人家就不明白你在說甚麼了。我曾經記述一位朋

友贈我的一張華山風景片。開頭說：「賀昌羣先生游罷華山，寄給我一張十二寸的

良或者少加思考，就在開頭和結尾的地方出了毛病。在會場裏頭，我們時常聽見演說者這麼說：「兄弟今天不曾預備，實在沒有甚麼可以說的。」一番演說完了，又說：「兄弟這一番話只是隨便說說的。可是，在說出來之前演說者未免少了一點思考。誰也明白，這些都是謙虛的話。那末為甚麼要踏上演說臺去呢？隨後說出來的，無論是三言兩語或者長篇大論，又算不算「可以說的」呢？你說隨便說說，沒有甚麼意思，要請諸位原諒。備，沒有甚麼可以說的，那末為甚麼要踏上演說臺去呢？你說不曾預剛纔的一本正經，是不是逢場作戲呢？如果這樣作問，演說者一定會爽然自失，回答不出來。其實算是一種甚麼品德呢？自己都相信不過的話，卻來說給人家聽，又他受的習慣的累，他聽見人家演說這麼說，自己也就習慣了這麼說，不知道這樣的頭尾對於演說是並沒有幫助反而有損害的。不要這種無謂的謙虛，卻去這種有害的頭尾，豈不乾淨而有效得多。還有，演說者每每說：「兄弟得在這裏說幾句話，十分榮幸！」這是通常的含有禮貌的開頭，不能說有什麼毛病。然而聽眾聽到的時候總不免想：「又是那老套來了。」聽眾這麼一想，自然把注意力放鬆，於是演說者的演說效果就跟着打了折扣。甚麼事都如此，一回兩回見得新鮮，成為老套就嫌得乏味。所以老套以能夠避免為妙。演說的開頭要有禮貌，應該隨時找一些新鮮而又適宜

開頭和結尾

寫一篇文章，預備給人家看，這和當衆演說很相像，和信口漫談卻不同。當衆演說，無論是發一番議論或者講一個故事，總得認定中心，凡是和中心有關係的才容納進去，沒有關係的，即使是好意思、好想像、好描摹、好比喻，也得丟掉。換一句話，一場演說必須是一件獨立的東西。我們只要留心，隨時可以聽到兩個以上的人的漫談，說話像藤蔓一樣爬開來，一忽兒談這個，一忽兒談那個，全體沒有中心，每段都獨立不來。這種漫談本來只求當時的消遣，話說過了也就完事了，彼此都沒有甚麼目的。若是抱有目的，要把自己的情意告訴人家，用口演說也好，用筆寫文章也好，總得對準中心用功夫，總被說成功寫成功一件獨立的東西。不然，人家就會弄不清楚你在說甚麼寫甚麼，因而你的目的就難以達到。

中心認定了，一件獨立的東西在意想中形成了，怎樣開頭怎樣結尾原是很自然的事，不用費甚麼矯揉造作的功夫，因為開頭結尾也是和中心有關係的材料，也是那獨立的東西的一部分，並不是另外加添上去的。然而有許多的人往往爲了習慣不

237

過宮牆，繞迴廊；
繞迴廊，近椒房；
近椒房，月昏黃；
月昏黃，夜生涼；
夜生涼，泣寒螿；
泣寒螿，綠紗窗；
綠紗窗，不思量？

（敦江南）呀！不思量，便是鐵心腸！鐵心腸，也愁淚滴千行……

看他一層深一層地說來，到最後終於聲淚俱下，便讀者也硬咽不能成聲了。

「直抒胸臆」，到了「水到渠成」時自然沖口而出是非常有力的，但通篇直抒

則自右所無。所以總以寫情於景、於物、於事者最為穩健。王國維「人間詞話」中有

一段話說：

「詞家多以景寓情，其專作情語而絕妙者，如牛嶠之「甘作一生拚，盡君今日歡！」顧夐之「換我心為你心，始知相憶深！」歐陽修之「衣帶漸寬終不悔，為伊消得人憔悴！」美成之「許多煩惱，祇為當時，一餉留情！」此等詞，求之古今人詞中，曾不多見！」

足見直抒胸臆之難是千古同感的。

——第五講完——

71

239

（普天樂）拋下俺斷蓬船，丟下俺無家犬，叫天呼地百千遍，歸無路，遞又踅前！（登高望介）那滾滾寒波淚拍天，流不盡湘江怨！（指介）一有了，有了，那便是俺舍身之地。一壞黃土一坯，江魚腹寬展！（捨身介）俺史可法亡國罪臣，那容冠冕而去！（摘帽脱靴介）摘脱下親靴冠冕。（副淨）我看老爺寬像要尋死模樣。（拉住介）老爺三思，不可短見呀！（史）一你看茫茫世界，留着俺史可法，何處安放！　果死爰雄，到此日，看江山換主，無可留戀！

這種瘋狂一般的愛國熱情，真令人讀一句哭一聲，永遠無法泯除這亡國之恨的！有這樣的真情，才會冲出這樣瘋狂一般的文句，乃是當然的事實。

一種是開頭時還能委委婉婉曲曲折折地道來，但終於越說越傷心，最後是禁不住痛哭失聲，亦冲口而出了。例如「漢宮秋」寫漢元帝於王昭君去後獨唱的一節：

（梅花酒）呀！對着這迥野淒涼，草色已添黃。

兔起早迎霜，犬褪得毛蒼。

人搠起纓鎗，馬負着行裝。

連運着餱糧，打獵起圍場。

她、她、她，傷心辭漢主；

我、我、我，攜手上河梁。

她部從，入窮巷，

我鑾輿，返咸陽；

返咸陽，過宮牆，

，幾乎封封郵含著一個美麗的夢想，字字都像珠玉，輕倩而動人的，但寫到激情時，他也會寫出：

「這世間沒有什麼東業比你的愛情更使我有生死的決心！」一種不發現的痰迷話，這是「直抒胸臆」中遣詞自有分寸之處，但必須有高潔的思想與情操為其根柢。否則，浮光掠影，縱有肉麻語亦是無法動人的。

大致「直抒胸臆」的寫法是只有在激情奔进之下才用得著的。推其方式不外兩類：一種是開頭就冲口而出，然後再說事實經過的，例如：

　　多少恨！
　　昨夜夢魂中。
　　猶似舊時游上苑，
　　車如流水馬如龍，
　　花月正春風。
　　——李後主「望江南」

這，有如萬急中求救之聲，他是來不及說出事實的。寫到這裏，我忽然想起桃花扇中史可法正欲投奔南京保駕，途中忽然得悉孤主已亡的消息，不覺頓足大哭而欲投江的一節來，他唱道：

最講溫柔敦厚，所謂不失風人之致也。不過，情有婉轉與奔迸之別，表現的手法自也不能一概而論。婉轉的你儘不妨借景借物借事來曲曲折折地傳出，但激情所至，往往不能自遏。於是冲口而出，自成佳句。例如：

「彼蒼者天，
孰我良人；
如可贖兮，
人百其身！」

—— 詩國風

寥寥十六字，蕭腔悲憤，使人不禁爲之鬱勃，久久不能自解。他如：

「劍外忽傳收薊北，
初聞涕淚滿衣裳；
却看妻子愁何在，
漫卷詩書喜欲狂；
白日放歌須縱酒，
青春結伴好還鄉，
卽從巴峽穿巫峽，
便下襄陽向洛陽！」

—— 杜甫「聞官軍收河南河北」

寥寥五十六字，一種大難後忽得自由的欣喜欲狂的情態，就如跳躍紙上。這都是激情之下，自然流露而成的。所以「直抒胸臆」亦自有它的用處。例如方瑋德的書信

梁王謂莊子曰：「……願先生言而直書耳，無譬也。」惠子曰：「今有人于此，而不知

彈者，曰：『彈之狀如何若？』應曰：『彈之狀如彈，則諭乎？』王曰：『未諭也。』『於是

更應曰：『彈之狀如弓，而以竹為弦，則知乎？』王曰：『可知矣。』惠子曰：『夫說者

固以其所知諭其所不知，而使人知之。今王曰無譬，則不可矣。」

這是很明白的，如果抒情而不借重於景、物、事，是很難達出的。你要寫懷念

久別遠離的人，前面已經說過，如果你只說懷念懷念，就是說了千百遍，亦祇能使

人知道你有這回事，至於你是否有這真情，旁人就無法知道了。所以作者往往採用

了視物懷人，觸景生情一類手法寫出來。寫到深入處，往往情與景，情與

事，渾然天成，不可分辨。正面的話不說一句，而情意絲絲，綿續無盡，所謂「不

著一字，盡得風流」者，指的就是這種境界。已故詩人方瑋德在中大畢業以後，從

南京到了北平，認識了黎××小姐，遂而發生了愛情。記得他給黎小姐的一封信裏

，有如下的一段文字：

我想不到我這次離開了南京，渡過了長江，越過了泰嶽，飛過了開山，來到這古老的

都城，（都城裏鎖着三千年的哀怨！）我竟發現這樣一個奇蹟！──我是上帝收回世界上

所有的美麗而遺留下來的最後一個！」

這文字寫得多含蓄，然而寫得何等有力！雖鐵石人亦當為之動心。中國人作詩

67

243

這是借歷史之陳迹，以與大自然相比，於是覺得「寄蜉蝣於天地，渺滄海之一粟；哀吾生之須臾，羨長江之無窮。」的。

> 六代豪華，春去也，更無消息。空悵望山川形勢，已非疇昔。王謝堂前雙燕子，烏衣巷口曾相識。聽夜深寂寞打孤城，春潮急。思往事，愁如織。懷故國，空陳迹，但荒烟衰草，亂鴉斜日。玉樹歌殘秋露冷，胭脂井壞寒螿泣。到而今只有蔣山青，秦淮碧。
>
> ——薩都拉滿江紅金陵懷古

這又是借歷史陳迹來說出人世之滄桑的悲哀的。

總之，祇要有思想，有真情，是不怕沒有方法表現出來的。熱烈濃豔的，輕描淡寫的，象徵神祕的。……任你選擇。問題祇在於我們自己是否真有思想，真有感情，真有可歌可泣的生活，有了，再問自己是否盡量利用過前人的遺產，多讀多寫，養成了能夠自由運用了的藝術素養。

（四）直抒胸臆

「直抒胸臆」，在描寫手法裏是最「出力不討好」的工作，所以也最少為人採用。因為情是不可見的，是抽象的，而描寫却必須具體方能使人感染之故。「說苑」裏有這樣一段故事：

有小說，戲劇，童話，敘事詩，史詩，與歷史小品之類。此外還有詠史與懷古一類

著作，亦可以說是寓情於事的。例如：

燕丹善養士，志在報強嬴，招集百夫良，歲暮得荊卿。君子死知己，提劍出燕京。素驥鳴廣陌，慷慨送我行。雄髮指危冠，猛氣衝長纓。飲餞易水上，四座列群英。漸離擊悲筑，宋意唱高聲。蕭蕭哀風逝，淡淡寒波生。商音更流涕，羽奏壯士驚。心知去不歸，且有後世名。登車何時顧，飛蓋入秦庭。凌厲越萬里，逶迤過千城。圖窮事自至，豪主正征營。惜哉劍術疏，奇功遂不成。其人雖已沒，千載有餘情！

——陶淵明 詠荊軻

所謂「其人雖已沒，千載有餘情！」就顯然可以看出陶淵明也是有著深刻的亡國之痛的。

當有吹洞簫者，倚歌而和之。其聲嗚嗚然，如怨，如慕，如泣，如訴，餘音嫋嫋，不絕如縷。舞幽壑之潛蛟，泣孤舟之嫠婦。蘇子愀然正襟危坐，而問客曰：「何為其然也？」客曰：「月明星稀，烏鵲南飛，此非曹孟德之詩乎？西望夏口，東望武昌，山川相繆，鬱乎蒼蒼，此非孟德之困於周郎者乎？方其破荊州，下江陵，順流而東也，舳艫千里，旌旗蔽空，釃酒臨江，橫槊賦詩，固一世之雄也，而今安在哉？況吾與子，漁樵於江渚之上，侶魚蝦而友麋鹿，駕一葉之扁舟，舉匏樽以相屬；寄蜉蝣於天地，渺滄海之一粟；哀吾生之須臾，羨長江之無窮。挾飛仙以遨遊，抱明月而長終。知不可乎驟得，託遺響於悲

風。」

——蘇軾 赤壁賦

一銀子」而已。以銀子爲炱之張本，予是自責孝父母也；自言敬天地，斯不畏天下之人，不信其不敬天地也；自言尊朝廷也，斯不畏天下之人，不信其不恤朋友也。嗚呼，天下之人，而予懼銀子是愛，而不畏出其虐恨，盡爲宋江所窺。因而並其性格，亦盡爲宋江之所提起放刻。……作者深燃世間每有如此之人，予是勞借宋江，特爲立傳，而處處寫其單以錫弔銀子結人，莕縣心之鑒也。」

——水滸第三十六回

又吳用用智賺玉麒驎詩，李逵扮作啞道童，「吳用道：「你若開口，便惹出事來！」李逵道：「也容易，只口裏銜着一文銅錢便了。」」還是何等沉痛的尖刻之筆。真是駡盡千古的人的！

用這眼光去讀世間任何一部已有定評的文學著作，則其豐饒的內容與部份的意義，都不雞意味出來。同樣，你也可以領悟出你自己有了種種無處發洩的感情時，也同樣可以採取這種大規模的結構去寫出來的。廚川白村說，文藝園地有如潛意識中的夢境一般，是最自由的。任何艱苦困難不自由的時代，祗要你有思想，有認識，同時有成熟的藝術的素養，總不難自由的表達出來。祗要你在作品裏確質賦與以生命，運早總會由於你的這些心血的灌漑而迸放出燦爛的花朵來的。

探取故事表現的方式的，過去流傳下來的有神話，有寓言，現在常被採用着的想起「老殘遊記」的作者劉鶚說過的話來。他說：南華經是莊周的哭聲，離騷是屈原的哭聲，史記是司馬遷的哭聲，少陵詩集是杜甫的哭聲，水滸傳是施耐庵的哭聲，櫻花扇是孔尚任的哭聲，紅樓夢是曹雪芹的哭聲……。由此舉一反三，就可以判斷世間一切文學名著，不論是詩歌，是小說，是戲劇，都不過是作者的哭聲。由這一段話更可以證明我那「是文學作品就都是抒情的」一個歸納是正確的。

一生經歷豐富的人，人情之冷暖，世態之炎涼，無不嘗遍；酸、甜、苦、辣的滋味也無不滲透。於是心中就充滿着各式各樣的情緒，發怒的，同情的，流淚的，放聲號哭的，飄剌的，冷酷的，沮喪的，懷悔的，期望的，……，應有盡有，無不欲向外傾吐。於是非大規模的事實給他運用就不行了。伊利亞特與奧德賽是荷馬所採取的故事；神曲是但丁所採取的故事；失樂園是彌爾頓所採取的故事；莎氏樂府是莎士比亞所採取的故事；浮士德是歌德所採取的故事，戰爭與和平是托爾斯泰所採取的故事……。在一個短篇裏固然代表着作者一種眼淚，在一部大規模的著作裏就往往包含作者各式各樣的哭聲了！茲舉中國文學批評界的怪傑金聖嘆所批水滸中宋江把錢給薛永時的一段話看看吧：

「其結識好漢也，初無有天之曠蕩，朔月之破滾，審雨之染如，夏雨之經直。直惟一

「呵，這個孩子將來一定要發財的。」於是他得到連聲的感謝。

一個客人說：

「呵，這個孩子將來一定要做官的。」於是他也收回許多恭維。

一個客人說：

「啊，這個孩子將來一定要死的。」結果他受了大家一頓合力的痛打。

說他會升官發財的，將來未必應驗；說他將來一定要死，乃是千古難逃的公

例。但是說真話的反受痛打，而說謊的卻得好報。試問你們願意採取那一方式？」

「我們不願意說謊，但也不要挨打！那麼，老師，應該如何呢？」

「哦，那只有說：「呵，這個孩子，呵，這個…………呵呵呵…………呵

呵呵 hehehehe……」」

這故事初讀時你也許會笑，但眼淚立刻會凍住了你笑的臉！多少苦悶與沉痛含

在這短短的小文裏！這是一個故事，但是你能說這不是一首抒情詩嗎？一本「野草」

人有七情——喜、怒、哀、懼、愛、惡、欲，有時僅用單純的寫景與咏物，總

裏，無一篇不是這樣晶瑩絕倫的。

覺得不夠表現得酣暢。於是乃借之於情節錯綜離奇的故事。——寫到這裏，我忽然

的下來，可歎這銅盤給移到遠處去，便是要喝一點露水也不能夠了！」意思很

明顯的是國家一亡，什麼幸福都沒有了。所剩的只是個待死之身，挨着這淒涼

菩痛的日子。「病翼驚秋，枯形閱世，消得斜陽幾度！」是王沂孫那時的影子

，也是當是一切亡宋遺民的影子。

稱為文學作品！

（三）寓情於事

記得魯迅先生曾寫過一篇題為「立論」的小文，大意如次：

我夢見自己在私塾裏上作文課，向塾師請敎「立論」的方法。

「難！」

塾師從眼鏡框的上面斜射出眼光來搖搖頭說：「舉個例說吧：

有一家人家生了一個兒子，親友們都來送禮。一個客人說：

後人不知咏物之作之本意，專事模倣，徒用力於形象的刻劃，其實都只是文字

的遊戲，不能稱為文學作品的。歷代咏物之作而能膾炙於人口的，它必然是通過作

者的感覺與想像，賦與以靈魂的。率直言之，它一定是抒情的。否則，那一定不配

，是說「雖然要被溝水把它沖到宮外去，它還是戀戀不捨地想這根生長的故宮，掙扎着要倒衝回去！」可是一片葉子微薄的力量，那裏抵得住溝水的沖激呢？因此它便只有在暗流裏打轉了。「暗流空繞」一四字，真是一字一淚，寫盡亡國遺民暗地掙扎者的心緒，却又風聲鶴唳，便是未歇的蟲吟，欲斷的鴻影，都覺可驚可怖，「此時懷抱」如何，自不實可喻了。

同學們看了上文的說明，大概也總可以明白：他所說的故宮，便是指被蒙古人滅亡了的宋國，那宮裏題紅的人，便是指那被蒙古人擄去了的恭帝及太后諸王許多宮眷，再仔細的把這幾句詞念數遍，同初看時的景象便大不相同了。

再說齊天樂咏蟬的那一節。「銅仙鉛淚似洗」三句，也是用一個故事的。漢武帝相信方士的話，鑄造了一個二十丈高的銅人，手上托着一個銅盤，叫作承露盤，說可以永得天上的甘露，喝了會長生不死的。到了魏明帝時，要把銅人移到鄴宮去，却因為太高大了，沒法搬運，只拆了個銅盤去；相傳當拆取時，銅人眼中還掉下淚來的。又以前人說蟬是餐風吸露的，所以詞裏拿承露盤的故事同蟬連在一處說。

這首詞，也是拿自己比作所詠的題目蟬的。他說：「銅仙的鉛淚如雨一樣

60

250

「秋深矣！賞落葉蕭蕭，吟蛩唧唧的時候，不禁又記起王沂孫的幾句詞：

「前度顧紅杏杏，湖宮溝，暗流空繞。啼螿未歇，飛鴻特過，此時懷抱。

「銅仙鉛淚如洗，歎移盤去遠，難貯零露。病葉驚秋，枯形閱世，消得斜陽幾度？

——水龍吟—詠落葉——

——齊天樂·蟋蟀——

同學們對所引的這幾句詩詞，怕不大瞭解吧？讓我先大略的來說明一下。水龍吟落葉的「前度題紅」三句，是有一個故事的。據說唐僖宗時候，于祐在宮溝的下流裏拾到一張紅葉，是從吳宮裏流出來的。上面題著四句詩：「流水何太急，深宮盡日閒；殷勤謝紅葉，好去到人間！」于祐因也在另外一張葉子上題上幾句詩：「曾聞葉上題紅怨，葉上題詩寄阿誰？」云云，放到宮溝的上流，流到宮裏，給原題詩人韓夫人拾了去。後來僖宗放宮女出宮，自由擇配，韓夫人正嫁給于祐，這紅葉題詩的故事，便成了千古美談。詞裏引用了這個故事，是拿自己比作掉在這宮溝裏的一片葉子的。他說：「前邑子那位在紅葉上題詩的人那裏去了，我幾度想倒湖宮溝進去，卻空又被它冲了出來～在這蟲吟吟老歇，飛鴻將過的時候，你想想我的懷抱吧！」「湖」字是逆水而上的意思，「前度題紅杏杏」便是說前邑子題紅的人不見了。

以寄情的。所謂「相看兩不厭，只有敬亭山。」（李白句）所謂「數峯清苦，商略黃昏雨。」（姜白石句）就是借山以寄情的。所謂「流到溪前無一語，在山作得許多辯！」（咏瀑句）所謂「風乍起，吹縐一池春水。」（馮延己句）就是借水以寄情的。

「窮冬十二月，
苦霧八九毛；
寄書自燕雀莫相嘩，
自有雲霄馮里高！」

　　　　　——李白觀放白鷹

這是借鳥以託自負的懷抱的。

「花開不並百花叢，
獨立疎籬趣未窮；
寧可枝頭抱香死，
何曾吹墮北風中！」

　　　　　——鄭思肖題畫菊

這是借菊以說自己的不屈不降的民族氣節的。

王季思先生在其詞的正變一文裏，曾解釋過王沂孫詠蟬詠落葉的兩段詞，現在抄錄於后，就更可看出詠物之作是怎樣的一囘事了：

「夜深風竹敲秋韻，
萬葉千聲皆是恨！」

「消息未知歸早晚，
斜陽祇送平波遠！」

都是借景色來說出無限情意的。

此外，在小說與戲劇裏也有以景色作為配合場面用的，但原則上仍以情與景融

成一片為描寫的最高境界是無疑的。

（二）寫情於物

「寫情於物」的應用範圍，比較的要狹。但也歷來都在被人採用着。自從屈原在離騷裏廣泛地採用香草美人之類來象徵各種人和事以後，就常常有人偏愛一種物來表白自己的人格與心境。例如陶淵明的愛菊，林和靖的愛梅，周敦頤的愛蓮，都是屬於這一意義的。於是許多咏物詩，都在托物以寄情的原則下寫了出來。〈魏晉南北朝的賦更是這一手法達到最高峯的時期。〉所謂「嫦娥應悔偷靈藥，碧海青天夜夜心！」〈李商隱句〉所謂「暫蝕還圓，祇有多情月！」〈黃侃句〉，就是借用

這手法運用得最成功的是魯迅的「好的故事」。他首先寫出一個記憶——山陰道上航行時所見到的景色，由是引出了一個理想的境界。用流動的交合的景色來象徵一個理想的世界，那世界裏不但人與人之間是顯得那樣的融和協調，就是萬物，也與人類渾成一篇了。這就是張子「西銘」裏所暗示的「民胞物與」的世界，也就是大同的境界。這一篇是魯迅一生的思想的結晶，是魯迅一生奮鬥的終極的理想。而某書局的初中國文的「題解」裏竟說是描寫山陰道上的景色的文章，豈不令人痛心！

還有的是正式借景說情的——這一種最為常見。詩歌裏寫景的好句子幾乎全部是說情的。最低限度也在烘托着作者其時的心境的。例如：

「午夜夢迴雖塞遠，
小樓吹徹玉笙寒！」

「可堪孤館閉春寒，
杜鵑聲裏斜陽暮」

「寒波澹澹起，
白鳥悠悠下。」

都是用以烘托作者的心境的。至如正式借景說情的，亦隨處都是。例如：

「淚眼問花花不語，
亂紅飛過秋千去！」

「路是長的，長的，太陽落下！」

「孩子，這，這就是你的世界，」

「曠野，黃昏，路，還有荒涼……」

都是用寫景來象徵這整個家庭的灰色的前途的。一年前「江風」上發表的一篇「茫然之感」，用的也是這一手法：

「我現在對着一切都是茫然！

我立在時間的河流之濱，一面望着上流匆匆忙忙地趕將下來，一面又望着它們跟跟蹌蹌地向着大海擠去，真有不勝慌張之意……我茫然。

我佇立于向晚之樓頭，方看莊嚴的紅日沉落，而夜之黑影的爪牙便從天地的邊緣爬出，並且漸漸地，漸漸地向人間縮緊了包圍圈……我也茫然。

我又曾登上了高塔，展望着無邊的茫茫的人海：波濤洶湧着，小波擁着大波，大波捲去了小波，真忙碌啊，……有時撞着了巉巖，總算迸出了點點的浪花，但隨即，復歸于泯沌……。我更茫然。

我也曾做個無量數的夢：夢見幸福的靈樹開出了花，夢見撿不到的冷飯抽出了芽；但是，每次每次，在直流的冷汗裏醒了過來，依然只有無邊的黑暗在望，依然只有盈寶的空虛在握……。我更茫然！

于是，于是我祇有任着性子披散着長髮在愆風驟雨裏直驅狂奔，我祇有袒露着胸膛在黑夜的山林裏哀哭到天明，我祇有，在無邊的墟墓間血淚和洗……。」

惟見長江天際流！

全詩無一「送」字，也沒有一個「離情別緒」的字眼，末二句則無一字不寫景，但

曾儘裏卻無一筆不寫情！……真的，古今來，誰有這樣深的別情、誰人送朋友遠

行是船駛了還立着送的？但是我們的詩人卻眼看着「孤帆遠影」在「碧空」裏小了

，小了，終於不見了，還立着望他，望他！最後是只看着一片水光在天際隱現了，

他還立着，立着，望着，望着，送他！如此深情，誰能不爲之同潸下淚！有人說：

「孤帆遠影」者目送之也；「長江天際」者心送之也。可謂千古知音。

像這樣的描寫，一方面盡了烘托背景的責任，而另一方面卻情與景渾成一片，

也盡了抒情的任務了。

有的是用以象徵某一種意象的——這是因爲那事實如果照實寫下去，其結果不

但掛一漏萬，而且是令人覺得俗不可耐的。於是採取稍稍象徵的寫法，一方面仍不

失其所要表現的真實性，一方面却又具有藝術的美感，可以令人依違不置。例如本

書裏「做成一首詩的幾個步驟」的附按中所舉的「家庭」一詩，就隨處用着這手法

。例如：

「這就是個家庭，就這樣——
行走在很長的、很長的大道上。」

54

256

，「他」果眞「終於」來了嗎？天曉得，她却只等得「月華」從東方冉冉地昇了起來……。

這樣了不着痕跡的寫時間的句子，寫得何等曲折，何等哀婉。於此，我們不難領悟出文學的寫景文之三昧吧？

有的是用以烘托故事的背景的——這在小說裏最爲常用。譬如你要寫一個失眠的人，你總不免借着黑暗，月光之類作陪襯的。如果你寫他將燈熄滅時，一痕月光從東窗裏掛了進來，於是聯想起也是這樣一個月夜，你曾經……曾經……這一來，思潮與回憶就咬住了你的心，你，再也睡不去了。於是輾轉反側，曲盡描寫，到了忽然回過意識來，月光已在西窗上無力地照着了。這月光便有了無限的意味，再也不僅是單純的寫景了。

是好的描寫，卽使在小說裏，也一定能使你不覺其爲寫景文字，而讀者却在其字裏行間領受到無限的美感的。至於詩歌，用的字句極其經濟，更不容有廢詞賽句去空寫景色了。例如李白「送流潺然至廣陵」：

故人西辭黃鶴樓，
烟花三月下揚州；
孤帆遠影碧空盡，

此詞，表面看去，句句都是寫景的。但細細一讀，卻句句都是在寫着「待」的

時間的。試閤目以想：「柳外輕雷」時節，不應該正是晴天嗎？由「輕雷」而到「

池上」「有」「雨」，不是該已經過了許久了嗎？「雨」，不應該只洒在「池上」吧，而

當只是「池上」有雨，其「雨」之疏落可見。但結果是「雨聲滴碎荷聲」了，不是

驟然密了嗎？這中間又應該經過了多少時候！後來呢，驟雨綏了，綏了，而且晴了

，望見「小樓西角」有「斷虹」掛着了，這中間又該經過了多少時候！同時，這樣

細細數着這時間足音的過去，不是一定有個人人在嗎？正是。一個人，正在欄杆邊

倚着，倚着啊！這個人眞有耐性，也眞可憐！大概是有過「約」的吧？她午後就倚在

欄杆邊等候了。她等着，等着，人沒有來，柳外卻有輕雷……遠，她該多着急！不

過，如果遠時「他」能來呢？還不要緊？但是，看！池面上有了雨點了！下雨了，

「他」還會來嗎？！不過，能一直這樣子還不要緊。她的希望不絕如縷！可是，可是，

「雨聲」竟然「滴碎荷聲」了！這時，她還能不絕望嗎？還能不絕望嗎？但是，造

物弄人，往往令人啼笑皆非。一陣驟雨過後，卻又看見「小樓西角斷虹明」了。這

時，正是山窮水盡之處，忽然柳暗花明，頓時把她從絕望的深淵裏提了出來，她的

欣幸與快樂，還消說得嗎？莫怪她依然耐性地期待着，期待着……可是結果呢

52

前者點出黃昏時淒涼的別離情景，後者則寫出征夫秋塞的荒涼情懷。都是寫景，但也都是點出時間，盡了抒情的任務的。不過我現在所要指出的是在其時當事人會引起時間的感情的寫景的文句。例如：

「昨夜西風凋碧樹，
獨上高樓，
望盡天涯路！」

——晏殊「蝶戀花」

「昨夜西風凋碧樹，」表面雖是一個敘事兼寫景的句子，而實際上却分明引起當事人的時間感情的。她的獨上高樓去望盡天涯路者，正是由於看見一夜西風凋盡了碧樹所引起的青春易謝遲暮將至的感情衝動的結果，這是很顯然的。他如：

「垂楊祇解惹春風，
何曾繫得行人住！」

——歐陽修「臨江仙」

也是寫景神化了的句子，其所含的因時間而逗起的感情，也是哀怨萬千的。現在再舉一個不着痕跡的描寫時間的例子在下面加以觀察吧：

「柳外輕雷池上雨，
雨聲滴碎荷聲。
小樓西角斷虹明，
闌干倚處，
待得月華生！」

所謂文學的寫景文者，它一定含有作者個人的主觀情調；故其所表現的景色，未必是實有的景色，而是通過作者的感情與想像的產物。合則留，不合則去，這還是消極的吸收景色的寫法；積極的，作者往往創造各種景物來配合並凡表現他其時的情緒的。在小說裏如此，在詩歌裏更是這樣。再人在初習寫作時，往往愛插寫景文字，却不知寫景正所以寫情，因而一連篇累牘，不出月露之形；積案盈箱，唯是風雲之狀！」的文章，總是無補於事的。如今有了正確的一個描寫的定理以後，就知道一切寫景，都只是為了完成一個目的──抒情而已。

寫情於景，大約也有幾個可循的法則的。──本來，寫景色是沒有不點明時間的，而時間的點明，亦無不與作者當時所要表現的情緒有關。例如：

「斜陽外，
寒鴉數點，
流水繞孤村。」

──秦觀「滿庭芳」

「四面邊聲連角起，
千嶂裏，
長煙落日孤城閉。」

──范仲淹「漁家傲」

抒情的幾個基本法式

根據「凡是文學作品就都是抒情的」這一定則，我們就不難從所有的文學作品中歸納出幾個抒情的基本類型來。攜筆者目前所能歸納出來的，約有如下四種：

（一）寫情於景。

（二）寓情於物。

（三）寓情於事。

（四）直抒胸臆。

今試分述於后。

（一）寫情於景

寫景文字最容易見到的是遊記。但遊記不一定是文學作品，尤其是近代的許多有價值的遊記，往往包含着人情、風俗、物產、政治、地理的記載，類多客觀的考察，所以其中的寫景文字，其目的也只是一些地理風景，與文學的寫景文不同。

點來發揮罷了。因為父母愛子女的心，是無處不在的，若叫我們寫，也許會把幼年時他如何疼愛，如何關懷的一切，「寫得淋漓盡致」(？)，但結果如何呢？第一，你所寫的當然與人家的完全雷同，第二，一定是掛一漏萬，而又嚕囌不堪！在這種地方，作者就要特別注意材料的取捨與剪裁的功夫了。截斷衆流，抓住一點，這是「背影」作者所用的手法，結果呢，父親愛他關切他的一舉一動一言一語一表情，都輕輕地表現出來了，而同時他懷念父親的心不是也完全烘托出來了嗎？——這就是他寫作此文的動機，也就是他寫作此文的目的。所以在末了，他又寫出父親最近的一封信，信中而且有「大去之期不遠矣」這樣一句話，(這一句話應該就是他寫這文章的觸機！)但是被培植到這地位的朱自清先生，可有盡過一點報答的孝心嗎？他自己說：「不見父親又是兩年了！」語重心長，言外之意，不是很明白嗎？……

總之，一切文學名作，其描寫任是怎樣豐美瑰奇，都不外乎是完成其抒情的目的而已。——至少也表現着他當時的心境的上我又重複說一遍：以此標準去評衡一切不朽的名作，都不難定出其藝術價值之高下。卽使最客觀的自然主義與新寫實主義的作品，其取材與剪裁的標準，亦得如此才行，否則，主題不立，文於何存，登有永生不朽之理！

——第四講完——

國的社會裏，應以奔喪一事最為重大。若以當前的嚴重性來說，則家貧失業是可怕

的事。至於送兒子上車，而這兒子又不是第一次出門，他早就在北京大學讀書了，

真是算得甚麼！這些事實寫在一篇文章裏，如果我們還在初中時代，則我們一定會

把祖母的喪事寫得有聲有色，說祖母是怎樣的賢惠慈愛，死後大家又是怎樣的哀慼

。但是我們看看朱先生所寫，他把前兩宗事情只用一百多字的篇幅就寫過去了。而

寫送他上車的事，却把彼此的一舉、一動、一言、一語、一心理、一表情，都細細

地不遺地描寫出來，這是怎麼一回事呢？我前面說過：「任何千言萬語費盡心機的

描寫，而其所欲完成的目的却只有一個，就是抒情。」這文章是很顯然的，一切都

只是為了要寫出那令人流淚的「背影」。至奔喪與就業，那只是陪襯之筆而已。如

果不是為了奔喪，就不會有「一同」出門的事，如果不是「一同」到南京，就不會

有在下關送上車的事。但奔喪與就業，事雖重大，而與本文的中心却無多大關係，

它只能引出送他上車一事而已，所以只略略的帶了一筆就不再提了。至於送他上車

以至送他上車以後的事，却一舉、一動、一言、一語、一表情都是為了他的，都是

至情關心他的表現。這一舉一動一言一語一表情，都是促使他終於流淚的動力。很

明顯，父親的背影，他不是沒有見過的，何足流淚！「背影」，不過是作者抓住一

47

無不選入，選了的，到這兩句莫不密密加圈。但我們仔細考查這一個句子，實在覺得平凡得很。王國維先生說：「大家之作，其言情也必沁人心脾，其寫景也必豁人耳目。」若以這標準去衡量這句子的價值，則別說人家的，就是他自己的集子裏，比道句子好的也不知有多少！就在這一首雨霖鈴上半闋的末一句：「暮靄沉沉楚天闊！」所表現的那種蒼茫氣象何等顯豁，也比於一句好。但是，「楊柳岸曉風殘月」一句，又何以讀來膾炙人口呢？問題就在這裏！原來還是一般人單把這一句拈出來說了的緣故。殊不知如果單單只有這一句，就是一個沒有靈魂的句子。因爲它只有三種不同的景色原料，却不曾組織成一個有意境的句子。它之所以成爲有生命的句子者，完全是靠前面的句子緊逼下來的。如果沒有「多情自古傷離別，更那堪冷落千秋節」二句，則「今宵酒醒何處」之下，這「楊柳岸曉風殘月」也不能搆成這樣凄美的蕩人心魄的景象。祇因爲有前面幾句，於是楊柳亦成爲有情物，風與月亦成爲觸目傷心的資料，一片凄清景象，前面使人寒冷入骨了。再如朱自淸的背影，也是大家必然讀過的文章。那文章的內容，大家當還記得。裏面寫着三宗不同的事實：一宗是祖母的死，他和父親奔喪囘家；一宗是家道中落，度日艱難，他父親又當失業期中，需要找飯吃去；另一宗便是父親在南京送他上車的事。以事論事，在中

桃花扇是寫侯方域和李香君的戀愛故事的，是極其哀艷的一本雜劇，但你讀這

「餘韻」，作者是僅在寫戀愛故事嗎？誰也知道這只是作者孔尚任借着蘇崑生的口唱

出來的曲子，是寫亡國之痛的名文。中國的作品是如此，外國的作品亦無不如此。

由于這一假定的歸納，又可以得出下面一個結論：

這是一個描寫的定理。根據這一個定理去寫作，再也不至跑野馬似的無所依歸了。記

得自己在中學時代時，一上作文課，就像上刑場一般，原因是一個題目出來，實不

知從何下筆，後來稍稍愛好文學，最苦的一件事就是題材的去取與剪裁完全沒有標

準。那時期，特別愛好寫景優美的文字。一篇文學作品，如果沒有幾段寫景的好文

字，我就會不承認他的文學價值的。最顯明的就是阿Q正傳，我常說：「不知它好

在什麼地方！」以為魯迅一定不長於寫景。直至讀了他那「好的故事」，才吃驚於

他那寫景的手腕何等異於常人！於是領悟到自己那種每篇小說裏一定要有寫景文的

心理是何等可笑！原來景色是必須配合事實才有生命的，否則，就仍是死景。舉例

說吧：柳耆卿的「楊柳岸曉風殘月」，不是很有名的句子嗎？歷代選詞的，這一首

[任何千言萬語費盡心機的描寫，而其所欲完成的目的却只有一個，就是抒情。]

265

的事實。茲舉一段「桃花扇」雜劇的文字看吧：

哀江南

（北新水令）山松野草帶花挑，猛抬頭秣陵重到。殘軍留廢壘，瘦馬臥空壕。村郭蕭條，城對著夕陽道。

（駐馬聽）野火頻燒，護墓長楸多半焦，山羊群跑，守陵阿監幾時逃？鴿翎蝙蝠藁空拋，枯枝敗葉當階罩，誰祭掃？牧兒打碎龍碑帽。

（沈醉東風）橫白玉八根柱倒，墮紅泥半堵牆高。碎琉璃瓦片多，爛翡翠窗櫺少。舞丹墀燕雀常朝，直入宮門一路蒿，住幾個乞兒餓殍。

（折桂令）問秦淮舊日窗寮，——破紙迎風，壞檻當潮，目斷魂消。當年粉黛，何處笙簫？罷燈船，端陽不鬧；收酒旗，重九無聊。白鳥飄飄，綠水滔滔。嫩黃花有些蝶飛，新紅葉無個人瞧。

（沽美酒）你記得跨青溪半里橋？舊紅板沒一條，秋水長天人過少？冷清清的落照，剩一樹柳彎腰。

（太平令）行到那舊院門何用輕敲，也不怕小犬哰哰。無非是枯井頹巢，不過些磚苔砌草。手種的花條柳梢，盡意兒採樵，這黑灰是誰家廚灶？

（離亭宴帶歇拍煞）俺曾見金陵玉殿鶯啼曉，秦淮水榭花開早，誰知容易冰消。眼看他起朱樓！眼看他宴賓客！眼看他樓塌了！這青苔碧瓦堆，俺曾睡風流覺，將五十年興亡看飽。那烏衣巷不姓王，莫愁湖鬼夜哭，鳳凰台棲梟鳥。殘山夢最真，舊境丟難掉；不信這輿圖換稿，謅一套哀江南，放悲聲唱到老！

44

266

箱，唯是風雲之狀。」的駢四儷六的文章，有幾篇還保留着作者的生命？由於這一

發現，我就大膽下了如下一個斷語：

「是文學作品，就都是抒情的！」

這是太大膽了的斷語。在過去，就其詩，它是最抒情最靈感性的藝術，也有敍

事詩，抒情詩等類的分別，而我竟大膽地武斷「文學作品都是抒情的」，

不是太駭人耳目了嗎？但這一斷語，我相信已經成為一個永遠顛撲不破的定理。

我們翻開看吧：一切被公認為偉大不朽的文學作品，其描寫周咨符合前面所說

的兩個描寫的原則，而同時也的確沒有一部，不論是詩，是小說，是戲劇，不是代

表着作者當時的思想與世界觀的，也沒有一部不是完備着作者喜怒哀懼愛惡欲的熱

烈情感的。一部三國演義便是羅貫中的忠義思想的表現，否則，我們就不會一味偏

愛了劉關張與諸葛亮，而鄙祀了曹操。在平時，我們中間有誰不對脈強盜土匪？但

當你讀着水滸傳，為甚麼你會那應同情於梁山泊的好漢？這不是因為作者憤慨於當

時政治社會的黑暗而流露於字裏行間的結果嗎？再推而至於五柳先生傳和桃花源記

，亦是雅俗共賞的千古流傳之作，不很顯明的就是陶淵明的人生態度與世界觀嗎？

一篇離騷，正是屈原一生淚血的結晶；一部紅樓夢不出一首好了歌，都是人所共知

「不要冬天的風，不要海上的風，
這旗幟禁受不起狂暴大風；
請輕輕地吹，輕輕地吹，
（吹春天的風，溫柔的風，）
把花吹開，不要把花吹落。

王國維先生說：「詞以境界為最上。有境界，則自成高格。」可謂至言。其實不但「詞」如此，即一切文學作品，亦可以用這標準去評衡它的。王國維先生又說：「境非獨謂景物也，喜怒哀樂亦人心中之一境界。故能寫真景物真感情者，謂之有境界，否則，謂之無境界。」

所以我認為「造境」之在描寫的過程上，是與具象化有同等重要的。

但年來，我却又發現一個新的特徵：我觀察無論古今中外的名作，其描寫臻於上乘的，就沒有不是抒情的。否則，任何的描寫窮極工巧，亦只是一種文字的遊戲，決不能稱為文學作品。紅樓夢裏香菱學詩的經過便是一個明證。她的三首詠月詩，前兩首並不是不咏月，而是錯在單純咏月，第三首才賦予以作者的情感，於是林黛玉才稱讚她的成功。章質夫詠楊花一詞，不可謂不工，但縱東坡的和詞却勝過原作，原因就在東坡能賦予楊花以靈魂，而是另有寄託了。反之，許多辭藻瑰麗而無抒情描寫的文字如子虛上林三都以至六朝那些「連篇累牘，不出月露之形，積案盈

描寫的一個定型

！一篇之中爲後人讚嘆不置密密加圈的，也無一句不具有一個顯豁如畫的「境」。

信手拈來看吧：

「昔我往矣，楊柳依依；今我來思，雨雪霏霏！」——詩采薇

「窈窕兮秋風，洞庭波兮木葉下！」——屈辭湘夫人

「六江流日夜，客心悲未央！」——謝朓句

「壠隴天白高，海水搖空綠。」——梁武帝句

「暗鷹戀戀鱗鱗相，空濛落燕泥。」——薛道衡句

「落日照大旗，馬鳴風蕭蕭。」——杜少陵句

「一夫荷戈連朔漠，獨留青塚向黃昏！」——杜少陵句

「試問閒愁都幾許？一川烟草，滿城風絮，梅子黃時雨！」——賀方囘句

「二十四橋仍舊在，波心蕩，冷月無聲！」——姜白石句

「寒波淡淡起，白鳥悠悠下！」——元好問句

「枯藤老樹昏鴉，小橋流水平沙，古道西風瘦馬，夕陽西下，斷腸人在天涯！」——馬東籬句

這樣的句子，求之現代，也隨處可以發見的。例如臧克家的「壯士心」：

燈光圈出了一頭白髮！

其境界何等顯豁。呂漢野寫一個拉車的父親在暑天的路上倒斃下去的慘景道：

一牛閒的眼有無窮的話！

沈從文在「月下小景」一篇中唱道：

那末，怎樣才算是有「境」呢？所謂「境」是甚麼呢？

用現代的術語講，就是說，每一件事，每一個情緒，每一句形容語，都必須是一個「鏡頭」。一本電影脚本，是無數「鏡頭」拼合起來的，一篇或一部大作品亦復如此。舉例說吧：

如：

> 青松夾路生，
> 白雲宿簷端。

這是陶淵明擬古詩之一，前一句豪微凛然的風骨，後一句則寫其無往而不適的悠然胸懷。而前一句是活躍在眼前的「鏡頭」，後一句也是活躍在眼前的「鏡頭」。再

如：

> 輕些，靜些，
> 你別驚動他，
> 看這影祇籠着一層輕紗：
> 秋天裏一片蟬翼，
> 淡月下一縷流雲，
> 雲山外一句鐘聲。
>
> ——輕紗的夢

後三句都祇是為了形容「輕紗的夢」而寫，但它本身，却每一句都是一個美的「鏡頭」，都各自有一個「境」在。由此，我們去看一切文學名作，幾乎無一篇不如此

如」，一個「如」字，把一切都具象化了的結果。寫情緒亦復如此。例如：

那是喊了千百句也不能成為文學作品的。同樣一個意思，改作如下的句子，便令人感動得沁入肺腑了：

煩惱，煩惱，

我真有說不盡的煩惱呵！

有如許的淚，

縱便遍身都是眼，

也流不盡呵！

——劉大白：小詩

諸如此類，俯拾即是。古今文學名作，其描寫無不是依此原則的。

但八年前，筆者又在描寫的方法上發現一個特徵。就是：「文章以造境為第一」。有「境」，即使文句稍有疵病，讀之也必有味；反之，即使文通字順，也覺味同嚼蠟。這是常見的事實。而「境」，一通過文字，必然美化。我曾打過一個譬喻：一個美人，如果脫得赤條條地看，就不免令人作嘔；反之，如在月光下，是一個境，醜婦人被籠在一幅輕紗裏，也必令人起無限的美感—月光下，一個境，醜婦人是一個內容，透明的輕紗正是文字的藝術。藝術的第一個條件是美，一通過藝術，就是最醜惡的，欣賞時也必令人起一種美感：就是恐怖悲哀的場面，也必令人有迴味！

「噯咽幽揚」等等字樣，使一種「景」和「物」都立體化了，具象化了。當你讀著

的時候，你會像是自己凝立在那「水國」裏，起一種無限淒涛的感覺。這就是描寫

，描寫的唯一條件就是具象化。寫可以看見的景物是如此，就是寫那看不見的聲音

和情緒也是如此。例如當你聽見一種非常美妙的歌聲，你著儘說「真好啊」！「那

聲音真千變萬化，巧妙無窮啊」！「那歌聲真神祕而離奇啊」！……你就是寫上百

萬句，因為他是說明的句調，總不會令人起什麼感覺作用的。說明文字是科學的，

而描寫文字是藝術的。科學和藝術的區別，是在科學是特別表現我們的思索能力的

；而藝術是特別表現我們的感覺能力的。即是說，科學是藉論理的概念來表現，而

藝術則由形象來構成。試看「老殘遊記」第二回所寫的王小玉唱書一段：

王小玉……唱了幾句書兒，聲音初不甚大。……唱了十數句之後，漸漸地越唱越

高，忽然拔了一個尖兒，像一線鋼絲拋入空際，不禁暗暗叫絕。哪知他在那極高的地方，

尚能迴環轉折，幾囀之後，又高一層，接連有三四疊，節節高起。恍如由傲來峯西面攀登

泰山的景象：初看傲來峯削壁千仞，以為上與入寰；及至翻到傲來峯，纔見扇子崖，更在

傲來峯上；及至翻到扇子崖，愈翻愈險，愈險愈奇。那王小玉

唱到極高的三四疊後，陡然一落，又極力騁其千週百折的精神，如一條飛蛇在黃山三十六

峯半中腰盤旋穿插，頃刻之間，周迴數遍。

這文字寫得何等出神入化。中間的關鍵，就只是用了一個「像」字，一個「恍

描寫的一個定理

「描寫」是文學作品的寫作上必不可少的藝術素養。一般地觀察分析起來，「描寫」的唯一條件是具象化，而最最忌的是抽象的說明，試看如下二例：

（一）

月亮的光總不及太陽的光強。今晚也有月亮，但看看四周，近的屋，遠的山，都不能看清楚。熄燈以後，房裏也有月光，照不清的固然黑，照着的地方也是淡黃色的，總看不清楚，要看書則更不行。外面還有人在吹簫呢，我那裏聽得去。

（二）

曉外好像水國，近的屋，遠的山，都用了不很明白的輪廓，在空中畫着。屋角樹林的下面，罩着神秘的色光。熄燈以後，月光闖入室內，在牀上鋪着一條青黃色的光帶。夜靜了，不知那裏來的嗚嗚幽揚的簫聲，遠隱約地在枕上顫得。

這兩個例所用的題材都相同，但寫法卻完全兩樣，你所能感受到的也只是知道這樣一回事而已。後者可不同了，他用了「水國」，「畫着」，「罩着」，「闖入」，。前者文句雖大致清通，但他用的是說明的寫法，讀者所感受到的也完全各異。

273

此外尚有歸納法，類推法，辨證法之類。不及一一細述了。論理學是每一個人都需要學習的。因為這是思想方法，要思想正確就非學習思維哲學不可。如果你的思想方法錯誤，常然你的論證也不會正確，議論文就失其所以為議論文了。所以在這裏我以至誠盼望我們能在這學問上下一番功夫。（注）

此外，記述的文字，最須注意觀察的起點。自然，一篇文章，首先需要有一中心主旨，有了中心主旨，就不難下筆了。一般的說，記述和敍事的文章，已漸近於文學，所以要研究作法也特別的難。大抵記述文重在靜的描述，而敍事文則重在動的敍寫；前者是平面的，而後者是立體的；前者重在空間的布局的分析，而後者是重在時間的演進的流動性的；記述與敍事往往相互為用，正如說明與議論總不能劃然分開是同一個道理。記敍文的運用，是文學創作的第一個歷程。這本書裏都有分別的論述，茲不具贅。

三、結論

——第三講完——

（注）當代中國的議論文寫得最完整的，當推迅友陶先生。他的中國哲學史，新理學，新事論，新世觀諸書，其謹嚴在國內尚屬僅見。

還選有王季思先生的「時論的格局」，都可以暫時充就的，現在只舉一個短短的例子在下面：

：：但是到了現在，關於女子和文學的觀念全然改變了。文學是人生的或一形式的實現，不是生活的附屬工具，用以教訓或清造的；他以自己表現爲本體，以感染他人爲作用。他的效用以個人爲本位，以人類爲範圍。我們在身心狀態的區別上，承認有男子女子兒童的三個世界，但在人類面前都是平等的。與男女的成人世界不同的兒童，世間公認其有文學的需要，那麼在女子方面這種需要自然更是切要，因爲表現自己的與理解他人的情思，實在是人的社會生活的要素。；在這一點上，文學正是唯一需要的修養了。

—— 女子與文學

這是從「女子與文學」一書中節抄來的一段文字，他的意思就是：

一、文學是人生的或一形式的實現，……它以個人爲本位，以人類爲範圍。

二、女子也是人。

三、所以女子也需要有文學修養。

這正是邏輯上演繹法的一個公式。它是：

一、大前提

二、小前提

這六個是原則，按照此原則去寫，自然可以無誤。不過，運用之巧存乎一心，練習或熟後，寫更大的篇幅時也自然能夠運用自如了。

如果你要提出某種主張，或推翻某種理論時，則我們就必須採取論證的方法。換句話說，就需要採取議論文的格式了。議論文與說明文的不同之點，就從題目上也可以看出來。說明文的題目只是一個單語，例如：「三民主義」，「說米」，「原道」之類。而議論文則必須是肯定式的，或否定式的「命題」。例如：「中國必須實行三民主義」，「米，有辦法！」「道是無處不在的！」以上是肯定式的命題；「無政府主義不能行於今日之中國」，「米不是西洋人的主要食糧」，「人世間是沒有公理的」。這三個就是否定式的命題。有時也稍有變化，例如：「婦女解放論」，「英吉利論」等，但你心中必有是或否的主張存在，所以仍是命題。命題是一個完全的句子，肯定的，或否定的。但疑問句，命令句，願望句，或驚歎句都不能作為命題，因為所表示的都不是一個斷定，用不到證明。

要證明你的主張的正確與否，必須盡量從取論證。論證的方法是多端的，但必須學習論理學（邏輯學）運用圓熟後方可。本文篇幅有限，無法一一介紹。好在本書中選有葉聖陶先生的一篇「開頭與結尾」，中間舉有議論文的例子；同時本書中

而又是對於未知某事物或某事理的人才有作的必要，所以作法上必需的條件便非加

多不可。茲以「文學」為題，分說並舉例如下：

一、是所屬的種類。例如：

「文學是一種藝術。」

二、是所具的特色。例如：

「換句話說，它是以文字做成的一種藝術。純粹的文學，通常示以日用為目的。」

三、是所含的種類。例如：

「因為體裁上的不同，它有小說，詩歌、戲曲等分別。」

四、是顯明的實例。例如：

「紅樓夢是小說，長恨歌是詩歌，西廂記是戲曲。」

五、是「對稱」和「疑似」的舉出對比。例如：

「文學不是普通的文字，也不是科學；像戀的原道，王船山的讀通鑑論等，不是文學。物理學講義，化學改科書等，但不是文學。」

六、是語義的限定。例如：

「我國古來，凡是文字都稱文學；但是現在的所謂文學完全是小說，詩歌、戲曲等的總稱，和從前的意義是不同的。」

外是心理學上的所謂知、情、意三種心理現象的反映。在這裏所要注意的是心理現象不是什麼與生俱來的主觀的產物，而是客觀的外物通過主觀的研鍊與認識的成果。所以本文的前半篇祇着重在學養與體驗，因為，如果沒有了要表達的內容，根本就無需乎「文章」的。

如果你要表達的，主要點在於求人知，則一般的說是採取說明文的體式來寫出的。一般說理的著作，尤其是教科普式的文字，他的句法，他的組織與結構，就大都屬於說明文的體式。據夏丏尊先生的「文章作法」裏說，說明文的題式通常有疑問式和直述式兩種。疑問式的例如：

　（甲）書齋是甚麼？

　（乙）何謂文學？

　（丙）科學是怎樣起源的？

直述式的例如：

　（甲）書齋

　（乙）說文學　（丙）科學的起源

此外過去還有加上「原」字的，例如「原君」「原道」之類。

說明文的組合最簡單的如：

　（甲）「人是有理性的動物。」

　（乙）「國家是人類社會組織之最大形體，包容一切社會生活。」

但這樣簡單的說明文往往是不夠用的。因為說明文所要說明的既不一定這樣簡單，的知識與學問。不過，如果不能利用前人的遺產，則你從自然界或人類社會裏所得來的認識，亦只是一些原始的、表面的認識而已。所以我們必須一面拼命的學習寫作，一面拼命讀書，一面又須拼命的根據所得的學識去觀察並體驗實生活！

你如深入的研究了哲學，則對於宇宙與人生將有一個正確的認識，同時亦必然增加了你思維的能力。如果深入的研究了自然科學，則你不但對於自然界的一切能夠有深入的認識，就是對於一切科學文明，亦都可以瞭解了。如果深入的研究了社會科學，則你對於人類社會——這世界為甚麼這樣亂紛紛？人與人之間為甚麼這樣不平等？社會為甚麼這樣不安寧？解決的途徑如何？你都可以迎刃而解。你若深入于文學藝術，則你將養成高潔的情操，⋯⋯這樣一來，則不但是做文章，就是做任何事都可以隨心應手了。我們不是常感到題目出來不知從何下筆嗎？原因就是你對於世間事理不能透澈瞭解之故。而讀哲學等等，目的就在於使自己養成瞭解事物與事理的能力！宋朱熹說得好：「不必專意學文，但須明理；理精後，文字自典實。」正如朱子自己的文章，文白不拘，語語自然，却不失為天地間之至文。原因就是「理精」。所以充實知識就是充實文章內容的唯一途徑！

至于怎樣去寫，則須看我們所要表達的是什麼意思。我以為一切文章的內容不可有甚麼特別的消息要告訴人家？有，你應當寫；沒有，你就不必。那末，要怎樣才能於人間的真理有所增益？要怎樣才能夠創造觀念？創造理想？要怎樣才能出人頭地，不至人云亦云，做了人家的應聲蟲？換句話說，你要寫什麼才能不至人云亦云？才能使文章雖淡，然而有味？這裏有兩條路徑：

第一、盡量利用古今中外的已有的學問作為借鑑，以資參考。

第二、從自然界裏，從人類社會裏去求得真正的活的知識與學問。

第一、因為人的智慧是古今相差無幾，或竟至不及古人的，如果你完全脫離了人類的固有文化，那你就得重新過起原始人的生活來。如果你能夠自動努力於學業，盡量利用前人的學問作為基礎，則人類歷史上必須幾千萬年去走的歷程，你也許可以在二三十年中走完了它，以這為基礎，於是溫故而知新，你將看見無數新的學問了。換句話說，你不必再苦苦地走那些人家已經走過了的曲折的冤枉路，不至再有人云亦云的可笑情形了。不過，徒然在人家的舊書堆裏鑽，並不是學問的終極目的。一切學問，都是為了改善人類生活與改造世界的，——所以離開了這兩個目標就無所謂學問的。因此有第二條路徑：我們應經自然界裏，從人類社會裏去求得真正的活

寫甚麼？怎樣去寫？

要明白寫什麼，首先應該有一個新的觀念：就是，寫文章並非因為是室閒不過

的消遣，更不是無事忙，而是因為我們腦子裏有甚麼意思要使人知道，或者是有甚

麼意見要發表出去，或者是因為有某種感情——所謂情緒，要發洩傾吐。而發表出

去的目的，又無非是希望別人知道你的意思，或者贊許你的意見，或者同情你的境

遇與心情而起共鳴作用。（高人雅士必不以此說為然，他們以為有著作的人必要藏諸

「名山」才算「不好名」，才算「高雅」，殊不知做學問並不是為了點綴個人的生活！

）但怎樣的意思與意見才值得發表出去？怎樣的抒寫情緒才能使人發生一種美感而

起一種同情與共鳴作用？這，當然的，如果人云亦云，那就無須你多此一舉。（目

下有許多報章雜誌的文章，實際上都只是傳聲與應聲而已！）英國哲學家培根說：

「你所寫的當使對于人間的真理有所增益」。美國的作家愛默生說：「一個作者，

他必須是一個能夠創造觀念的人。」美國文學理論家亨德更進一步認為須有創造理

想的能力。這些話都足夠說明，一個作者在提筆之先，應當自己問問：我的靈魂裏

29

281

為他領導了中華民族前進，領導了青年們的思想向前邁步而已！

記得二十年前，易卜生的「傀儡家庭」介紹到中國來，中國的思想界起了一個極大的騷動，婦女們紛紛起來反抗禮教的束縛，脫離了舊家庭要求自由的戀愛與結婚，一時的熱狂，真像是鶯鶯亂飛、雜花生樹的江南三月！但魯迅却在北京女子師範大學演講時提出了「娜娜走後怎樣」的問題。其時，因為大家都在熱狂中，不曾注意。但十年後，因為婦女解放沒有得到切實的成功，社會上只充滿了花瓶與蹩登玩物，於是有人提出口號叫「婦女們回到廚房去！」這才引起了大家的討論，這才大家都記起了魯迅在十年前說的話！

這就顯然，時代與魯迅賽跑，時代反落後了。魯迅之所以受我們這樣的崇拜，正與 國父中山先生之受我們的崇拜一樣，是決不偶然的！

同學們，我們要讀書嗎？要天天跟住時代跑！要作文嗎？須抓住時代！你要做一個現代的人嗎？你應站到時代的前面去！並進一步去創造新的時代！

只有站在時代的前面，才是人格之最高的表現！

——第二講完——

骸骨，唱和，玩詩鐘，無聊到這一種地步，還自炫爲有舊學根柢呢！其實所寫的，全是些吟風弄月，弔古傷今的舊詞兒鬼花樣！陳詞濫調，劇不必說，按諸實際，沒靈魂的人，那兒會有有靈魂的作品，打油而已！

那末，諸位一定問，要怎樣才能站在時代前面呢？這，我又要說回去了，必須是，把「讀書、作文、做人」打成一片！在這裏，我要糾正我們一個錯誤，那便是把「讀書」當作是學生時代的事。其實是大謬不然的！學生時代讀書只是求得基礎而已，而真正的學問、能力，却非到就社會上去以後，幾年或幾十年以後不爲功的！

書，必須是廣泛地讀，不斷地讀，而且必須跟住時代讀——直到老死爲止。你若不會廣泛地讀，你便不能觀察並懸念這宇宙萬象，你若不能不斷地跟住時代讀，則你必落伍，必至抓不住時代，更別說站到時代前面了！

舉個近例吧：蔡元培先生是人人崇拜的人物，但他並無何種專門學問，也並無多少著作流傳下來，原因就是他的學問很廣泛，因之胸襟也很闊大；又因爲他好學不倦，所以他，年雖七十有餘，却始終站在時代的前面！又如魯迅，所留存下來的小說也並不多，而且根本沒有長篇的，但他的死却擧世震悼，不知流了多少青年人的淚；工農們前往哀弔祭奠，外國大使領事也都獻上了花圈，這一切的構成，就因

27

人「操守」的，至如平日就是個高利貸的地主，奸商，或是土豪劣紳，貪官污吏，那簡直隨時會擊了旗子去歡迎倭寇進來，隨時會做起維持會的會長的，像這類的父親，假如你也會服從他的家教，叫他爸爸，那你才也是沒靈魂的動物！

老實說，人格之最高的表現，就是，勇敢不屈地站在時代的前面，例如，我們的國父中山先生，便是一生都站在時代前面的人！對父母，是應該孝的，但如果父母要拉住時代的進步，教他開倒車，他便反抗；對師長，是應該尊敬的，但師長教的不對，他也立刻不客氣地提出質問，抗議；對朝廷，向來是要忠的，但他終於掀起了這樣大的革命的波濤！——直至一手創造下這中華民國！他一生不斷地讀書，不斷地革命，不斷地進步，始終站在時代的前面，所以至今日暴世豪揮，萬世不朽了！——由此，我們可以明白中山先生是如何地尊重真理！非真理所在，即父母，師長，朝廷，都在所不顧，他都非奮鬥到底不止！

所以，大家不欲作寫「現代的人」出現則已，若欲成為現代人而無愧，則除了多讀書，多體驗生活，多磨鍊氣骨以外，更要注意這時代進展之迅速，勇敢地站到時代的前面去！非如此，則不能成為現代的人固不必說，即所讀之書亦無用，所作之文也只是糟粕而已。時至今日，猶有一般人，古書讀得半通不通的，還在迷戀現在，關於讀書和作文的話已說得不少，進一步有一個問題我們得注意。就是：為什麼有許多人，學問很好，文章技術也很成熟，著作也非常豐富，卻沒有多少人崇拜，身後也非常寂寞；反之，有的人，著作並不多，文章技術也許普通，學問也許並不及前者之淵博，卻是舉世崇拜，死後萬民同哭。這裏面就值得我們注意了！

其實，說穿了，也只是一句話：人格崇高而已！

但人格究竟是什麼呢？平常，我們只說個人的操守是不夠的。譬如，一個老先生，沒人格！但作為現代的人而出現，單有個人的操守好，便是有人格，反之，便是他，嫖、賭、煙、酒，鄙不會；不義之財，也不取，卑鄙下流的行為，也不做。他，自食其力，墨守道學先生的家教，對於兒女的求新知識，不贊成；打球娛樂，也不贊成；自由戀愛，更所痛恨！他恨兒女讀新小說，學新詩；更恨兒女不安心讀書，卻麼加些什麼救亡運動。他，開口真命天子，閉口我們前清，進而就罵斥，「現在這批青年……」像這樣的一位父親，你說他有高尚的人格嗎？那才見鬼！你簡直會相信僵屍有靈魂！老實說，像這樣的父親，假如溥儀來叫他做官，他便去了，像鄭孝胥賣國介石之流，不折不扣是一個漢奸，你說他有人格不成！這還是比較說有個性，還有偉大的同情心！他所寫的乃是全人類的苦難。他咒罵無謂的侵略戰爭，聽他唱：「車轔轔，馬蕭蕭，行人弓箭各在腰；爺娘妻子走相送，塵埃不見咸陽橋！牽衣頓足攔道哭，哭聲直上干雲霄！……邊庭流血成海水，武皇開邊意未已！……」他自己的茅屋被秋風吹破了，雨腳如麻，漏得滿床都是水了，他卻還要想到「安得廣廈千萬間，大庇天下寒士俱歡顏，風雨不動安如山！」他還要想到「何時眼前突兀見此屋，吾廬獨破受凍死也足！」一再，就是同一題村，譬如「詠月」，宋太祖匡胤吟道：「未離海底千山暗，纔到中天萬國明！」他不是詩人，但豪空一十四字，卻朗朗地表現出了那開國氣象！但唐朝詩人李商隱卻吟道：「嫦娥應悔偷靈藥，碧海青天夜夜心！」又是何等的悽清，幽怨……

上面所舉，雖都僅是寥寥數句，但作者的個性，思想，意識，全都托出來了！

這才是真有血肉有靈魂的作品，

各位若欲求得這靈魂，除了多讀書，充實生活以外，更要注意自己的脊椎骨直立起來！

七　人格之最高的表現

要他活着幹麼？同樣，像這樣沒有靈魂的文章，又何必寫他

文章的靈魂是什麼呢？

文章的靈魂就是作者的思想，意志，個性，和意識！一篇文章或一首詩的寫出
，如果沒有作者自己的獨特的思想，意志，個性與意識，則這文章寫出來，也只是
人云亦云的東西，必無動人之力，必無何種響應，必不能博得讀者的同情～這靈魂
，最容易在文學作品，尤其是詩裏表現出來。現在爲經濟時間，並便利起見，就舉
幾個詩人爲例吧。譬如屈原，他是一個憂時愛國的詩人，他目睹昏君奸臣當道，國
家日趨淪亡，於是憂愁幽思而作離騷，於是他唱着：「舉世混濁，唯我獨清；衆人
皆醉，唯我獨醒！……」又如陶淵明，他，清風亮節，不肯爲五斗米而折腰，於是
他夢想着桃花源那樣無階級無生殺予奪的其樂融融的世界，於是他當願「環堵蕭然
，不蔽風雨，短褐穿結，簞瓢屢空！」於是他唱着「歸去來兮田園將蕪！」唱着「
採菊東籬下，悠然見南山，山氣日夕佳，飛鳥相與還！」又如李白，他是春之驕子
，但身處亂世，目擊時艱，於是他唱着「棄我去者，昨日之日不可留；亂我心者，
今日之日多煩憂！」他想逃避現實，於是唱着：「問余何事棲碧山，笑而不答心自
閒；桃花流水窅然去，別有天地非人間！」再如杜甫，則又不同了。他除了有感應

23

有生命的人是沒用的，沒有生命的文章自然也只是糟粕而已！

一個人要表現得有生命，要寫出有血肉有生命的文章來，必須除了讀書淵博以外，更有充實的生活。

六　文章的靈魂是什麼？

說到這裏，我們又要問，一個人，骨髓也生成了，血肉也具有了，生命也賦與了，但是他，還沒有靈魂，這人算是完全沒有呢？沒有的！這種人只能稱之爲行尸走肉！我們不是常說一個沒有「靈魂」的人是沒有靈魂的嗎？這種沒有靈魂的人便是行尸走肉！

像這樣的人，中國多着。汪精衛便是標準的一個，因爲他已沒有意志，他已被日本人放在戲台上當作傀儡演出了！

總而言之，一切沒有氣骨的，不要臉的，只知拍馬的，會被收買去做走狗的，一個人，應該敢笑，敢說，敢哭，敢怒，然而，他不敢！這一切的人，不客氣說，都是行尸走肉，都是沒有靈魂的人！被無理壓迫迫却不會反抗的，……生爲一個人，中國却多着！而且青年同學裏也多着！試問這樣沒有靈魂的人，像這樣的人，

他，有氣象，有內容，有見地，縱然文章發兒沒有別人的漂亮（其實也不會的），

其生命卻要比別人的久長！原因是王安石的讀書方法與蘇轍不同，所以觀察宇宙間

森羅萬象的方法也就不同了。

生為二十世紀的人，他所接觸的──看見的，聽見的，比之宋代，無論明清，

都不知要複雜到若干程度，若再懵懵懂懂的不用適當的方法去研究各部門的書籍，

並把全身心投到時代的洪流裏去，則我們可以斷定，他必落伍，不，他必被時代的

潮流淹沒了去，更別想「一出人頭地」，更別想寫出有內容有見地的文章！

其體些說吧：譬如你要寫一篇中國政治改革問題的文章，你除了有各種政治的

學問以外，若不投身到那漩渦裏去，則其中的甘苦你根本不能切實的體驗到，你雖

然寫下洋洋數萬言，也依然是隔靴搔痒，不着邊際，在當事人看來，或覺徒然是大

言不慚而已！再以文學作品的描寫論吧。倘有不知多少人鬧出了笑話。例如今日，

你要寫一部抗日戰史一類的小說，你若根本沒有上過火線，只是閉門造車式地寫出

，則你這處都會鬧出很大的笑話來。不但如此，你縱然寫出，人家讀去，總只覺得

浮而不切，連这之的情緒都喚不起來，豈不是更大的笑話！……

這種種可笑的現象，就只為的你那文章根本沒有血肉！有血肉才會有生命，沒

21

脆回答一句：

不夠的！

早在二千年前，孟子就說過：「盡信書則不如無書！」宋蘇轍「上樞密韓太尉書」裏說得好：「文者，氣之所形！」但「氣」是怎樣來的呢？他舉出兩個人為例。他寫道：

「孟子曰：善養吾浩然之氣。今觀其文章，寬厚宏博，充乎天地之間，稱其氣之大小。太史公行天下，周覽四海名山大川，與燕趙間豪俊遊，故其文疏蕩，頗有奇氣。……轍生十有九年矣……百氏之書，雖無所不讀，然皆古人陳跡，不足以激發其志氣，恐遂汩沒，故決然捨去，求天下奇聞壯觀，以知天地之廣大……」

這就很明白了。蘇轍十九歲便能寫出這樣千古不朽的文章，便因為他百氏之書已無所不讀，但他自己承認，單靠古人之陳跡是絕對不夠的，所以要決然捨去，求天下之奇聞壯觀。所謂求奇聞壯觀者，即所以充實新知識耳。但蘇轍這是錯誤的，因為他的讀遍諸子百家，求天下奇聞壯觀，都只是養氣以作文！殊不知讀書與作文都只是為的要有用於世。所以他流傳下來的文章，大半都只是一個文章殼兒，較之十九歲所作，並無多大進步！反之，去讀大政治家王安石的文章，便不同了。

20

290

師囘答：讀史。這話是有進理的，因爲一部歷史便是幾千年來大人物的成功與失敗

的因果的記載，也是一切政教成敗的陳列館！曾文正公，他，因爲不日各種學問都

具備，所以一旦事變製寨，便能應付裕如，毫不食皇！我們將來能否出人頭地，能

否立下偉大的事業，完全要看現在是否能刻苦自勵，尅制時間，是否能把各種學問

都具備起來！——不過，生爲二十世紀的人，必須哲學、科學、文學、藝術，都加

以涉獵，單讀歷史是絕對不夠的了！

話說囘來。各種學問具備了，接着對某種學問也研究得深入了，那你做起文章

來還怕不妙嗎？第一，廣徵博引不怕沒有材料；第二，人家說過的話你不會去重寫

；第三，由於博學深思而別有所悟，必然會產生新思想新見地。第四，採衆花而製

蜜，你寫出來自能爐火純青，這樣，所作縱不能「流芳百世」，亦必能「無愧於心

」了吧！

五　文章的血肉是什麼？

不過，話又得分開去說。一篇文章要做得好，是不是書讀多了就夠的呢？我乾

19

，應如何改造或補造才好看……他全看得淸淸楚楚，瞭如指掌！……

他如何能這樣的呢？

曰：博學而已！

要博學，才能有闊大的胸襟，才能有遠大的眼光，才能軍事，政治，財政，敎育，樣樣都懂，而而都能顧到，事事都能安排，而後才能處處指揮人家！而這些學問，必須在年靑時代就打下了根深抵固的基礎！舉個例說吧：淸朝末季打了太平天國的曾國瀋，是大家都知道的。他在帶兵以前，不過是默默無聞的一個京官。太平天國起事的時候，他剛剛倒而卿鄉去着，臨時爲了自衛，爲了防禦變患，才辦起「團練」來，他並沒有朝廷給他的武官統帥的頭銜，但不久，胡林翼，彭玉麟他們的軍隊都歸他指揮了。接着，練水兵，督造船艦。他都能。於是水陸軍隊全由他指揮作戰！招撫安民，也都做得比人家好，一時國內人材全集中在他的門下！他，不但是一個理學上的中興人物，也是桐城派古文的中興人物，不但桐城派古文是中興人物，而淸廷的遭亡也是靠他一手扶持的！……然而我們又要問，他何以能如此的呢？

我再囘答一句：因爲他博學啊！

在波關齋日記裏他記着一次問某老師要養成「經濟」之才應如何入手，他的老

18

292

我們剛剛說過，學習作文，只是為了求將運用文字的能力，運用文字的能力有

了，文章便可做得通了。但文章是不是做通了就夠呢？當然不夠！文章只是一種工具

，只是發表知、情、意的一種工具而已。發表出去要使人讀了佩服或表同情，而至

於起共鳴作用，便非使文章做得好不行！

但怎樣才能使文章做得好呢？

曰：讀書宜博！

讀書宜博，不單在作文上需要。我們再研說過，讀書的目的也是為了到社會上時

要應用，用文章又不過是做事的方法之一！

諸君不是都不願落人後的嗎？到社會上去不是都不願意自己屈居在下層的嗎？好，能出人頭地總是好的，這是有志氣的表

說明白些，不是大家都想出人頭地嗎？

示。但是，出人頭地是不是容易的呢？不！如果容易，一個領袖，他，必須有顧到全部的

舞手！一個出人頭地的人物，或者明白些說，一個領袖，他，必須有顧到全部的眼

光，觀察全部的能力，監督全部的功率，改進全部的計劃，解決全部困難的手腕，

猶之他提了一件衣服的領袖，全件衣服都赫然在望，都妥妥貼貼的，整整齊齊的，

樣子好不好，有沒有要改良的地方，裁料好不好，有沒有要更改的地方，發見破綻

17

293

第一，敎師應在學期開始的時候，替學生確定一個學習的中心，依此中心去敎學，指定課外讀物。

第二，學生自己應自覺悟，如師長不替你確定中心，則應自行確定，依此中心夫學習。

此外，初學時，一篇好文章到手，必須把內容事實有條理的記清楚，逐字逐句求待完全澈底瞭解，然後按照那內容事實用自己所能運用的文句試寫出來；同時，無論寫得出或寫不出，都須逐句逐字跟原作對對看。寫不出的，他怎樣寫？寫得出的、和原作一樣否？何以不一樣？我的不妥在那裏？再以類似的題材自己試作一篇！……每篇文章，每種文體，如果都用過這樣一番功夫，我相信，最多一個學期，一種文體，你可以變成「斷輪老手」了，還怕什麼文章做不通？所以我說，初學時，讀書除了有方法以外，必須求其精。

（註二）至於文法修辭之類，自然很重要，但諸君年輕，富於活潑的熱情，不喜歡理些枯燥的敎材的，所以還是等應用這方法容易進步。

（註三）夏丏尊先生編著的「文章作法」附錄共一篇「作文的基本態度」可以參看。

四　怎樣才能使文章作得好

例如傅東華編的復興國文（商務版），夏丏尊葉聖陶合編的國文百八課（開明版），用法不可謂不美，其法不可謂不深，但所選的課文，還是不免犯著那毛病。而且一般國文教師對編著者最苦心最用力的附帶教材，完全略而不講。國文百八課的編制是比較更精密的，都在課文以外，附刻文體的介紹與說明，還有文法和修辭，其用心也不可謂不深，但所選的課文，還是不免犯著那毛病。而且一般國文教師對編著者最苦心最用力的附帶教材，完全略而不講。國文百八課的編制是比較更精密的，那青年難於瞭解教師難於講述的魯迅的「秋夜」，卻依然選了進去，這至少就同傅東華一樣犯了一個其中相同的錯誤：根本不體念兒童以至少年所能接受的心理！（傅選朱自清的給亡婦和盧煥明的藥前，文章雖好，但初中學生那能體味？不能體味了，又何能接受那教材！）

所以我認為要使青年同學的文章做通起來，首先須把現有的國文教科書完全改編！譬如初中一年級，第一關立刻要用著的便是日記與書信。教科書就應偏重於選方面選取範文，並用附帶教材加以指導。──其後各學期均此類推，懂最後一學年或一學期總得注頂應用文以適應目前這環境的需要──尤其是六年制的中學如果實現了的話。

不過，目前如何彌補這欠陷呢？

如此一來，教者有了中心，學者也就有了中心了。

三　怎樣才能使文章作得通

讀書與作文的目的已如上述，現在提出各位最關心的問題，就是，如何才能使「作文」作得通！

這話就說到何以一個青年學生從小學到高中畢業，或竟至大學畢業，讀了七八年或十年的國文，却不能寫出各種應用的文體這一問題了！這原因，一部份固然應怪青年同學自己太懶憜，但大半的原因却得怪教科書的編制不當，和國文教師們的以講解字句為能事的錯誤。

我們知道，國文一課並非就是學問。英語、數學、國文等課，都只是求學問的一種工具。我們學習國文，目的就在於向古今的文章大家學得撰寫各種文體的能力。

根據這一觀點去批評現在的國文教科書和教學法，便大有值得商榷之處！

依照教育部的規定，初中學生國文一課，應該以養成白話文體的寫作能力為原則，到三年級時參酌的一點淺明的文言文，以養成閱讀粗淺的文言文的能力。但現在一切的初中國文教科書如何？文體的編排旣雜亂無章，而文言白話恶在第一冊裏就參雜出現。這結果，使得學生讀是讀，作是作，完全不能打成一片。進步一點的，

14

296

禍而愉快的生存。重心就在這裏了：你要參加人類社會上各種工作，不是需要充份

知道各種知識嗎？一個人，初出世時，渾渾噩噩，不識不知；長大起來了，家庭中

見聞有限，於是乎有學校，讀書。學校是一個人從家庭到社會上去的一座橋樑。在

學校裏讀了書，求得了各部門的基本知識，以至於專門學問，然後出而問世，才能

隨心應手，左右逢源，說明白些，有事情給你做，你才做得來！同時，你有意思，

有思想，有主張，你就需要表達出去。要表達，自然說話也可以，但單能說話顯然

不夠！譬如孔子的學說，他的話你那能聽得兒！我現在對各位說話，除了各位，校

外人就沒有一個能聽到。於是乎有了文字。文字要表達得使人信仰，或說明一個

則必須文字動人有條理；所以要學作文！我要說明中國的大略情形，或說明一

數學的定理，我就需要學習說明文的寫作。我要把我的情緒發表出來能使人歌唱或

吟咏，我就需要學習詩歌的寫作。我要把我所見所聞所感使之能表演於舞台上，我

就需要學習戲劇的寫作。……

所以我們可以總結一句，讀書和作文，並無何種奧義存在，都只是為的刊社會

上做人要應用！

13

怎樣打成一片呢？

時間有限，我就直截的把話說下去！

二　認清讀書與作文的目的

通常一個很顯然的現象：大家進學校讀書，事先卻沒有想過「此去是什麽目的」。小孩子進小學，只曉得「人」大了總要讀書，父母教他去，他便去了。進了中學呢，只曉得此去爲的是讀書，學校裏排着各種功課，各種功課都得讀就是了。並無目的可言！殊不知作文呢，是國文課中的項目而已，學校裏定着要做，所以做。並無目的可言！作這心理現象卻鑄下了大錯。譬如走路，在開步之前，你若沒有想過爲了什麽事，或者根本沒有目的地，只是爲走路而走路，試問瞎着眼一直走去，走了三日三夜，結果會如何？你不怕跌下了山坑？不怕碰着了牆壁？不怕永遠走定不回來？所以最先我要提出的，首先應該認清讀書爲了什麽？學習作文又爲了什麽？一句話，讀書與學習作文爲的是要到社會上去做人！

誰都知道，一個人長大起來必得到社會上去營人類的共同生活，換句話說，一個人在社會上必得參加爲人群社會謀福利的工作，退一步說，也就是爲自己求得等

12

讀書、作文、做人

一 問題的提出

讀書，作文，做人，是諸君天天在學習，師長們天天在教導着各位的事，本已不必提出，提出來也許是老生常談。但我却不怕煩的再提出來說！這自然有原因，原因是我心裏有着許多目擊的問題。第一，我見着不知多少這樣的人，初中畢業了，一封白話信寫不通順；高中畢業了，寫不成一篇條目有格式的文章。第二，我也不知見着多少這樣的青年，初中高中畢業了，却配不上稱為一個公民，因他對於國家建設的各項措施，簡直茫然不知所以，更談不上將來担負何種重大的責任。第三，我又見到不知多少人，學識才具都很不錯，却只知在牛角尖裏打轉，或竟至毫無氣骨，媚敵求榮，做了漢奸！

這些問題決不小。至於這些問題的癥結呢？我們可以毫不遮掩地指出：大家沒有把「讀書、作文、做人」打成一片去看！

例亦是如此。一本書的編輯大意或凡例，也是最標準的應用說明文。一部或一篇劃

時代的小說或詩歌，便是最標準的抒情文。一部研究性質的大著作，便是極有組織

極有系統的論說文。現時代表達一種意思或事象，用的都是這些體式，這些方法。

所以我們應該隨處去學，而且較之國文教科書認可學的要多得不知多少。

學問與生活經驗是需要的。若沒有學問或沒有生活經驗，作文便沒有了內容，

換句話說，根本就用不着作文了。不過，今天所講的不是求學問的方法，而是講學

習運用文字的方法問題而已。

大家也許問：先生所講的文章作法，不也是有系統的知識——學問嗎？不錯，

有系統的研究文章作法，也是一種學問。不過，我們學習「國文」，目的却只在養

成運用文字的表達能力，並不在希望成為一個「文學」的學者。

——第一講完——

〔註一〕按此所謂「國文」，係指一般國文教科書而言，非謂一切用中國文字寫的著作皆非
學問也。

〔註二〕此後科學的文字與文學的文字已截然劃分。胡愈之金仲華所寫的國際問題文章，以
及許多科學小品之知，往往生動活潑如「美文」，但亦只是運用慣性文字寫出硬性
的內容而已，並不能因而稱他為文學作品也。

10

時至今日，無論那一種專象，政治也好，經濟也好，社會也好，以至於一切的科學哲學也好，都已複雜到不可思議的程度。那種「幾法」很幾筆輻短到可憐的所謂「古文」，實在無法表達這樣錯綜複雜的專象與思想了。例如韓愈的古文，你說他是說理的文字嗎？通觀韓愈一生所作，在學術思想史上可有他的地位？在這方面說，誰也知道，他還不及李翱。你說他的古文是文學作品嗎？有幾篇夠得上這標準？充其極亦只能當得「雜文學」這名詞罷了。所以韓愈在當時雖是文豪祭酒，而用現在的眼光去批判他的古文，可以在文壇上不必有他的地位。現在是一個動力的時代，它的特徵是快速度，因此一切事都分工愈細則愈好。運用文字亦復如此。（註二）

時至現代，需要我們知道的事太多了，不是專門研究國故的人不應把一些可貴的精力消耗在訓話註疏和咬文嚼字的工作上，我們應該絕對屏葉那種古老的文言文的運用，而致力於新的白話文字的創作。誰也知道，白話文學雖已流行了二十餘年，大家卻還無法寫出一張簡明堂皇的白話布告或通告。就是一篇短痛的評論文字，寫得簡潔明淨而堂皇的，蔡元培先生以後，除了大公報的社評，也幾乎很少見到。今後我們學習「國文」，根本不應只捧住一本「國文教科書」。須知學習運用文字能力的機會，隨處都是。一本數學教科書，其定義便是最標準的說明文，一個簡章的條

9

要發表的時候，將如何辦法呢？這都是根本不明白學習國文的目標之故。

我曾在一次国文講演裏分析過文章内容的本質，認為不外乎知、情、意三種心理現象的反映，發之於文，則「知」的文章，大體上屬於「說明文」的範圍；而「意」的文章，大體上是屬於「論辨文」的範圍的。我又曾在一次演講裏分析文章的效用，認為不出哲學上的所謂「真」，「美」，「善」。這些都另有專文論到，兹不具贅。我不過是說當我們讀一篇国文時，如果要加以學習、研究、分析的話，我們可以用這尺度衡量。學習寫作時，也應該思維一下，要寫的題材是屬於那一種心理現象，同時你想獲得那一種效果。這樣，當你下筆以前，你就不難選取一種體式、句式和詞式了。

總而言之，學習国文的目標，是叫我們學習體式的運用，以及句式、詞式的運用的。換句話說，學習国文的目的是在於養成利用文字來表達知、情、意的能力的。

不過，目下的国文教科書，還不能完全担負這種任務，不，在過去也是如此的。所以過去學習国文的人，又往往另外擇一部古文辭類纂或經史百家雜鈔來作為課外補充讀物。但現在是連遺也不夠了，不但不夠，而且也不適用了。誰也知道，告，也還沒有無線電或長途電話讓你使用，於是你必須用書牘，而用書牘就必須有運用文字的能力！同樣，你若有甚麼經國大計要貢獻，希望當世採納施行，而暫時又還沒有無線電廣播之類可以供你使用，則你必須草成長篇大文公布之於雜誌報端方可，而草成長篇大文呢，就更需要有運用文字的能力？此外，當你喜怒哀樂的情緒湧來之際，不能發之於美術音樂，而蕩氣迴腸之下，需要發之於抒情的詩文，則你運用文字的能力，就必須超人一等了！論學問，前面所說的有系統有條理的整個「經國大計」便是你的學問。而這「學問」若欲公之於世，你便需要先發表一篇研究的論文，並須附有一個縝密的計劃方案的草案，所謂論辨文，都是文章的體式，此外如記事文，敍事文，抒情文……都是。我們要學習運用文字的能力，便須特別注意這些體式的運用！我們過去讀國文，都只是搖頭擺身瞎讀一番，從不注意所爲何事，

因之先生一個題目出來，便不知從何下筆！中學畢業了也往往很少人寫得通一封像樣的信，大學畢業了也很少人能寫應幾篇合式的文章；明明讀了十年以上的國文，而一般不是讀國文系或中國文學系的竟然能寫文章根本不是他們份內的事！學習自然科學的人往往一封白話書信亦別字連篇！如此，試問當你對某種學問有甚麼心得

裏，除非遇到國文教師有如寶之否，有其特種才具的，學子們對國文一課，尤其是作文，一聞鈴聲，就如上刑場的命令發下一樣，眞是一件苦惱的事。一個題目出來，大家簡直不知如何方能塗上幾行！按諸實際，實在也是難怪的。一個十餘歲的少年，生活經驗既然談不上，學識與思想方法，自然不會有，再加上根本不懂得表達情意的方法，要他們憑空擠出一篇「文章」來，如何可能？當眞「巧婦不能爲無米之炊」，而他們則不但無米，就是「巧」也不眞有呀！

一本「國文」，所發的都是短文，體制之難又如此；論內容，那，自更談不上系統與條理！則國文不是學問，其理不是一百二十萬分的明白了嗎？

不過，大家一定要問：我們到學校裏來爲的正是求「學問」，國文既然不是學問，而學校裏的國文課程，卻自小學直至大學都那麼重視，其理何在呢？我們究竟爲甚麼一定要讀「國文」呢？

對啦！問題就在這裏！

學習國文，其目標不是希冀從國文本身去求得學問的，因爲國文本身並不是什麼某種有系統的專門學問！原來學習國文，目的只在養成運用語文的能力而已。譬

6

304

是有條理，有系統的智識，都是學問。

再明白些舉例吧：一本歷史，就縱的說，它一定從太古說到上古，從上古說到中古，又從中古說到近代，從近代說到現代；就橫的說，它一定講到政治，也講到經濟，講到社會，更講到學術文化。一本地理，它一定先來個總論，然後分說。都是有條理有系統的智識，所以也都是學問。

但是，我們反觀「國文」這一課呢？其錯亂紛雜的程度簡直是令人不可信的。

一本「國文」裏，就文字說，忽而一篇文言文，忽而一篇白話文；就文體言，忽而一篇記事文，忽而一篇論說文，又忽而一首詩，一個戲劇；就內容論，忽而一篇講天文，忽而一篇講地理，又忽而一篇論到國家大事，又忽而一篇是夢裏依稀的情緒的抒寫……諸如此類，紛然雜陳，簡直令人莫名其妙。近十餘年來，教育部的課程標準修正以後，國文的編輯方法也似乎進步了許多，加進了文法、修辭、文章作法之類附加教材了，但有的國文教師對這些附加教材卻不曾加以注意，更無庸說「教」了。所選的文章，未必可爲某人或某一體的代表作不必說，而文言白話依然雜選如故，記敍論說照樣交錯面出，內容呢，大都是三五十歲以上的人所有的生活經驗或見解與感想，一個十五六歲以下的少年如何能夠瞭解與領受！所以在學校

5

平時所知道的零星的智識，祇是零星的智識而已，不能稱為學問！至如僅能背誦古文觀止，能背誦唐詩三百首，或能背誦四書五經，或從而能人云亦云的哼幾句舊調子的「古文」「八股」與「舊詩」，那更不能稱為學問！故黃梨洲在其明儒學案發凡裏說：「學問之道，以各人自用得著者為真，凡依門傍戶，依樣葫蘆者，非流俗之才，則經生之業也。……以水濟水，豈是學問！」

不過，這裏還有一點必須明白的：就是「學」與「問」的對象。過去所謂「學問」，都只是書本子裏的東西。但易經時代還沒有甚麼書，他亦沒指出「學」與「問」的對象僅僅是書。要學問，的是宇宙間森羅萬象的一切事物，換句話說，宇宙間森羅萬象，若能求得瞭解戴無一不是知識，遺些宇宙間一切森羅萬象的智識，只要有「一象」系統化了，便是學問。也就是說，宇宙間森羅萬象，要研究起來，就無一不是學問。

從這觀點去看一切學科，化學也好，物理也好，生理學也好，動植礦物也好，婆細分，電學也好，罐裝研究也好，僅是一種病黴菌的寄生研究也好，無一不是學問——歷史也好，地理也好，那更不必說，就是一地的物產的研究，它也不失為學問。因為它都必須是有條理有系統的智識。

說：「學問之道無他，求其放心而已矣。」這裏，我們可以看出一個程序來，那些著作，是以「求其放心」的態度，（恕我斷章取義地說一回）「學以聚之，問以辨之」得來的；換句話說，那些著作就是他們一生的學與問的結晶！「學問」二字的成為一個名詞，我想一定是從易經上那二句蛻化來的。

不過，若要為「學問」二字下一定義却仍須用那最早的兩句話來分析。第一、是「學以聚之」；第二、是「問以辨之」；第三、是求其「放心」。所謂「學以聚之」者，在乎求其「博」；所謂「問以辨之」者，在乎求其「精」與「真」；求其「放心」者，則在乎求其「無蔽」。這三點，並有其連環性在。唯其「博」，方能有所「辨」；有所「辨」，方能「精」。但是，如果有所「蔽」，則「辨」亦不能「真」也。所以學問之道，必須以客觀的態度，多方面的自己研究的心得，而這「心得」又一定是有系統的智識。這樣，我們就可下出一個

定義了：

一凡是用客觀的態度，學博了，問辨真了的有系統的心得與智識，便是學問。一

這就很明白了。所謂學問便是有系統的智識。反之，便不是學問！換句話說，

違背真理說話！

現在，我們先問吧：「什麼是學問呢？」過去似乎都只是信口說着：「青年們必須求學問哪！」「××的學問眞博哪！」却沒有人爲「學問」下過定義。外國不知有沒有可以恰恰譯成「學問」的字或詞。求之於中國，「學問」二字，最早見易經上，有「君子學以聚之，問以辨之。」之句。但學問二字還沒有成爲一個「詞」，成爲一個「詞」，則是孟子以後的事情。他說：「學問之道無他，求其放心而已炎。」但究其意義，與易經上所說，初無二致。就是說「學」與「問」之道而已。「學」與「問」都是動詞。那末，「學問」二字成爲一個獨立名詞，是甚麼時候起的呢？一時，還無從考得。

不過，就現時所流行的這二字來研究，再溯其源，亦不難給它下出一個定義來。清代的學者裏如顧炎武、黃宗羲、王夫之、段玉裁、以至於章太炎、胡適之……無疑的，大家都稱他爲有學問的。但是從那裏表現出他們是有學問的呢？無疑的大家就會想到日知錄哪，天下郡國利病書哪，宋元學案明儒學案哪，靈通鑑論哪，說文解字注哪，以至於章氏叢書胡適文存和中國哲學史大綱哪！……那末我們再問，這些著作是從那裏產生出來的呢？易經說：「君子學以聚之，問以辨之。」孟子

國文不是學問（註一）

「國文不是學問」這一命題的提出，一定會引起許多人的驚異罷。或者又會有人罵：「×××又在發狂論啦」！不錯，過去是沒有這句話的。恰恰相反，過去的老學究們，只認讀過「四書五經」，會做「祭文」，「輓聯」，或者會掉幾句「古文」調子，吟幾句帶「詩」調的人才配稱有學問。所以一個國文教師，只要他能講解字句動聽，能改得通「作文」的人，便是一個有學問的人。至於學其他學科如自然科學，社會科學的，則不能稱為有學問呢！

一切新興的專門學問，都只如物件，可以「用」而已。可以「用」，就不是學問，而是「俗物」了。「學問」是高貴的東西，不，說「東西」就侮蔑了「學問」了。「學問」是只可以藏在那「名山」裏，或「藏經樓」裏的。而我現在覺敢一反其道，說國文不是學問了。這還了得！如此離經叛道，不是又要惹得老學究們眼出血了嗎？但是，有甚麼辦法呢？真理是屬於這一邊的。我既發現這真理了，我又何能

1

，既不好好發揮，舉例又隨手拈着用，所以結果是其他各篇也靠湊集而成，我總覺

得非常遺憾。第二、他在「讀書、作文、做人」第七章裏明明斥責着鄭孝胥之流，

而在第四章裏卻先把曾國藩作了成功人物的例子介紹了一頓，這實在是一個不可原

諒的邏輯上的矛盾。第三、「國文不是學問」一文，組織雖然謹嚴，完整，立論與

觀點也可以，但把孟子那「學問之道無他，求其放心而已矣」兩句話，如此斷章取

義地拿來用，總不是正當的態度，我不喜歡。……最後，若他新近在病中草成的

三、四、五幾篇，結構非常零亂，入後且越寫越無力，以一個講「一篇文章的構成

」的作者寫出組織如此散漫的文字，實在不免令人訾議的，這樣匆匆付印，我真不

贊成！

一本書的序文，對於內容可取之處，當然應該介紹，但既然一定要我寫，則我

認為不愜意的地方，當然也要指出的。是嗎，大家說？作者自己以為如何？

三十三年春假葉迦子序於天台五關里。

4

而生動。像「做成一首詩的幾個步驟」一文，深入而淺出，就詩寫作的指導上說，真是一篇不可多得的文章。其他各篇的執筆者，也是國內知名的人物，其中的甘苦自然非常清楚。……總之，讀完了這本書，不但不會覺得枯燥，我們是將從這裏獲得無數的啓發的。

就我個人說，我最喜歡的是「讀書、作文、做人」一篇。雖然是演講稿，卻寫得生氣勃勃，風骨凜然，讀着時，使人幾乎忘卻這是一篇論寫作的文章了。「文章的血肉是什麼？」，「文章的靈魂是什麼？」，「人格之最高的表現是怎樣的？」「文章與人格不可分割」原是不可分割的有連環性的事實。做人纔是一切的根本，假如人格不立，縱然你能舞文弄墨，亦復何用！許多人在把時代的車輪向後推轉，又有許多人在文字

……他這樣一章一章地講着，我們乃恍然於「讀書、作文、做人」的牛角尖裏鑽，這篇文章對他們是當頭棒喝！

「摧毀傳統的舊情緒」一篇，是這些人唯一的對症聖藥！

當然，這裏面我也有很多不贊成的。第一、某西是一個懶散慣了的人，他只喜歡隨意的潑鹽鑽別人的著作，非逼不得已，總不肯自己動筆，看這本書，「描寫的一個定理」和「抒情的幾個基本法式」二篇，應該好好鄭重下筆的，他卻一點也不謹嚴

3

有經過綜合的歸納與分析是事實，所以一般學習寫作的人，上焉者往往徒以文字雕鏤為能事，等而下者，則往往所實無物。現在莘西給與歸納以後，下了一句「是文學作品，不論其為詩，為小說，為戲曲，就都是抒情的」的斷語，這究竟還未失為一個新的試探研究。從而演繹出幾個基本的抒情法式，正是意外而又是意中的發見。於我們初學寫作的人，實在是一件有意義的工作。讀了這兩篇文字，我們再要學習寫作的時候，就不會茫無頭緒的抓不住中心了。有喜、怒、哀、懼、愛、惡、欲的感情，也不至無法抒寫了。

正如天文、地理、人事、以及其他一切組織必須是繞住一個中心走方能成為一個有力量的有機體一樣，寫作亦復如此，千言萬語亦只是繞著一個中心走的。描寫法的歸納，不但演繹出抒情的幾個基本法式，同時也不至再有誤會，以為祇有過去的短章小詩才可稱為抒情詩，其他則不是敍事詩、史詩、哲理詩，就是記敍遊記小說，都與抒情詩各自分立的。現在我們知道，一切敍事、記事、寫景、咏物、都只是繞著一個中心——抒情——走的，所不同的祇是方式而已！這是一個新的探討，一個新的論斷，值得我們繼續研討的，我以為。

這裏面，除了莘西自己的幾篇以外，每一篇文字都寫得非常嚴謹，切實，扼要

葉　序

莽西編好了「一篇文章的構成」，寄來要我寫一篇序文。我非常悚懼而且慚愧

！但是他信裏說：「非寫不可」的。他正在病後，我怕攪他的興，就不管用得不用得

，也不管好或歹，終於提筆寫了。

這書名——一篇文章的構成，實在太可愛了。見了這書名，誰不會去翻翻它呢

？翻開一看嗎？更迷人了：「寫甚麼、怎樣去寫」哪，「描寫的一個定理」哪，「抒情

的幾個基本法式」哪，「做成一首詩的幾個步驟」哪，「小說是怎樣寫成的」哪……

沒一個題目不驚心觸目，沒一個題目不是抓住讀者的心腔的。當我初看目錄時，幾

乎也不信起來了：「國文」竟可以就「不是學問」嗎？「描寫」也有「定理」嗎？「抒情」

覺可以有「基本法式」嗎？「詩」是就稽靈感和天才的產物的，覺也有一定的幾個步驟

了嗎？我不信，於是急急地讀了下去。

這是一本值得介紹的讀物。它裏面有著許多切實的發見與指示。——尤其是一

描寫的一個定理」，和「抒情的幾個基本法式」，特別顯出這歸納而成的新發見的

可貴。固然，寫情於景和寫景於情，以及託物以寄懷之類的話過去並非沒有，但沒

1

313

2

一篇文章的構成　目錄

葉　序

1

読書生活叢書

一篇文章的構成

郭莽西編著

1944

龍吟書屋印行

图书在版编目(CIP)数据

一篇文章的构成：民国文人写作十讲 / 郭莽西编著．—上海：
上海辞书出版社，2015.5
ISBN 978－7－5326－4363－9

Ⅰ.①一…　Ⅱ.①郭…　Ⅲ.①汉语—写作学　Ⅳ.①H15

中国版本图书馆CIP数据核字(2015)第073370号

一篇文章的构成：民国文人写作十讲
郭莽西　编著
责任编辑/刘　琼　特约编辑/张百年
装帧设计/柴　敏　封面题字/吴克忻

上海世纪出版股份有限公司
辞书出版社出版
中国图书进出口上海公司　发行

2015年5月第1版

ISBN 978－7－5326－4363－9/H・603